今村家文書史料集

今村家文書研究会編

上巻

中世～近世編

思文閣出版

今村家住宅（伏見街道に東面）

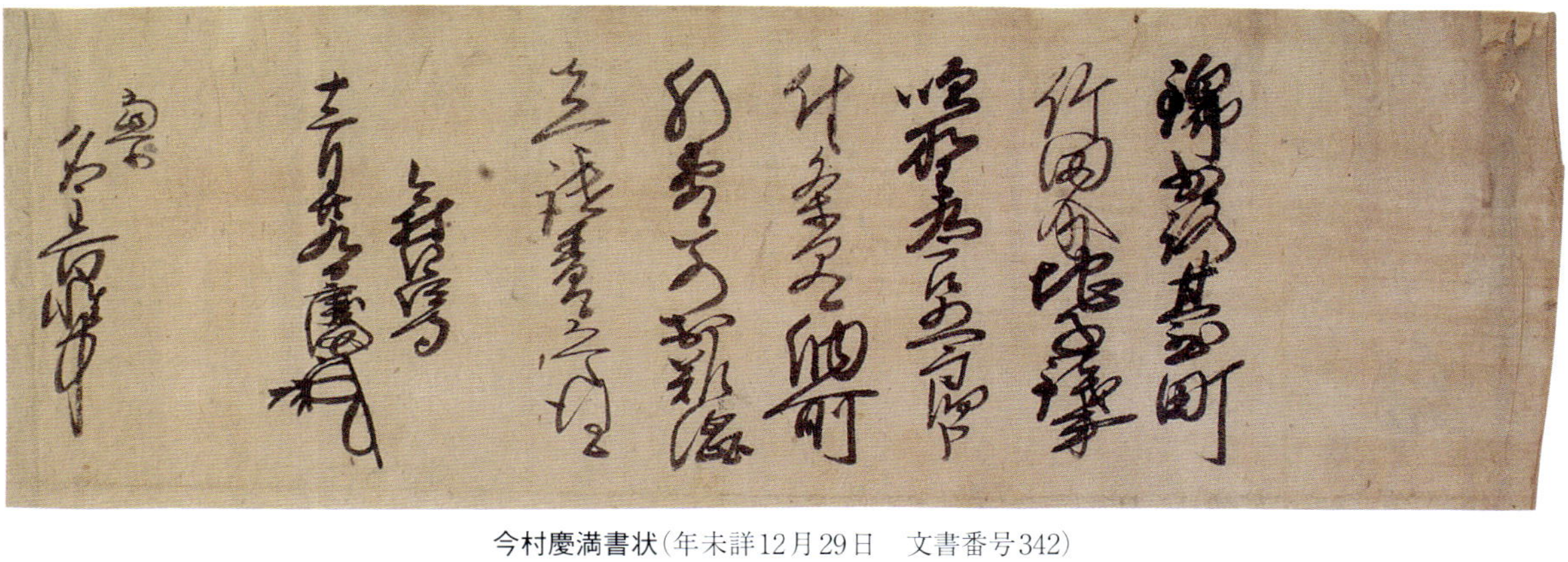

今村慶満書状（年未詳12月29日　文書番号342）

大佛柳原庄田畑際目之図（安永4年〔1775〕　文書番号51）

◆もくじ◆今村家文書史料集　上下巻

〔上巻〕

〔下巻〕

凡例

一　本書は、『今村家文書史料集』上下巻のうち、主として戦国～近世の史料を収録した上巻である。

一　本書は、四章立てで構成され、各章もしくは節の冒頭に、当該章節に収録した史料全体の解題を付した。

一　史料には、文書目録上の整理番号、作成年月、史料名をあげ、基本的に節もしくは章ごとに年代順に配列した。

一　史料名は、紙幅の都合上、文書目録上の文書名と必ずしも一致しない。そのため、附録の文書目録には、史料集上の史料名も併記して、照合しやすいようにしている。

一　一部の史料には、末尾に史料読解を助けるための注記を付した。

一　史料の体裁は、闕字や平出を含め、できるだけ原史料の表現に従った。ただし、改行については原史料通りには表現せず、追い込みによる組版をおこなった。また史料には、適宜読点「、」や並列点「・」をつけた。

一　漢字は、基本的に常用漢字を用いたが、内容によっては原史料の字体をそのまま用いた箇所もある。また変体仮名も、基本的には現行の字体に改めたが、助詞として使われている「者(は)」「江(へ)」「茂(も)」「与(と)」「而(て)」などは、そのまま用いた。また、合体字の「ゟ(より)」もそのまま用いた。

一　くり返し記号（おどり字）は、漢字の場合は「々」、ひらがなは「ゝ」「ゞ」、カタカナは「ヽ」「ヾ」を用いた。

一　誤字や誤記などがある場合は、（　）内の傍注に正しい字を付した。また文意の通じない箇所には（ママ）、脱字には（……脱ヵ）、不要な文字には（衍）（衍ヵ）を付した。なお、「百性(百姓)」「修覆(修復)」のように、傍注を付さず、そのまま用いた文言もある。

一　上書、端裏書、裏書、貼紙、あるいは追筆、朱筆などは、該当箇所を「　」で括り、（上書）（包紙上書）（端裏書）（貼紙）（追筆）（朱筆）などと傍注を付した。

一　抹消や訂正箇所は、該当箇所の左側に「〻」を付し、右側に訂正後の文字を記した。

一　虫損などにて判読困難な箇所は、字数が判明する場合は□、不明な場合は［　］で示し、汚損や抹消などにて判読できない箇所は、同様に■や■■で示した。

一　花押や押印などがある場合は、（花押）（印）などと表現した。

一　本書は、川嶋將生が監修をおこない、木下光生が全体の編集作業を担当した。各章節の執筆者は、以下の通りである。

総説第一節　重光豊　　第二節　木下光生

第一章　河内将芳

第二章　解題　木下光生　　第一節　木下光生　　第二節　木下光生　　第三節　大場修　　第四節　秋元せき

第三章　解題　木下光生　　第一〜三節　木下光生　小林ひろみ

第四章　左右田昌幸

一　附録ＣＤには、今村家文書目録、および三〇点の絵図の画像データとトレース図を収録した。

今村家文書史料集　上巻　中世〜近世編

総説　今村家文書について

第一節　今村家文書の調査経緯

今村家文書は、戦国期以来、京都近郊の伏見街道沿いで地域の有力者として代々続いてきた、今村家（現・京都市東山区本町十丁目）に伝えられた文書群である。その発見から出版まで、実に足掛け一八年余の歳月を要している。これは、研究会員がそれぞれ別途仕事を持ちながら進めるという時間的制約がまずあったにしても、やはり、今村家文書のボリュームと質の高さに対して、翻刻作業の時日とともに、出版物に掲載する史料の取捨選択でどれだけ「涙を呑むか」という判断にもかなりの議論を要したからである。また、途中より今村家住宅についても調査・研究の範囲を広げたり、今村家の伝承や行事について聞き取り調査を行ったりもした。しかし、何よりこれらの調査過程で二度にわたって新たな文書群を発見したことにより、文書の点数が当初のおよそ二倍に達することとなり、これらの撮影や目録の再編集の作業にさらに時日を要したうえ、絵図類についても出版に向けて再撮影する必要が生じたからである。

こうしたことから、文書の調査・整理段階から研究・検討段階へ、そして今回の成果物の刊行企画から脱稿段階まで、およそ三期に分けられる経過を辿ってきた。

第一期は、文書発見の翌年の一九九八年から二〇〇〇年までのおよそ三年間である。この期間は、今村家から文書を預かり、京都市柳原銀行記念資料館と隣接の京都市崇仁隣保館を作業拠点として、発見当初の三〇〇〇点近くある史料の目録作成とデジタル画像撮影に費やされた。その結果、ラベル番号は二七七四番、画像総数も九〇九二コマにまで達した。これにより、その後の翻刻作業、および研究の土台が整ったのである。なお、調査・整理が完了したのを機に、二〇〇二年一〇月、御当主の意向で文書は京都市歴史資料館に預けられた。

第二期は、二〇〇二年から二〇〇六年にかけてのおよそ四年間にわたる時期である。この間の研究会は、主に京都市の調査研究事業の委託を受けて進められた。その内容としては、第一期の成果である目録をもとに、文書全体を「中世区分」「近世Ⅰ区分」「近世Ⅱ区分」「近代区分」の四区分に分けて、時代区分ごとに抄出した文書一〇点程度を翻刻し、一冊ずつの小冊子（各四〇頁前後）にまとめた。これにより、中世後期より近代前期まで、およそ三百数十年にわたる今村家文書の概要とその価値を明らかにしたのである。

第三期は、二〇〇七年より本書を上梓するまでの期間である。この時期にいたり、今村家御当主より、「文書をまとめて出版物として後世に残したい。費用は当家で負担するので、当初からの研究会員の方々の力を再結集してほしい」との強いお申し出があり、同年秋に研究会を再発足させたのである。

今村家文書の豊富な内容を出版物として刊行することは、研究会員の望むところでもあった。しかし冒頭にも書いたように、その後の調査過程で、二度にわたって新たな文書群が発見されたため、刊行物の全体構成の見直しを行うとともに、目録の再編集や文書の翻刻作業でさらに時日を要することとなった。こうした経緯から、第三期は結果として八年を費やすこととなったのであるが、この過程で、文書類だけでなく今村家住宅の調査や、御当主からの聞き取り調査の成果も出版物に盛り込むことができた。また、附録CDとして、文書全点の目録を収めるとともに、今村家文書の特長でもある一二〇点余の豊富で精緻な絵図類についても三〇点を選定し、高精細画像データとそのトレース図を加えることができたのである。

以下、第一～三期の詳細を記す。

一　第一期

【文書の発見】

歴史研究の世界では、伝説であるとされたり、今はもう存在しないと思われたりしていたものが、何かのきっかけで、ある日突然明らかになったり、発見されたりすることが、時として起こりうる。今村家文書もまさにそうした例のひとつであり、そのきっかけとなったのが、崇仁地区に残されていた旧柳原銀行本店建物の京都市登録文化財指定と修復保存、そしてこれを移築・活用した京都市柳原銀行記念資料館の開設であった。以下その経緯を少し詳しく記す。

一九九七年一一月二六日、当時、京都市立学校の教頭をしていた重光が、当日開催の教頭会定例会の終盤に、その他の案件として、その月の二八日より始まる、京都市柳原銀行記念資料館開設記念の第一回特別展のチラシを配布し、簡単な紹介と見学の推奨をしたのであった。すると、同席されていた今村壽子氏（今村家御当主で、当時は京都市教育委員会の首席指導主事）がチラシに目を通されるや、「重光さん、柳原銀行や崇仁地域に何か関わりがあるのですか」と尋ねられたのである。

「はい。以前から崇仁地域の歴史研究会に入っていて、この柳原銀行の歴史については私がまとめて書いています」

「それなら、柳原庄役場が今の崇仁小学校の辺りにあったことも御存じですね」

「はい、もちろんですが、今村先生もよくご存じですね」

「うちは、明治の初め頃まで先祖があの辺り一帯の庄屋をしていたのです。柳原庄の村役場にも通っていたと聞いています」

「それなら、お家にそのころの文書とか残っていませんか」

「ええ、玄関の上の部屋の長持にいっぱい残っています」

この時、近世の柳原庄の庄屋であった今村家が現代まで続いていて、その文書などが存在することが明らかになった瞬間であった。「本当ですか。よろしければぜひ一度見せてもらえませんか。ほかの研究者も一緒に参りますので」

「今まで一度も外に出したことがないのですが、信頼できる方ならかまいません」

この後、重光より研究者名を挙げ、これまでの実績などを説明してご了解を得たが、「まず一部の文書を見てもらって、これは間違いない、本当に価値があるということなら全体を見ていただきましょう」との御当主のご意向で、何点かの文書を預かり事前に確認をしてから、ということになった。また、これまで文書のことについては全く外に出しておらず、取り扱いは慎重にお願いしたい、とのことであった。

【文書の確認】

年明け後の一九九八年一月、絵図と文書五点を重光が預かり、数日後、柳原銀行記念資料館にて山内政夫氏、左右田昌幸とともに閲覧した。

このときの驚きと感動は名状し難いものであった。「きっと存在するはずだが、どこにあるのか」「いや、もうすでに現存していないのではないか」と、研究者の間でも幻に近かったであろう今村家文書の片鱗が眼前にあった。特にそのなかの一点、「安永四年二月大佛柳原庄田畑際目之図」と書かれた絵図は、彩色鮮やかな畳二畳近い大きさはあろうかというもので、つい最近描かれたのかと見まがうほど保存状態も良く、まさに大佛柳原庄の庄屋文書としての由緒を醸していた。そして「今村家はかつての大佛柳原庄の庄屋であり、その文書が現存している」と結論し、一刻も早く全体の調査をしてみたいということで一致したのであった。

この結果を御当主に報告し、調査の希望をお伝えして了解を得、後日お伺いすることとなった。そして、翌二月一四日午前、前述の三人に山本尚友氏（当時・世界人権問題研究センター専任研究員）も加えて、四人で東山区本町にある今村家をお伺いしたのであった。

挨拶と自己紹介ののち、いかにも江戸期の建築様式を思わせる小屋組みが見渡せる母屋玄関の二階小屋裏部分に梯子を架けて、歴史を閉じ込めているであろうそこに足を踏み入れた。「普段より出入りすることはほとんどありません」との言葉通り、懐中電灯に照らされて、長い時間の埃がたまった大きな長持が置かれてあり、「柳原本郷」と読み取れる焼印があった。ほかに、少し小さめの櫃のような木箱も置かれてあった。また長持のなかには、文書の束とともに小さな木箱があり、「銭座跡村」の焼印があった。こうしたことから、文書が「妙法院領大佛柳原庄」のなかの村単位で、一定分類されて保存されてある可能性が推察された。

この日は、昼を挟んで夕刻前まで懐中電灯の明かりを頼りに点検をしていった。そのうち、いくつかの文書の束や「銭座跡村」の箱は階下へ降ろし、明るい下で中身の確認をした。その結果、文書の保存状態が驚くほど良好であり、点数・冊数は相当な量であることがわかった。このため、調査は長期にわたるであろうこと、場所・人員などの確保が必要であることが予想された。そして、文書をすべて元の状態に戻し、今後のことについては改めて打ち合わせることとし、終了したのであった。

なお、この日の御当主のお話のなかで、新しく柳原庄村を名乗ることとなった旧六条村・銭座跡村への町村引き継ぎに、「先祖（今村忠右衛門）が新しい村役場まで毎日のように通い、戸長となった桜田儀兵衛さんと親交ができて、ともに往き来する関係が終生続いたそうです。祖父や母から桜田さんの人柄や、親密な往来の様子をよく聞かされました」との伝承は、非常に新鮮なものであった。

【文書の撮影と目録作成】

この後、今村家文書の調査・整理などをどう進めるかについては、山本氏と山内氏、左右田、重光の四人で相談した結果、京都市柳原銀行記念資料館ならびに隣接の京都市崇仁隣保館を作業拠点とすることとし、同年六月に、川嶋将生を団長に調査団を発足させた。文書の撮影作業は、カメラマンの中山和弘氏にお願いし、並行する文書の整理・目録作成は、当時大阪大学大学院生だった木下光生と、天野奈緒也氏、加藤宏文氏、柳原銀行記念資料館の本田次男氏、奥山典子氏、稲野明英氏、崇仁隣保館職員の蓮田功氏、同氏妻の蓮田れい子氏、東七條地域史研究者の森本泰裕氏によって精力的に進められた。この調査・作業チームのもと、同年八月から月一回のペースで作業を進めていき、終盤には週一回のペースで集中して行い、一年九カ月を費やして二〇〇〇年五月に完了した。この間の作業内容は以下のとおりである（後掲『今村家文書（中世区分）調査・研究報告書』、一九～二〇頁参照）。

①　箱番号などの設定

元の長持や木箱の「箱番号」を設定し、箱中の括り文書には「括り番号」を付した。

②　文書目録の作成

文書類について、一点ずつ箱番号、括り番号、受入番号、文書名、年紀、差出人、宛先、形態、法量、備考を文書整理用カードに記入し、パソコン入力をした。

③　文書ラベルの貼付

文書ラベルは三段区分とし、上段に箱番号、中段に括り番号、下段に受入番号を記入した。この段階で最終ラベル番号は二七七四（実点数三五二四点）となった。

④　文書の撮影

高画質デジタルカメラにて全文書を撮影した。画像コマ数は九〇九二に達し、CD八枚に収録した。

2　第二期

【文書の翻刻の着手と小冊子刊行】

第一期では研究会を何度か開催し、作成中の目録や若干の翻刻史料をもとに、主に今村家文書の概要や価値を検討する作業を進めていった。しかし、膨大な点数があり、全文書の翻刻・解読には多大な時間と人手を要することもあって、ひとまず次の取組として文書の全体像の概略把握を急ぐことにした。そして、山内氏の尽力により京都市の調査・研究の事業委託を受けて、川嶋将生を団長として、二〇〇二年よりその作業に取り掛かり、研究作業チームには、山内氏、左右田、重光のほか、新たに小林丈広、秋元せき、本郷浩二、河内将芳と、渡辺毅氏、中山僚氏が加わった。

事業の内容としては、冒頭にも記したとおり、今村家文書を、①「中世区分」、②「近世Ⅰ区分」、③「近世Ⅱ区分」、④「近代区分」の四つの時代区分に分け、それぞれの時代に該当する文書から、特に歴史的価値が高いと思われるものを抜粋し、写真と解説を添えて掲載した。毎年度、一時代区分ずつ報告書を刊行し、京都市および関係者に配布した。以下その概要を記す。

①『今村家文書（中世区分）調査・研究報告書』（特定非営利活動法人京都人権啓発センター・ネットからすま、二〇〇三年三月、二〇頁）

戦国期から慶長五年（一六〇〇）までの文書一一点を掲載した。長岡藤孝、松永久秀、三好長慶、波多野秀忠らの、今村慶満あるいはその一統宛書状が収録されている。

②『今村家文書（近世Ⅰ区分）調査・研究報告書』（同右、二〇〇四年三月、三四頁）

慶長六年（一六〇一）から明和八年（一七七一）までの文書一〇点を抄出し、また合わせて中世区分の補遺三点も掲載した。近世柳原庄の庄屋として、領主の妙法院や京都町奉行所などとやりとりした書状類が収録されている。

③『今村家文書（近世Ⅱ区分）調査・研究報告書』（同右、二〇〇五年三月、三五頁）

安永元年（一七七二）から慶応三年（一八六七）までの文書一〇点を抄出し、近世Ⅰ区分の補遺四点も合わせて掲載した。今村家系図のほか、銭座跡村関係の史料や、五条橋下流の水論関係史料、土地取引証文類などが収録されている。

④『今村家文書（近代区分）調査・研究報告書』（同右、二〇〇六年三月、四六頁）

明治元年（一八六八）以降の文書八点を掲載した。新政府（京都府庁）へ提出された銭座跡村・六条村の戸数調査の報告や、諸願書、村政日記などが収録されている。

3　第三期

このように、報告書という形で冊子にまとめ、今村家文書の概要について一定の成果を出したことで、研究・調査団はいったん解散状態となり一年以上が経過した。この間、関係者それぞれが今後どうすべきかを思いあぐねていたところ、冒頭にも記したように、今村家御当主の今村壽子氏より強いお申し出があり、出版に向けて研究会を再開することとなった。

【今村家文書研究会の再発足】

二〇〇七年四月、今村氏を中心に、山内氏、川嶋、重光、左右田、河内、小林丈広が集まり、川嶋を会長（監修）、重光を庶務として、今村家文書研究会を再発足させた。研究会の目的は、文書の翻刻を進めながら、今村家文書の全体像とその価値をよりいっそう明確にして、それを出版物（史料集）にまとめて刊行することとした。これは、今村家文書が発見された当初からの関係者の目標であり、願いでもあった。

まず、文書の翻刻作業から始めることとしたが、中世区分の文書は比較的分量が少なく解読がほぼ完了していたこともあり、未解読が多く残る近世以降の文書について、近世班（左右田、木下、小林ひろみ）と近代班（小林丈広、秋元、本郷）の二手に分かれて作業を進めることとした。この後、三～四カ月に一度のペースで翻刻作業と文書の性格・価値の検討を進めた。

その後、今村家で長く語り継がれてきた伝承や祭事なども記録することとなり、その一環で二〇〇七年一二月に今村家の仏壇内の什物を調査していたところ、仏壇横の小納戸から紙の箱に入った文書群が発見された。一見したところ、近世・近代の文書が入り混じっていた。また、御当主より「ほかの小納戸などを整理していて」とのことで、別の文書の束も示された。この新たに発見された文書群は、その後の整理作業により、六七〇点以上にもおよぶことが判明した。

これら新出史料も加えた目録全体の再点検作業、および既出文書と合わせた基本的な翻刻作業は、二〇一一年春までかかり、同年三月の第一四回研究会でようやく史料集の具体的な構成を検討できる段階にいたった。その後、原稿執筆に取り掛かり、あわせて泉亭理の参加を得て、絵図のトレース図作成にも着手した。そして、二〇一二年八月の第一八回研究会にて、二〇一四年度の科学研究費研究成果公開促進費の申請を目指すこととした。

【今村家住宅の調査】

今村家文書には、主屋などの普請に関わる史料が何点か残されている（上巻第二章第三節参照）。とりわけ宝暦一二年（一七六二）の普請願書に付された平面図は、ほぼ現在の建物配置に近いことから、住宅の建築調査と出版物への盛り込みが痛感されるようになった。そこで、二〇一〇年七月の第一二回研究会より、古民家の建築に詳しい大場修が新たに加わり、事前の目視調査の結果として、今村家住宅が京都市内でも最古級の町家である可能性が高いことが報告された。そして同年一二月、大場、および当時京都府立大学大学院に所属していた外国人特別研究員の郭雅雯氏、大学院生の辻晶子氏、渡邉綾香氏、宮下浩氏、小谷由貴氏、木口なつみ氏、葉狩由衣子氏、橋本歩美氏によって、最初の住宅調査が行われたが、現に住居として使われていて家具や什物などが置かれていることもあり、必要な箇所を何回かに分けて調査することとした。

第二回調査は、二〇一二年一〇月九日に実施した。この時は、前回未調査となっていた一階玄関の間の押入奥の柱位置や、二階北面の柱位置とその部材などの確認や測量を行った。これらの調査と宝暦一二年の普請願書などにより、建築年代や改修の変遷が明らかな町家遺構として価値が高く、また借家を従えた構成も類例が少なく貴重であることなどが判明したのである。なおこの時の調査も、大場および前述の郭氏、辻氏、宮下氏、小谷氏、木口氏、葉狩氏、橋本氏に大西優希氏が加わって行われた。

【新たな文書群の出現】

この住宅調査の直前に、一階玄関上り間の押入深くに漆塗りの褐色の長櫃が置かれていることが判明した。住宅調査に向けて、御当主が押入の古い荷物や什物などを片付けていたところ、その奥から現れたのであった。蓋を開けてみると、なかに文書がいっぱい入っていたため、驚かれてすぐ研究会の木下へ連絡があり、直ちに他の会員にも情報がもたらされた。このため、住宅調査の当日に左右田と重光がお伺いし、あらためて長櫃を取り出して開けてみると、蓋裏には「帳箱　一之橋上ル　今村忠右衛門」とあり、なかには文書がびっしりと詰まっていた。一見して文書は大量にあり、年紀も近世・近代が混在していた。新たな発見に興奮を覚えたが、この日は住宅調査が主目的であったため、状態を写真撮影するにとどめて文書はいったん長櫃に戻し、後日あらためて調査することとした。

同月一九日午後、今村家に秋元、木下、重光の三名がお伺いし、押入よりあらためて長櫃を運び出し、文書を取り出して座敷に並べ、全体観察や一部の閲覧を行い写真に収めた。その後、文書を専用の文書箱に移し替えて京都市歴史資料館へ搬送し、すでに搬入済みの文書とともに一括して寄託された。

この新出文書の整理・目録作成作業は木下と秋元が行い、既出文書への目録統合とも合わせて二〇一三年九月に完了した。この結果、今村家文書の総点数は、六七〇〇点を超えるものとなった。なお、新発見の文書の撮影については、絵図類に限定して行い、残りの文書については量も膨大なこともあり、後日に期すこととした。そして、こうした経過から、出版計画も当初予定よりさらに一年遅らせて、二〇一四年秋の着手を目指すこととしたのである。　（重光豊）

第三節　今村家文書の概要

今村家文書は、総点数約六七〇〇点、年代的には享禄四年（一五三一）から昭和二二年（一九四七）の、約四〇〇年間にわたる史料によって構成されている（全点目録は、附録ＣＤを参照。以下、各文書のラベル番号は、〔2861〕などと表記）。

上下二巻構成の本史料集ではこのうち、今村家文書に特徴的に残されていた、①戦国期～近世前期の史料、②今村家の由緒や経営に関する史料、③安政三年（一八五六）の御浚い御普請をはじめとする、幕末の加茂川筋改造事業に関連する史料、④身分的には「穢多」に属する銭座跡村や、七条裏の居小屋で生活していた「非人」の関係史料、⑤明治維新期の公務日誌を中心とした近代文書、について翻刻を掲載した。これらの史料の個別的な意義については、各巻各章の解題を参照していただくとして、ここでは紙幅の関係で収録しきれなかった諸史料も紹介しながら、今村家文書全体の特徴を述べていきたい。

近世の系図史料などによると、今村家は、一六世紀前半に生きた慶満に始まるが、その後、家の系列は、慶満の長男・政次、および次男・忠右衛門という、二つの系統に大きく分かれていく（上巻第二章の家系図参照）。このうち政次家は、のちに妙法院の院家日厳院の家司となっていき、忠右衛門家は代々、山城国愛宕郡柳原庄の庄屋や本町十丁目の年寄、そして明治初年の添年寄・中年寄や戸長・区長などの職務を務めるようになる。現存の今村家文書は、右の忠右衛門家に伝えられたものであり、したがって近世～明治初年の史料も、村役人文書ならではのものが多い。逆に、学務委員のほかは、行政上の公務から身をひくようになる明治一〇年代以降になると、家の経営や家事など、私的な性格の強い史料が大半を占めるようになる。

今村家文書は、先述した①～⑤の内容からみて、京都近郊の地域史研究のみならず、戦国～近世・近代史研究全体にとって、極めて重要な意味をもつと考えられる。とりわけ上巻第四章の掲載史料は、これまで京都の賤民史（部落史）研究では著名な存在でありながら、なかなかその実態をつかみきれてこなかった、銭座跡村や七条裏非人小屋の研究を大幅に進展させることになるであろう。また、下巻第三章の明治維新期における公務日誌についても、近世近代移行期という微妙な時期において、ここまで事細かに、しかも連年で地域行政の実情を伝える史料は、全国的にみてもそうザラにはない。加えて上巻第二章収録の農業日誌も、これまで基礎研究すら覚束なかった京都近郊の農業史研究にとって、重要な史料となるであろう。このほか、従来の研究でも知られてきた、戦国期の今村慶満・政次、あるいは安政期の加茂川御浚い御普請についても、より精緻な研究が可能になってくるに違いない。

こうした文献史料とあわせて、絵図類が多く残されていることも、今村家文書の特徴である。縦約二メートル×横約一・五メートルという大型の村絵図である、安永四年（一七七五）「大佛柳原庄田畑際目之図」〔51、5894〕をはじめとして、今村家の屋敷絵図や、同家が所在した本町通（伏見街道）沿いの絵図、あるいは加茂川筋の絵図、さらには銭座跡村や六条村、七条裏非人小屋といった賤民集落絵図など、その内容は実に多岐にわたる。主だったものについては、附録のCDにトレース図とともに収録したので参照されたい。

今村家文書には、本書に掲載したもの以外にも、興味深い史料が多々ある。たとえば、一六世紀末から一九世紀半ばには、柳原庄の領主であった妙法院や知恩院・佛光寺から、忠右衛門個人に宛てた年貢請取状が、ほぼ毎年のように残されている〔429～901、3948～4108、5030～5032、5083～5086など〕。いずれも三升弱から六石余と、額面的には微々たる量だが（柳原庄全体の村高は、妙法院領二一四・九四石、知恩院領二二・八〇八石、佛光寺領四・〇七二石の計二四一・八二石〔2861〕）、村請とは異なる「個人請」の世界を教えてくれるだけでなく、それが家系図〔50〕にわざわざ「今村一類之地方年貢直納手形有之」と記されるように、忠右衛門家の社会的な地位と自負に連動していたところも興味深い。

また、安政～大正期の細かな領収証や請求書類からは、本町通界隈に生きた、料理屋・材木屋・瓦屋や、大工・絵師・人足請負業者など、さまざまな商人・職人たちの姿がみえてくる〔1837～1908、2130～2197など〕。それらは一見、些末で断片的な史料にしか見えないかもしれないが、実はそうした何気ない史料からこそ、当時の日常風景を浮かび上がらせることができる。それらの情報を、明治二年（一八六九）の本町通十丁目絵図〔2984　トレース図をCDに収録〕とかけ合わせれば、今や目にすることのできない、かつての商店街風景を復元することも可能となろう。

公私にわたる諸事留帳や日誌類の存在も、今村家文書を特徴づけている。その一部については、下巻第三章を中心に、全文ないしは抄録を掲載しているが、収録しきれなかったもののなかにも興味深い記述は多い。たとえば、文久三年（一八六三）～元治元年（一八六四）の諸事留帳〔3048〕には、今村家の檀那寺で、今も同家のすぐそばに所在する浄土宗浄心寺へ、名古屋町人の子が住職として入寺してくる様子や（浄心寺住職の選定については〔3790～3794、4116～4138〕も参照）、元治元年七月の禁門の変に際し、本来は領主の佛光寺に「非常之節駈付人足」を差し出さねばならないところ、忠右衛門らが柳原庄近辺への類焼を気にして人足を派遣せず、後日佛光寺から叱責される様子が記されている。また、禁門の変と第一次長州戦争直後の八月から九月の間、信州松代藩真田氏の家臣たちが、本町通十丁目を「下陣」としていた様子も知られる。

　このように今村家文書の内容は実に多彩であるが、一方で、通常の庄屋文書でよく発見される、宗門改帳、村明細帳、免定、といった基礎的な村文書は、ほとんど残されていない。したがって今村家文書は、京都近郊の家文書・村役人文書としては、相当数を有してはいるものの、意外にも同家文書から、近世柳原庄の全体的な概要、たとえば人口や産業、本郷・上郷・本町通といった柳原庄内部の行政区分などをつかむことは難しい。また、今村家の経営に関しても、幕末～明治期の農業経営についてはその一端が判明するものの、それ以前についてはほとんど関係史料が残されておらず、今村家という「家」を理解するうえで、もっとも肝心要な事柄となる、「何で生計をたてていたのか」ということが、残念ながら現状の史料残存状況ではなかなか把握できない。これらの課題については、今後、周辺史料を博捜して少しずつ克服するほかなかろう。

　とはいえ、今村家文書が、今まで知られてこなかった諸事実を満載している文書群であることは間違いない。今後、さまざまな関心、角度から、同家文書が大いに活用されることを期待したい。

（木下光生）

付記
　本書の刊行にあたっては、平成二七年度科学研究費助成事業にかかる科学研究費補助金（研究成果公開促進費）の交付をうけている。

第一章　戦国・近世前期の今村家

解　題

今村家文書の特徴の一つとしては、中世の段階で「法性寺柳原」とよばれた地域に根ざした今村家やその一族の様子がうかがえる史料が複数残されている点にある。

そのなかには、波多野秀忠や長岡藤孝（のちの細川幽斎）、蒲生定秀、十河一存、三好長逸、松永長頼、一色藤長といった、戦国期の京都を実効支配したことで知られる三好長慶や松永久秀らとかかわりをもつ人物からの書状も残されている。

ここからは、この時期の今村家やその一族がおかれた政治的な立場をうかがうことができるが、とりわけ注目されるのは、これまでの研究においても、三好長慶や松永久秀の有力被官としてその名が知られてきた今村慶満が、今村家やその一族によって構成される「今村同名中」の一員であったことが明らかとなった点であろう。

しかも、同時期に「法性寺柳原」を拠点に活動していたことで知られる問屋商人の今村政次もまた、「今村同名中」の一人であり、その政次と慶満とがより近しい血縁関係（「今村家系図」は政次を慶満の長男とする）にあったことが明らかになった点は、この時期の政治史を考えるうえでも重要な素材となろう。

その「今村同名中」が地盤をおいた「法性寺柳原」は、豊臣秀吉の時代を経て、その名も「大仏門前柳原」や「大仏廻柳原」へと変化していくことになる。それはとりもなおさず、秀吉によって東山に大仏（いわゆる方広寺）が造立されたことで、地域社会が近世的な変容を余儀なくされていったことを意味しよう。

実際、その影響は、今村家文書の内容にもあらわれており、大仏が造立された慶長年間（一五九六～一六一五）を境にして、その主流は、戦国期までのような書状類から算用状など帳簿類へと移っていくことになる。

また、この時期には、「今村同名中」の名も見いだすことができなくなるが、ただ、一族的なつながりは保たれていたようである。たとえば、関ヶ原合戦がおこった直後の慶長五年（一六〇〇）九月二一日に徳川家康によって「大仏門前十八町」宛に出された禁制が今村家文書には残されており、「大仏門前十八町」を含めた、地域社会を代表する存在として今村家とその一族があったことがうかがえるからである。

これらのことからもわかるように、今村家とその一族は、戦国期を生きのびただけではなく、近世に入ってもなお、地域社会に根ざし、しかも強い影響力を保ちつづけていたことが知られる。そして、そのようなありかたは、近世を通してしだいに変化をとげつつも、近代へとつながっていくことになった。

以上をふまえて、第一章では、戦国期から近世前期、おおよそ一六世紀から一七世紀までの文書や帳簿類をおさめることにした。第一節には年月日の明記された文書や帳簿類を編年で、また、第二節には年未詳の文書や帳簿類を月毎にならべた。そのうえで、今後の研究に資するため、必要な箇所に簡単な注を付すことにした。

参考文献

今谷　明『室町幕府解体過程の研究』岩波書店、一九八五年
河内将芳『中世京都の民衆と社会』思文閣出版、二〇〇〇年
河内将芳「大永八年の稲荷・東福寺喧嘩について」『朱』五〇号、二〇〇七年
天野忠幸『戦国期三好政権の研究』清文堂出版、二〇一〇年
馬部隆弘「細川国慶の上洛戦と京都支配」『日本史研究』六二三号、二〇一四年

第一節　年月日の明記された文書・帳簿類

346　享禄四年（一五三一）八月　七条河原橋預状

預り申七条河原橋之事、御被官五郎四良《(郎)》久雖為知行、依為御異見、先預ケ被下候、忝存候、何時もめしはな《(召放)》さるへく候、若菟角之儀申候ハヽ、可預御せいはい《(成敗)》候、預り申候間者、公用年中弐貫弐百文可進候、但此内弐百文者、本役ニ此方へ可給候、仍為後日預り状如件

享禄四年八月十日　　堀　与一（花押）

同　与大《(太)》郎（筆軸印）

与次良《(郎)》（筆軸印）

与三郎（筆軸印）

345　天文二一年（一五五二）正月　柏助太某書状（折紙）

ほうしやうし《(法性寺)》・しるたに《(汁谷)》口たんさく《(短尺)》、如先々申付候、公用於無沙汰者、何時ニよらすかいゑき《(改易)》可申候、恐々謹言

天文廿一　　柏助太

正月廿日　　□（花押）

吹野九郎五郎殿

まいる

363　天文二四年（一五五五）一〇月　深草之内知行新蔵分代官職補任状案

補任

右深草之内知行新蔵分代官職之事、任請文之旨、被官虎満丸申付候訖、年貢・諸公事物等之儀、於無沙汰者、何時も可令改易候、其時一言之儀、不可有之者也、仍補任如件

天文廿四

十月九日　貞運判書

今村重介殿

3　天正七年（一五七九）一〇月　長岡藤孝書状（モト折紙カ）

於当所在々所々、米銭可借遣由、得其意候、為城米如此之上者、返弁儀、不可有異儀候、難渋之儀在之者、堅可申付候、仍状如件

天正七　長岡

十月八日　藤孝（花押）

北瓦権大夫殿

○北瓦権大夫は、三好長慶の奉行人であった北瓦氏につらなる人物か。

13　慶長四年（一五九九）四月　豊国大明神神事能四座賄方米算用状

豊国御大明神御神事御能四座之大夫ニ被仰付候上下賄方八木之事

一四石九斗五升　金春座上五十五人、廿二日夕めしより廿五日朝まて、一人ニ一日ニ三升宛

一拾弐石壱斗八升　同下二百三人、一日ニ一人ニ弐升ツ、

一四石五升　観世座上四十五人分

一十石八斗　同下百八十人分

一四石九斗五升　宝生座上五十五人分

一十石五斗　同下百七十五人分

一四石二斗三升　金剛座上四十七人

一拾四石壱斗　同下二百卅五人分

合六拾五石七斗三升

右八木請取賄方申付候、以上

慶長四年卯月廿三日

○秀吉を神にまつる豊国社が正遷宮されたのは、慶長四年四月一四日である。

9　慶長五年（一六〇〇）九月　徳川家康禁制

禁制　大仏門前十八町

一軍勢・甲乙人濫妨・狼籍（藉）之事

一放火之事

一妻子・牛馬取事

右条々堅令停止畢、若於違犯輩者、速可処厳科者也、仍下知如件

慶長五年九月廿一日

（朱印）

○関ヶ原合戦がおこったのは、慶長五年九月一五日のことである。

353　慶長五年（一六〇〇）一〇月　柳原高辻指出算用状案

御指出之事

一高百八拾弐石弐斗四升　大仏門前柳原分
此内
此内廿五石四斗壱升四合　年々川成荒
九拾壱石五斗八升九合　御蔵納　徳善院(前田玄以)代官
此内九石九斗五升七合　年々川成荒
九拾弐石七斗弐升三合　徳善院様ニ渡
右柳原高于今如此ニ候、但天正十九年以来ありすかた此分にて御座候、此外少も隠し不申候、若訴人罷出候ハヽ、後日ニ我等を火あふりニ可被成候、為其一札、仍如件
慶長五年十月六日　忠(今村忠右衛門尉カ)
宗因
孫右衛門
松平下野守(忠吉)様御内御奉行
加藤四郎右衛門殿様参

○『時慶記』慶長五年一〇月三日条「公儀ヨリ指出被申付、被押由候」、『義演准后日記』慶長五年一〇月四日条「在々所々下野守ヨリ百姓前指出」にかかわることか。

25　慶長五年（一六〇〇）一〇月　建仁寺廻屋地子算用状

屋地子 九石五斗七升八合八夕　大仏柳□□
建仁寺□(領カ)□□
同 九石七斗五升八合九夕　大仏大黒町・河原町 音羽町分
右分建仁寺廻ニテ百四拾七石弐斗弐升之　御朱印之内也、此外少も無御座候
慶長五年子　建(寺脱カ)仁役者
十月八日　仁益（花押）
下野様(松平忠吉)之御内
加藤四郎右衛門尉殿
御小姓中

23　慶長八年（一六〇三）七月　年貢算用状

慶長八年七月分
五拾七石六斗弐合　七月御請取面
百弐石七斗壱升七合　十月ゟ御請取面
二口合百六拾石三斗壱升九合
拾壱石五斗　十二月廿四日
合百七拾壱石八斗壱升九合
三斗七升八合　七月分筵付
五斗八升壱合　十二月分筵付
壱斗二升　山崎町ノ小二郎地子分
九斗九升弐合六夕　ゆミや藤左衛門分
都合百七拾三石八斗九升六夕
右外御免除 六斗六升二合
百七拾四石五斗五升六夕
了佐
正延

26　慶長八年（一六〇三）一二月　大仏屋地子神供料請取状

納大仏屋地子御神供料之事

十二月十二日
合拾石三斗七升四合者　五町め(目)
同日
合壱石弐升七合者　餝屋新左衛門尉
同十四日
合三石五斗八升者　八町(め)□
同日
合五石九斗六升者　九町め(目)
右請取如件　(今村)忠右衛門尉□
慶長八年十二月十四日　──(黒印)

8　慶長一二年(一六〇七)五月　藤森天王講次第

藤森天王講次第　鬮次第

一番　甚三郎
二番　新右衛門尉 三郎左衛門
三番　宗仙
四番　九右衛門尉
五番　宗因
六番　藤左衛門
七番　隼人
八番　了佐
九番　(今村)忠右衛門尉
十番　孫右衛門尉
十一番　吉村後家
十二番　吉右衛門
十三番　弥吉
十四番　与三左衛門

朝　献立
(酒浸)さかひて　汁 鯛
やき物
すし鮒　めし
夕
かます　汁 集
なます 大根
(煎盤)せんばいり　饗
慶長十二年ひのとひつし五月朔日

30　慶長一六年(一六一一)一二月　大仏廻・柳原年貢算用目録

大仏廻　同柳原目録
高頭
一百四拾弐石四斗八升　大仏廻
右之内
拾石六升弐合ハ　先々ゟ免あれ
同
弐拾弐石弐斗ハ　酉年ばゞざいもく小屋ニ成
同
八石弐斗六升五合五夕　戌年五町めニよこ町二町めつきぬけ小松谷ノへり分
同
参石七斗五升三合五夕　文殊院衆但冬引季分春まてと米津殿御奉行ゟ御使ニて
物成
九拾八石弐斗
高頭
一九拾壱石五斗八升九合　柳原
右之内
弐拾五石四斗壱升四合ハ　先々川成荒
同
弐拾六石四斗七升ハ　十三年ゟ川成
残高
参拾九石七斗五升五合

物成
弐拾八石四斗九升四合
物成合百弐拾六石六斗九升四合
慶長拾六亥年十二月廿八日　（今村）忠右衛門

22　慶長一六年（一六一一）一二月
甚五郎内弥三郎米渡願状（切紙）

（切紙）きりかミにて申候、みゑいだう（御影堂）の文阿弥へ八木壱石五斗御渡しにて
可給候、為其如此候、已上
慶長拾六年　甚五郎内
十二月廿九日　弥三郎（花押）
今村忠右衛門尉殿
まいる

27　慶長一七年（一六一二）七月　米上覚

慶長拾七年七月ゟ米上覚
七月ニ
五拾三石
七月九日
五斗弐升八合　但銭四百六文　五条井料
八月十五日
弐石三斗七升弐合五夕　但銭壱貫文八百廿五文
十一月朔日
壱石三斗　但銭壱貫文
十一月十八日
拾四石　丁銀弐百目
十二月七日
三石　油屋彦左衛門へ渡
十二月十四日
四石五斗　四条浄清
同日
壱石五斗　（鍛冶屋）かちやノ又兵へ
十二月十五日
拾石　（魚屋）うほやう右衛門
同日
六石　あめや
十二月十六日
壱石五斗　うほや助右衛門
十二月廿一日
壱石　かハらけ屋
十二月廿五日
拾石　うほやう右衛門
十二月廿九日
五石　あめや藤巴
同日
拾石　うほやう右衛門
十二月卅日
八石　うほやう右衛門
壱石九斗五升九合　小日記
同四月廿日
壱石　（蒔絵）まきゑ屋へ
合百三拾四石六斗五升九合五夕

24　慶長一八年（一六一三）一二月　酒通算用状

慶長十五年戌十二月廿九日酒通之面　合六升
同　十六　亥正月九日ヨリ十二月晦日マテ　合壱石七斗七升
同　十七　子正月五日ヨリ十二月廿八日マテ　合四石三斗三升三合五夕
同　十八　丑正月五日ヨリ十二月十三日マテ　合弐石壱斗七升五合
四年分都合八石三斗三升八合五夕
右之内渡分
壱斗七升二合五夕四才　過上　但戌年十一月十日
九斗八升　亥十二月廿七日　請取有之
弐石　子十二月十六日　請取有之

七斗壱升七合四夕　同十二月晦日　請取有之
九斗九升　丑十二月十六日　請取有之
壱石　同十二月廿三日
五斗　同十二月廿五日
合六石三斗五升九合九夕四才　右ヲ引
残高
壱石九斗七升八合五夕六才　未進
慶長十八癸丑十二月廿五日　法音院（花押）
今村浄喜老
まいる

29　慶長二〇年（一六一五）七月　大仏しゆしやか（朱雀）町屋地子之事

大仏しゆしやか（朱雀）町屋地子之事
壱斗六升四合　十右衛門尉分（花押）
壱斗六升四合　助十郎（花押）
壱斗六升四合　与吉（印）
七升壱合　番屋分（花押）
壱斗四升五合　彦作（筆軸印）
壱斗　道清（花押）
九升八合　藤左衛門（花押）
三升　久六（花押）
壱斗三合　但四人分　甚介（花押）
弐斗　藤十郎（花押）
六斗　宗以（花押）
以上家かす（数）十四間
米以上合壱石八斗参升九合
慶長廿年七月廿一日
御奉行様

386　寛永五年（一六二八）一二月　川原舟入堀川年貢米納につき一札

（端裏貼紙）「壱　寛永年中古高瀬筋、古名七条川原舟入堀川筋角倉之一札　壱通」
妙法院様御境内川原舟入堀川御年貢米之儀、歩畝未相究候へ共、先去年なミニ為且納、八木拾石之通相定申候、重而歩畝相究次第指引仕、御皆済可仕候、仍為後日一筆如此候、以上
寛永五年　角倉内
辰十二月廿五日　九左衛門（花押）
妙法院様御内
重悦老
まいる

130　寛永一一年（一六三四）二月　知恩院領指出

（表紙）「寛永拾壱年
知恩院領指出
二月　日」
玄宿院分
上ノ段 上畠弐畝七歩　弐斗八升五合　喜三郎分 柳原忠右衛門尉（今村）
音羽川そは 下畠壱畝　同 壱斗弐升　壱町目三右衛門分 同
同 上畠弐拾歩　同 九升　霊山園阿弥分 同

八町目屋敷分 三畝弐歩半　同 六斗壱升七合　惣左衛門
同 五畝　同 壱石　久右衛門
八町目 弐畝　同 四斗　清兵衛
同 壱畝拾弐歩　同 弐斗八升四合　半右衛門
同 参畝拾五歩　同 七斗　善右衛門
同 壱畝拾五歩　同 参斗　勘七
同 壱畝拾六歩　同 参斗七合　助左衛門
同 弐畝　同 四斗　甚兵衛
同 弐畝拾五歩　同 五斗　太郎右衛門尉
同 壱畝七歩半　同 弐斗五升　新右衛門
同 弐畝拾弐歩　同 四斗八升　弥七

右拾壱ヶ所屋敷分　(今村)忠右衛門尉さばき

なわ本 下田五畝三歩　玄宿院分 六斗壱升弐合　やうあん分七町目 与三左衛門尉
同 下田四畝　同 五斗三合　甚四郎分岸上村 五郎左衛門
四畝廿五歩　音羽川そは　弐斗三升五合　大宮通石橋丁 嘉兵へ
上ノ段 上畠参畝　玄宿院分 参斗九升　今熊村　四郎二郎分 彦作
同 上畠拾八歩　同 七升三合　今熊村　与次郎分 甚太郎
同 上畠弐畝弐拾四歩　同 参斗六升五合　今熊村　喜三郎分 与左衛門
同 下畠弐畝拾歩　同 弐斗壱升四合　七町目　宗福分 左京
なわ本 下田壱反　同 壱石壱合　法性寺 与三左衛門
同 下田五畝拾歩　同 七斗弐升弐合　弥三郎分 同人

なわ本 下田四畝壱歩　玄宿院分 五斗六合　十町目　与三分 弥吉

一心院分

若松谷 下田参畝弐拾歩　参斗七升弐合　奥居分　坂面ろくろ丁 慶俊
つしのおく 下田参畝弐拾歩　同 五斗壱升三合　源太郎分　七町目 助右衛門
音羽川はた 上田五畝拾壱歩　同 七斗四升六合　源兵衛分　北御門 喜兵衛
上ノ段 上畠壱畝弐拾六歩　同 弐斗四升　浄雲分　今熊村 喜左衛門
音羽川はた 上田四畝弐拾歩　同 六斗五升三合　新二郎分　北御門 喜兵衛
上ノ段 上畠壱畝弐拾五歩　正院分 弐斗七升　宗学分　大仏前 八兵衛
同所 中畠弐畝　同 弐斗三升　今熊村 与左衛門
同 中畠弐拾四歩　同 壱斗六合　源四郎分　今熊村 彦三郎
同 下畠参畝六歩　同 弐斗九升　宗福分　七町目 甚五郎
音羽川はた 下田壱反四歩　同 壱石壱升　坂面ろくろ丁 久味
上ノ段 中畠壱畝　同 壱斗壱升七合　新兵へ分　今熊村 彦作

養源庵分

上ノ段 上畠拾壱歩　四升壱合　新四郎分　七町目 助右衛門
同 上畠八歩　同 参升　喜三郎分　今熊村 与左衛門
同 中畠壱畝弐拾八歩　同 弐斗弐升　道家分 同人
川原坂 下畠弐畝弐拾四歩　同 参斗七升四合　法性寺 浄通
川原坂 下畠壱畝壱歩　同 壱斗四升四合　同 助兵衛
上段 上畠壱畝拾八歩　光求院分 弐斗九合　新兵衛分　今熊村 彦作
上ノ段 上畠壱畝九歩　光求院分 壱斗六升九合　源二郎分　今熊村 九郎兵衛

永伝分五ケ所　忠右衛門分

八丁目屋敷　弐畝拾八歩　四斗五升弐合　久兵衛
同　壱畝拾七歩　同　参斗壱升　太兵衛
上ノ段三畝拾歩　上畠三畝拾六歩　同　四斗参升　神田
同　下畠壱畝八歩　同　壱斗三升　与太郎分
同　下畠壱畝弐拾歩　同　弐斗弐升五合　与一郎分
上ノ段　中畠壱畝　同　壱斗壱升　今熊村　源左衛門
なわ本　上田四畝拾歩　同　六斗七合　柳原　藤左衛門
同　上田五畝拾八歩　同　七斗八升四合　同人
同　上田弐畝六歩　同　参斗弐升七合　宗印分　柳原村　喜右衛門
同　上田四畝　同　五斗五升四合　妙清分　同人
同　上田壱畝拾歩　同　壱斗八升七合　同　同人
同　上田弐畝弐拾三歩　同　三斗八升　法性寺　与三左衛門
同　上田七畝拾弐歩　同　壱石三升三合　孫二郎分　同人
同　上田三畝六歩　同　四斗四升八合　法性寺　新右衛門
同　上田弐畝　同　弐斗六升　同人

保徳院　源甫分

上ノ段　上畠拾壱歩　五升三合　孫二郎分　今熊村　茂右衛門
同　上畠弐畝拾五歩　同　三斗五升　甚太郎分　同　甚右衛門
同　下畠九歩　同　参升　八町目　弥三
同　上畠拾三歩　同　五升　同　同人

合弐拾弐石五斗七升三合
　八斗八合

（貼紙）
「此うつし国絵図之時かし、庄屋江うつさしおき候、為其しるし置也
元禄十壱（七ヵ）年閏九月十七日　」

6　寛永一二年（一六三五）一〇月　板倉重宗覚書

覚

一御領・私領共ニ年貢引負、欠落之百姓さき／＼にて宿仕候者、可為曲事、付、欠落之百姓ニ指図をいたし、はしらせ候もの於有之者、可為曲事事

一渇水におよひ前々より不取来用水理不尽ニ切取候ニをゐてハ、他郷之儀者不及申、同村にても可為曲事事

一井水野山領境等之相論仕候時、百姓刀・脇指をさし、弓鑓を持、罷出候ニをゐてハ、可為曲事、付、何事によらす百姓口論いたし候時、他郷より令荷擔者、本人より可重其科事

右之通、今度於江戸被　仰出候間、此旨可相守者也

寛永拾弐年十月十日　周防（板倉重宗）（印）

大仏廻柳原
　庄屋
　百姓中

359　寛永一八年（一六四一）一一月　柳原大仏廻年貢下札

巳ノ歳御取ケ之事

一柳原大仏廻毛見之高ニ付、七ツ取也

右庄屋・年寄・小百姓不残立合、此下札致拝見、無依怙贔屓、免割仕、御年貢米極月廿日以前ニ皆済可仕者也

妙法院御門跡

寛永十八年霜月廿二日　雑掌（花押）

柳原庄

庄屋

百姓中

356　寛永一八年（一六四一）一二月

川原舟入堀川年貢米納につき一札

妙法院様御境内川原舟入之儀、真乗院殿（信浄院教如）新屋敷ニ罷成ニ付、弥妙門様御領分ヘ舟入堀替申候、就其猶以歩畝不相究候間、重而堤（境カ）舟入之歩畝相究可申候、先近年之通ニ為且納米拾石之通相定申候、追而歩畝相究次第指引皆済可申候、仍為後日之状如件

寛永拾八年

巳十二月廿三日　中嶋猪兵衛（花押）

妙法院様御内

松井主殿様

387　寛永一九年（一六四二）一二月

川原舟入堀川年貢納につき一札

（端裏貼紙）「寛永年中東本願寺御境内ニ相成り候ニ付、東江堀替　中古高瀬川筋角倉一札」

妙法院様御境内川原舟入之儀、真乗院殿（信浄院教如）新屋敷ニ罷成ニ付、弥妙門様御領分ヘ舟入堀替申候、就其猶以歩畝不相究候間、重而境舟入之歩畝相究可申候、先近年之通ニ為且納米拾石之通相定申候、追而歩畝究次第指引皆済可申候、仍為後日之状如件

寛永拾九年

午ノ

十二月廿日　中嶋猪兵衛（花押）

妙法院様御内

松井主殿様

360　寛永二〇年（一六四三）一二月　柳原庄年貢下札

未ノ歳御取ケ之事

一妙法院殿分柳原庄毛見之高ニ付、六ツ七分取、右庄屋・年寄・小百姓不残立合、此下札致拝見、無依怙贔屓、免割仕、御年貢米極月廿日以前ニ皆済可仕者也

妙法院御門跡

寛永弐拾年未十二月十一日　雑掌（印）

柳原庄

庄屋

百姓中

16　正保三年（一六四六）三月

山城国愛宕郡柳原川原分・妙法院御領分指出

山城国愛宕郡柳原川原分　指出

妙法院様御領分

一高参百弐拾六石八斗四合

同百拾壱石八斗六升　六条東御門跡御屋敷ニ成、御替地東塩小路ニ有之

同拾石七斗三升四合　荒川成
引残弐百四石弐斗壱升　毛付
此内
百五拾六石八斗六升弐合　田方年々　御見取
四拾七石三斗四升八合　畑方
一申歳納米百弐拾七石弐斗三合
但高ニ付、田方六ツ六分
畑方　五ツ
一右之斗代　壱石七斗代
一高八石四斗四升弐合　知恩院分
一高壱石九斗五升　仏光寺分
一申歳納米六石弐斗九升内　五石弐斗三升四合　知恩院
九斗七升五合　仏光寺
但高ニ付、六ツ弐分　知恩院
同　半納　仏光寺
一斗代　壱石弐斗代　知恩院
一同斗代　壱石三斗代　仏光寺
一家数　六間、但大仏町拾町目
一人数　三拾八人
内男廿弐人
女拾六人
一役銭　京役仕候
一領境
東ハ　今熊野谷限
南ハ　東福寺領境限
東九条領境限
西ハ　東塩小路　六条東御門跡　土井限
北ハ　五条領限

正保三年
戌三月十四日　柳原庄庄や
(今村)忠右衛門
仁三兵衛

17　正保四年（一六四七）一二月　柳原庄御請米之目録

柳原庄御請米之　目録
一高合百参拾石七斗七升八合本郷下川原、同
池田共ニ
一物成高八拾六石三斗壱升三合八　御取六ツ六分
此口米壱石七斗弐升六合三夕
弐口合八拾八石三升九合三夕
内
弐石者　井手料
弐石者　庄屋給
五斗者　定使給
五斗者
右引残
納八拾三石三升九合三夕
御蔵入
一七拾七石壱斗八升九合五夕　米納
一八石弐斗四升五合六夕　銀納
此銀弐百参拾五匁　但石ニ付、弐拾八匁五分ツ、
納弐口合八拾五石四十三升五合壱夕
右指引残過上　弐石三斗九升五合八夕
正保四年亥極月廿日
柳原庄屋
(今村)忠右衛門
妙法院様御蔵衆　井上次左衛門殿

柴垣九郎左衛門殿

132　万治四年（一六六一）一月　大仏廻知恩院領・佛光寺領納帳

（表紙）
「辛 万治四年　定納
大仏廻知恩院領納帳
丑正月吉日　今村忠右衛門」

一壱斗四升五合五夕　八町目　加左衛門
一弐斗五升五合　同所　五郎兵へ
一三斗五升四合五夕　同所　小左衛門　今ハ弥市
一三斗七合　同所　庄右衛門
一四斗五升三合　八町目　惣左衛門　今ハ仁右衛門
一三斗五升四合五夕　同所　九郎右衛門　今ハ理兵へ
一弐斗弐升八合　同所　与三右衛門　今ハ次左衛門
一六斗壱升七合　同所　惣兵衛
一弐斗六升三合　同所　与兵へ
一壱斗五升四合五夕　同所　清左衛門
一弐斗三升七合　同所　八兵へ
一壱斗八升七合　同所　九左衛門
一三斗壱升七合　八町目　三十郎　今ハ八左衛門
一弐斗八升四合　同所　左兵衛
一壱斗七升弐合　同所　甚兵へ
一四斗八升　同所　源七
一四斗八升四合　同所　七右衛門
一四斗　同所　清兵へ　今ハ五郎右衛門
一三斗三升　同所　久右衛門　今ハ久左衛門

本米合六石弐升三合
此口米壱斗八升六夕九才
二口合六石弐斗三合六夕九才

仏光寺領

一三斗五升　八町目　茂兵衛
一三斗六升七合　水貫有　同所　宗久　今ハ市郎右衛門
一壱斗五升四合六夕　水貫有弐合六夕　同所　吉兵へ　今ハ仁兵衛
一壱斗五升弐合四夕　水貫五合　水貫有弐合四夕　同所　弥三兵へ
二口合三斗七合
一三斗八升四合　水貫有　八町目　久兵へ
一三斗弐升弐合　水貫有　同所　市左衛門　今ハ久右衛門
一三斗六升七合　水貫有　同所　孫兵へ　今ハ善右衛門

本米合弐石九升七合　弐升五合水貫有
此口米六升弐合九夕壱才
三口弐石壱斗八升四合九夕壱才

一四斗壱升五合　瓦町　九郎兵へ
一七斗六升弐合弐夕　同所　彦右衛門
一八斗　同所　長右衛門

一五斗八升六合　同所　二郎左衛門
一七斗四升三合　瓦町　藤兵へ
一三斗九升四合五夕　同所　茂右衛門
一六斗四升　同所　久左衛門
一八斗弐升弐合弐夕　同所　善右衛門
一六斗九升三合三夕　同所　三右衛門
一三斗七升三合五夕　同所　同人
一八升七合　同所　新右衛門
一三斗六合　同所　久兵へ
合六石六斗弐升弐合七夕
内四石弐斗三升者今ハ三石五斗三升 内壱斗八茂右衛門分　今熊衆
内弐石八升六合七夕者　忠右衛門
内三斗六合者残高弐石八斗一升二合六夕 忠右衛門分　同人
瓦町 一壱升六合　玄長
一三斗七合内弐斗■三合源兵へ 〃壱斗四合 〃九斗四合吉右衛門　桜町　宗味
一弐斗壱升九合　桜町　報深坊
一壱斗六升三合内九升五夕惣兵へ 七升二合五夕宝室　同所　権右衛門
一五斗九升五合　同所　宗意
一壱斗八升九合三夕　同所　太郎左衛門
一壱斗四升九合三夕　同所　加兵へ
枡数 合壱石六斗七升壱合三夕

一心院分
一五升壱合　今ハ南馬町しめ 〃　馬町　猪兵へ
一四斗八升　但二ヶ所　桜町　太郎左衛門
今ハ 壱斗二合道角 壱斗五升三左衛門 壱斗三升五合九郎右衛門 壱斗三合茂兵へ 二左衛門
一壱斗六升八合　今熊野　（彦左衛門 今ハ忠右衛門
一壱斗六升四合六夕　同所　与左衛門
一八升壱合六夕　同所　（彦三郎 今ハ彦介 〃忠右衛門
一七升壱合五夕　同所　彦作
一壱斗七升三合五夕 〃弐升　七町目　清左衛門
一弐斗九升六合　西門　吉左衛門
元禄五年 一壱斗九升四合　新正面　八兵衛 ゆつり請　今ハ庄左衛門
（申ノ九月ゟ今村藤兵衛、庄屋庄左衛門方へ同道ニ而、断ニ被来候
九
一九斗三升 今ハ壱石三升　井上分土橋　法泉
枡数 合弐石六斗壱升弐夕
寅ノ極月卅日 一壱石六斗六合七夕　一心院定納
上ノ段 〃〃 一八升壱合六夕　〃〃定納　〃〃一心院分

一壱石六斗弐升六合七夕　　定納　一心院分
　三斗四升五合四夕　　三人衆
　四斗四升弐合六才　　西養院
　弐升七合田方三郎右衛門分元禄五年ゟ　　同断
　五斗五升三合弐夕　残上分三升五合入テ　　忠岸院
　四斗四升五合田方三郎右衛門分
　　　　　　元禄五年戊ノ年もとめ　　同断
五石弐斗三升八合　五升三合　　源光院分　　八町目
音羽川はた
九升　　同　　忠右衛門
上ノ段
五升　　同　　同人
音羽川はた
壱斗弐升　　同　　同人
同
六斗弐升八合三夕　　同　　同人
上ノ段
壱斗九升九合五夕　　同　　同人
川原
弐斗　　同　　同人
　右七口合六石四斗壱升五合八夕　五斗二
　　源光院殿へ定納ニ而計者也
(貼紙)
「七口〆
合六石五斗四升八夕　内五升ハ小手形ニ而納也
　　　　　　　　　　内壱斗ハ河なかれ引
　残六石三斗九升八夕也
　但シ六石三斗七升五合八夕定納也
貞享三年寅ノ極月卅日
　　　　源光院様分
　　　　　　　　　」

36　延宝三年（一六七五）五月　藤森天王講鬮次第

藤森天王講鬮次第
一番　　　甚三郎　(貼紙)「源内」
二番　　　新左衛門尉　善右衛門
(貼紙)「一番　二」　宗仙
四番　三　九右衛門　三右衛門
五番　四　宗因　三右衛門　次郎八
六番　　　了佑　新右衛門
七番　五　忠右衛門
八番　六　吉村後家　宗元
九番　七　吉右衛門　五左衛門
十番　八　弥吉　(貼紙)「忠右衛門」
十一番　九　与三右衛門　与右衛門
五月朔日朝献立
(酒浸)さかひて
　やき物　ぶり
　　　　　うすみ
汁　鯛
　　すまし
白箸
めし
すし鮒
　夕
なます
汁　竹の子
　　干大こん
　　ふき
　　たうふ
(煎盤)せんはいり　かます
　　　　　　　　ぶり
　　　　　　　　ミ
　　　　　　　　ほね
杉はし
饗
霜月五日朝
やき物　生鯛
　　　　すりせうか
汁　生鯛
　　すまし
なます　鯛うすみ
　　　　くり
　　　　大こん
　　　　せうか
白箸
めし
　小豆入

夕

すあへ　大こん せうか入　杉はし ぜんさい餅

右ハ慶長拾弐年五月朔日本紙之献立うつし置也、則本紙有

延宝三乙卯年五月朔日

15　延宝四年（一六七六）一〇月　藤森天王講田畑指出写

藤森天王講田畑指出シ　柳原村領内

御免
一田畑共ニ　東境ニ而北南へ廿五間 中にて北南へ三十四間 西境ニ而北南へ卅五間二尺　南境ニ而西東へ拾四間五尺 北境ニ而西東へ廿二間

右之通少も相違無御座候、為後日如件

延宝四丙辰暦十月廿九日　四郎五郎判

善右衛門判

九右衛門判

三右衛門判

忠右衛門判

宗元判

五左衛門判

平兵衛判

与右衛門判

藤沢大学様

三谷弥左衛門様

追而指出候ひかへ

134　天和二年（一六八二）六月　柳原村知恩院領　川原高覚

「（表紙）
天和弐年

柳原村智（知）恩院領川原高覚

壬戌六月九日」

柳原村智（知）恩院領川原分なわ本高覚

水貫上物
一五畝三歩　六斗壱升弐合　七丁め与三左衛門分 忠右衛門（印）

西ゟ一
一四畝　五斗三合　岸上五郎左衛門分 権三郎（印）

同三
一壱反　壱石壱合　法性寺与三左衛門分 東方権三郎（印）
二わり 西方四郎五郎（印）

水貫上
一五畝拾歩　七斗弐升弐合　与三左衛門分 権二郎（印）
二わり 与右衛門（印）

「（貼紙）源内分ノ下
忠岸院分　右両口之内ゟ四斗四升五合 今ハ忠右衛門
永 □斗直味」

「（貼紙）同断東
亥 源光院分　今ハ権右衛門
斗四斗」

西ゟ一
一四畝壱歩　五斗六合　弥吉分 五左衛門（印）

南
一弐畝弐拾四歩　三斗七升四合　浄通分 二郎兵衛（印）

同
一壱畝壱歩　壱斗四升四合　助兵へ分 同人

東詰
一四畝拾歩　六斗七合　藤左衛門分 善右衛門（印）

東ゟ四
一五畝拾八歩　七斗八升四合　同人分 久左衛門（印）

中
一弐畝六歩　三斗弐升七合　忠兵へ分 三郎右衛門（印）

同
一四畝歩　五斗五升四合　同 同人

一壱畝拾歩　壱斗八升七合　妙法分 三郎右衛門

（貼紙）
「東ぢ三番〆
永　忠岸院分　　　今ハ勘兵衛
　　遍照院分
　　源光院分
　　　　　〻〻惣合壱石六十斗〻〻〻〻〻〻」
　　　　　　　　法性寺与左衛門分
　　　　　　　　　善右衛門
東ノ方中
一弐畝弐拾三歩　三斗八升
　　　　　　　　与三左衛門分
　　　　　　　　　西方善右衛門
東ぢ二　　　　　二わり
一七畝拾弐歩　壱石三升三合
　　　　　　　　　東方権三郎（印）
　　　　　　　又此半分二わり権三郎（印）
　　　　　　　　　　与右衛門（印）
　　　　　　　　法性寺三郎右衛門分
中
一三畝六歩　　四斗四升八合　　道久（印）

（貼紙）
「田方
永　忠岸院方　　延享二年丑ぢ
　　　　　　　　忠右衛門持
　　　　　　斗口四斗一升弐合」
同　　　　　　　　　　同
一弐畝歩　　　弐斗六升　　同人
　　右拾六口
　　高合八石四斗四升弐合

今度従御　公儀様智（知）恩院領川原分之高之儀、書上ケ候様ニと被為
仰出候ニ付テ、則御本所様之御役者源光院様ヘ如何様ニ仕候而指上
ケ可仕旨窺候へ（ママ）、百姓中寄合吟味いたし指上ケ候様ニと被仰候故、
何も百姓不残寄会候て吟味仕、右之通ニ御座候旨、御　公儀様江も
書上ケ仕、御本所様へも書上ケ仕候、然上ハ、此百姓中ニ出入之申
分も後日ニ仕間敷ために何も判形仕置者也

　　天和弐年
　　　壬戌六月九日

（裏表紙、貼紙）
「庚辰十月六日見改、壱括り
　知恩院領用元和年中
後年号色々かはり帳
数八冊分壱括り
括可調分也」

第二節　年末詳の文書・帳簿類

371　年末詳□月（二カ）　一色藤長書状（モト折紙カ）

□以承候間、於日岡□公事相立候処、従三井□申上幷下棚四十八□
郷内衆以言上之筋、□上可申之由、被仰出候、□□殿御局・諏方神
兵衛□御披見進之候、□松少（松永久秀）御談合候て、御料所之□共先規在之者、
可被相□哉、猶於様躰者、従両人□申候、恐々謹言
□月（二カ）廿二日　藤長（花押）
一式（一色式部少輔）
今備（今村備後守）
進之候

○文書の上部が欠損。一色藤長は、室町幕府御供衆。式部少輔の官途を称した。その没年は、文禄五年（慶長元、一五九六）四月と考えられる。

2　年末詳三月　蒲生定秀書状（モト折紙カ）

進退之儀、相拘候条申族候者、此方江可有注進者也
蒲生下野入道
三月十三日　定秀（花押）
東福寺柳原
今村十介（政次）被官中

○蒲生定秀は、近江守護六角氏の被官。その定秀が洛中洛外に文書を発給したのは、永禄四年（一五六一）から同五年（一五六二）のことと考えられる。今村十介は、今村重介とも出てくるが、弥七政次のことと考えられる。

373　年末詳四月　松永久秀書状（折紙）

御状令拝見候、仍曽将息七郎相手孫次郎家之儀、急度こほし出し、
可令放火之旨、町中へ折帋進之候、我々よりと候て、其方より御上
使被上、むかい日返報日にてなき日可被仰付候、長慶（三好）登城ニ取乱候
間、不能審候、恐々謹言
四月九日　久秀（松永）（花押）
今紀（今村慶満）
御返報
「（上書）（墨引）　松弾
今紀　久秀」
御返報

○松永久秀は、三好氏の被官。のちに今村慶満もこの久秀の被官になったと考えられる。久秀自身はのちに織田信長につかえる。その没年は、天正五年（一五七七）一〇月と考えられる（『兼見卿記』天正五年一〇月一〇日条ほか）。

I　年末詳四月　波多野秀忠書状（モト折紙カ）

就大坂本願寺参詣之儀、宿問幷塩合物高荷諸商売通路上下馬之事、
拙者与力今村弥七方仁、為大坂被申付、被成　公方御下知幷御屋形
様御下知上者、各可被其意候、恐々謹言
波多野備前守
四月十日　秀忠（花押）
山科
七郷中

○天文一二年（一五四三）五月一八日付で今村弥七政次が「汁谷口荷物塩合物、

大坂上下荷物事」にかかわって室町幕府政所へ申状を提出している（『別本賦引付』四）。波多野秀忠は、丹波国多紀郡八上城を拠点に活動、丹波守護代。天文九年（一五四〇）一二月、その娘が三好長慶と結婚、天文一五年（一五四六）頃に死去したと考えられる。

4　年未詳四月　波多野秀忠書状（モト折紙カ）

就大坂本願寺参詣之儀、宿問幷塩合物高荷諸商売通路上下馬之事、拙者与力今村弥七方仁、為大坂被付申候、然処、被成　公方御下知幷御屋形様御下知上者、門前等弥無相違可被仰付事専一候、恐々謹言

四月十日　秀忠（花押）

波多野備前守

東福寺

御役者中

368　年未詳四月　十河一存書状（折紙）

去年三月晦日、於法勝寺（法性寺）、我等与力片岡孫左衛門尉与申者、理不尽今村紀伊守（慶満）依生涯候、則可令相当候処、其折節在国候条、于今遅々候間、急度返報可仕覚悟候、為御案内、令啓候、恐々謹言

四月廿九日　一存（花押）

十民（十河民部大輔）

筑州（三好長慶）

人々御中

○十河一存は、三好長慶の弟。その没年は、永禄四年（一五六一）と考えられる。

366　年未詳五月　板倉勝重等連署書状（モト折紙カ）

急度申遣候、山城国中在々庄屋・肝煎人質指上候間、早々其村中人質、今日中ニ可指上候、於油断ハ可為曲事候、為其申越候、以上

五月四日

都次左（都築次郎左衛門）（印）

金八郎兵（金子八郎兵衛）（印）

板三郎左（板倉勝重）（印）

大仏廻柳原郷（カ）

庄屋・百姓中

○同文の文書が『新編八坂神社文書　第一部　八坂神社文書』に所収。内容から元和元年（一六一五）にかかるか。

374　年未詳五月　三好長逸書状（折紙）

尚々何も相尋、追而可申候、此外不申候

御折帋令披見候、仍今村備後方へ遣折帋処、以一書、様躰承候、何も有様段紛申間敷候、委申度候へ共、取乱候之条、不能審候、恐々謹言

五月十七日　長逸（花押）

三向（三好日向守）

物兵（物集女カ）

御返報

○三好長逸（ながやす、『言継卿記』永禄九年一一月一一日条による）は、三好長慶の被官。三好三人衆のひとり。弘治二年（一五五六）五月以降、日向守長逸と確認できる。『天龍寺文書』のなかに弘治元年（一五五五）頃と考えられる「物集女兵衛大夫久勝」書状があり、「物兵」と関係あるか。

367―1　年未詳五月　中井五左衛門尉書状（折紙）

尚々乍御云伝、様子此仁ニ被仰聞候て可被下候、已上

其以来者、久敷不申承候、然者、知恩院御作事ニ付而、瓦を大仏南なる知恩院領之内にてこしらへ申度由申候、左様ニ候へハ、知恩院へ御理申上候処、御同心御座候、就夫、其許年貢前々様子御書抜候て可被下候、為其申上候、作申主ニ問候へ共、しか〳〵と不申候間、扨貴様へ御尋申候、恐惶謹言

中井五左衛門尉

五月晦日　□（花押）

今村忠右様

376　年未詳七月　松謙斎新介（松山重治）書状（折紙）

尚々先ニ久秀へ書状如此認上申候、御披見候て、上包させられ、多門（多聞城）へ可被遣候

御状拝見申候

一高対者、一昨日路次まて罷上候、昨日定而其方へ可為参着候、御状即返進候

一与兵相煩延引申候、今日者、可罷上候間、路次まて成共候、直ニ申含越可申候

一三豊御下之由候、然共、紀州遅引之旨、被取乱、左様ニも可有之候、然者、御同備福賀彼方へ弥入魂候て、江州辺まて令調略、於山科大志万兄弟・郷之者与参会仕候由候、時宜いか様之儀候や、菟角慶満（今村）・一慶（今村）之御証跡さへ候ハねハ、自余之儀者、不止事候、然者、御気遣御尤ニ候、於我々無由断（油）候、涯分急候て与兵多門（多聞城）へ越可申候

一南方牢人催事必定ニ候、是も当方内輪候、不慮ヲ伺然候

一竹三（竹内季治）へも切々可有御入魂候、猶追々目出可申承候、昨日日暮候間、御使留申候、恐々謹言

松謙斎

七月九日　新介（花押）

「（上書）墨引

（弥カ）□□御返報　新介」

○松謙斎新介は、三好長慶の被官。松山重治とも。摂津国に拠点をおいていたか。

375　年未詳七月　松永長頼書状（折紙）

御状令拝見候、従丹州状令披見候、此方へも注進ニ候、兵粮之儀、被申越候条、久秀（松永）と談合候へ共、無同心候条、天下一大事与存、我等令他借可入之由申遣、方々調法過御推量候、打続我方へ之躰ニ候へ共、内備ハ何方へも被申候へとも難調候、我々ハ定而人之借可申存、方々へ申遣候、乍恐一段候条、鳥目を越買次第入可申候、出雲衆之儀、定又人かねいも被成事候条、諸事まん足可被入、御精事専用候、天下さへ存分ニ成候者、御挨拶候共、可安候、知行之儀承候、随分可申越候、以外致方取乱、書中如何申候哉、恐々謹言

七月十三日　長頼（松永）（花押）

「（上書）墨引」

松甚（松永甚介）
長頼
□□
御返報　」

○松永長頼は、松永久秀の弟。天文一八年（一五四九）一〇月以降に甚介長頼、弘治二年（一五五六）六月以降に宗勝、さらに永禄二年（一五五九）以降は内藤宗勝として確認できる。その没年は、永禄八年（一五六五）八月と考えられる。

343　年未詳七月　荻野直正書状（モト折紙カ）

京表様躰具承、不及是非候、如此時者、弥　公儀御時剋到来故、先日之手筈も相違事候、仍御存分儀井善ニ蒙仰、得其意候、一々心底申入候、京都之儀、被見合、追々御注進待申候、恐々謹言

七月十五日　　直正（花押）
荻悪（荻野悪右衛門尉）
宇次左
御返報

○荻野直正は、丹波国を拠点に活動。もと赤井氏。その没年は、天正六年（一五七八）三月と考えられる（『兼見卿記』天正六年三月一四日条「丹州荻野悪右衛門尉病死云々」）。

370　年未詳八月　長野安治・村盛次連署書状（モト折紙カ）

洛中巷所之内、南者八条、北ハ六条、東朱雀、西高倉之間代官職之事、申合候上者、不可有別儀候、御公用銭以下、如請文、可有取沙汰候、此由、可申□（含カ）候、恐々謹言

八月廿六日　　長野入道
安治（花押）
村孫衛門尉
盛次（花押）
沢路隼人佐殿
御宿所

344　年未詳九月　松田政行書状（モト折紙カ）

東福寺申候訴訟之儀候間、出京待入候、猶以面可申候、恐々謹言

九月朔日　　政行（花押）
松勝右（松田勝右衛門尉）
今村甚太郎殿へ

○松田政行は、秀吉政権下の所司代前田玄以の下代として知られ、のち徳川家康につかえた。その没年は、慶長一一年（一六〇六）五月と考えられる。

372　年未詳九月　柳本秀俊書状（折紙）

尚々御馳走共本望□
□日者参、種々□□不及是非ニ□事外給酔申候キ、□常院へ以書状申候、□心得にて可被仰候、□為御礼一筆申候、□も不斗御越待申候、恐々謹言

九月十七日　　秀俊（花押）
柳弾（柳本弾正忠カ）
今備（今村備後守）
御宿所

○文書の上部が欠損。波多野秀忠の父元清の兄弟に柳本賢治がおり、弾正忠と称していたことが知られている。柳本秀俊もこれにつらなる人物か。

377　年未詳九月　松永久秀書状（モト折紙カ）

坊分事、玄蕃ゟ御母儀御存知にて候を、吉村彦左衛門尉母儀ニ被遣之、被相終候以後者、息女へ被遣候、只今ハ、可有御存知之由候間、被仰付被参可然候、恐々謹言

松弾

九月廿九日　久秀（花押）

今紀《今村慶満》

御宿所

367―2　年未詳（慶長一九年カ）一〇月　味岡与右衛門尉書状（折紙）

猶さん《算》用ハ跡にて仕候て、先々人足を出し候やうニ可仕候、いそき□□先々人足をいたし候やうニ可仕候、以上

来月十二日ニ御陣へ□□つれられ候、御用ニ被仰付候、何も御蔵入之内ヨリ三百石ニ付人足壱人ツヽ、十一日ニ大坂へ罷越候への由被仰出候、無油断可申付候、若ふしん《不審》の儀候ハヽ、松田勝右京《政行》ニ御入候間、可相尋候、恐々謹言

味岡与右衛門尉

十月九日　□□（花押）

下桂村両庄屋

上野村両庄屋

万石村庄屋

上山田村庄屋

下山田村庄屋

松むろ《室》庄屋

さか《嵯峨》池のしり《尻》与三 助二

ミふ《壬生》村庄屋

しほ《塩》の小路柳原庄屋

大ふつ《仏》寺大仏廻庄屋

以上

369　年未詳一〇月　三好長逸書状（折紙）

尚々今修《今村修理》も紛候てハ不申候、今備《今村備後守》も拙者へ最前被申候、双方共拙者令存知候間、有様不可紛申候、此外不申候

御折帋令披見候、仍今村同名中申事ニ付而、様躰承候、菟角可為有様候、委申度候へ共、以外取乱候間、自是可申入候、恐々謹言

十月十三日　長逸（花押）

物兵太《物集女カ》

三向《三好日向守》

御返報

341　年未詳一二月　栦和道祐書状（モト折紙カ）

今度今村浄久御成敗候、子弥七《政次》儀者、波多野《秀忠》備前守方与力候之間、無別儀候、然者、先年宛身被成　御下知上者、年貢・諸公事物等・地子銭以下、如先々可有納所候、恐々謹言

十二月廿六日　　　垪和
　　　　　　　　　　道祐（花押）
今村弥七（政次）知行
所々散在百姓中

○垪和道祐は、細川晴元の被官と考えられる。また、今村浄久は、『東寺百合文書』い函におさめられる享禄二年（一五二九）八月一五日付文書案にみえる「今村入道浄久」と同一人物であろう。なお、今村弥七は、今村政次と考えられる。

378　年未詳一二月　三好長縁（長逸）書状（モト折紙カ）

北山三宝院分夏地子之事、松弾（松永久秀）へ被取候、然者、可被仰二重成候由候、不可然候、種々百姓届申候間、重而御催促之儀、御分別専一候、為御心得申入候、恐々謹言
　　　　　　　　三向（三好日向守）
十二月廿七日　　長縁（花押）
今紀（今村慶満）
　　御宿所

○三好長逸（ながやす、『言継卿記』永禄九年一一月一一日条による）は、三好長慶の被官。三好三人衆のひとり。天文一九年（一五五〇）正月以降、日向守長縁、弘治二年（一五五六）五月以降、日向守長逸と確認できる。

342　年未詳一二月　今村慶満書状（モト折紙カ）

錦少路台町竹田分地子銭事、吹野九郎五郎申付候条、早々納所肝要候、若於難渋者、可譴責候、恐々謹言
　　　　　　　　　　　今村紀伊守
十二月廿九日　　　　慶満（花押）
当所
　名主百性中

○今村慶満は、はじめ源介慶満と称し、天文一九年（一五五〇）頃以降に紀伊守慶満と称したと考えられる。

28　年月日未詳　大仏廻・大仏柳原年貢算用状

　　大仏廻
一百四拾弐石四斗八升　　御蔵納 高頭
　此内
　　弐拾八石四斗壱升八合　　御寺屋敷 社人屋敷成申□　吉田［　］
　同
　　四石九斗三升七合　　川成 永荒
　残高
　　百九石壱斗弐升五合
　　右免
　　　四石七斗七升　　川原分
物成百四石三斗五升五合

　　大仏柳原
一九拾壱石五斗八升九合　　御蔵納 高頭
　此内
　　弐拾五石四斗壱升四合　　川成 永荒
　残高
　　六拾六石壱斗七升五合
　　右免
　　　弐拾三石八斗弐升三合　三損六分
物成四拾弐石三斗五升弐合

第二章　今村家の由緒と経営

解　題

本章では、今村家という「家」を理解するために、同家の由緒や経営に関する史料を掲載した。またあわせて、現存する今村家住宅の建築調査、および現当主・今村壽子氏からの聞き取り調査も収録した。建築と聞き取り調査の内容については、第三・四節を参照していただくこととして、ここでは第一・二節に載せた、由緒と経営関連史料の概要を述べていきたい。

延享四年（一七四七）の系図〔50〕などによると、今村家は、一六世紀前半の慶満に始まり、その後、長男・政次、および次男・忠右衛門の、二つの系統に大きく分かれていった（慶満と政次については第一章も参照）。元禄五年（一六九二）七月に今村兵庫がしためた由緒書〔354〕は、このうち政次系の家に関わるもので、同年二月に京都町奉行所の命で開始された帯刀人改めが、由緒書作成の契機になったと考えられる。今村兵庫の居所が「柳原庄大佛十町目」と記されているように、今村家は政次系と忠右衛門系に分かれたものの、両家とも同一町内に住んでいたようで、当時忠右衛門が本町通十丁目年寄でもあった関係で、政次系の由緒書の写しが忠右衛門家側に残ったと推測される。

政次家は近世に入ると代々、妙法院の院家である日厳院の家司を務めるようになるが、忠右衛門家側でも、四代および五代忠右衛門が日厳院家来となっていく。享保七年（一七二二）〜元文二年（一七三七）の史料〔347、12、348、145–5、352〕は、五代忠右衛門が、政次系の今村源内を介して日厳院に召し抱えられていく様子を示すもので、日厳院家来としては、「左衛門」と名乗っていたことがわかる（柳原庄の一住人としては、引き続き「忠右衛門」を名乗る）。ただし政次家とは異なり、忠右衛門家では、日厳院への召し抱えは、四代と五代のときのみに見られたことだったようである。

今村家の由緒にとって、妙法院とならんでもう一つ大事な存在が、泉涌寺である。今村家と泉涌寺の関係は、慶満の三男・明常（明韶）が、泉涌寺来迎院の住職となったことから始まる〔50〕。明韶は、来迎院の「中興」として泉涌寺史のなかでは相当重要視されている人物であるが、その出自については今までまったく不明であった。それが今回の調査で、今村家の一員であったことが判明した。ただし泉涌寺との関係は、その後さほど密とはならなかったようで、忠右衛門家でも嘉永五年（一八五二）、家系図にみえる「明常」が、「明詔」と同一人物であることを、泉涌寺に問い合わせてみて、初めてわかったようである〔3049〕。

忠右衛門家が、泉涌寺に急接近していくのは慶応元年（一八六五）五月頃からで、その背景には文久二年（一八六二）、宇都宮藩家老戸田氏（のちに山陵奉行）の建議で始まった修陵事業があった。山城国で「諸方御山陵旧事等御調」が進められていることを知った忠右衛門は、後陽成上皇が元和三年（一六一七）に亡くなった際、自分の先祖の今村紀伊守（時期的には慶満ではなく政次のことか）が、泉涌寺での葬送を建言したという由緒に目覚め、泉涌寺との特別な関係を築こうと、元治元年（一八六四）の冬頃から行動を開始する〔3016〕。そして、妙法院役人の松井氏や、公家の広橋家（当時、山陵御修補御用掛）の家臣築山氏のつてを頼ったり〔3016、3042〕、後陽成の二百五十回忌法要を手伝うことなどを通して〔3043〕、慶応二年（一八六六）一二月、ついに泉涌寺への「館入」を勝ち取る〔11、3020、3006、3012〕。なお忠右衛門は、陵墓を管理する「守戸《しゅこ》」にも命じられており、「寺町御門前」にあった山陵奉行戸田氏の屋敷に、たびたび呼び出されている〔3005、3034、3008〕。

こうした由緒関連史料とあわせて、今村家の経営を物語る史料として、元治元年（一八六四）の農業日誌〔1305〕、および明治七年（一八七四）の金銭出納簿〔2700〕を収録した。両史料から、幕末～明治初年の今村家が、水藍をはじめとして、米、豆、ねぎ、芋、大根、茄子、かぶら、麦、茶など、多彩な農作物を栽培・販売していたことがわかる。また、苗植え・種蒔き、草取り、刈り取り、および下屎・小便の汲み取りと施肥といった、各作物の農事暦も判明する（その時々の、雇用労働のありようも記されている）。関連して、明治一〇年（一八七七）の日記〔4531〕も農業日誌を兼ねていて、藍、茶、芋、茄子の栽培状況や、製茶に際し、近江の野洲や丹波から「茶製人」を雇っていたことなどが記されている。

右の作物のうち水藍（および葉藍）については、明治二〇年代を中心に関連史料が多く残されている〔2782～2806など〕。さらに断片的ながら、今村家が明治一〇～三〇年代に、藍作地を二番藍や慈姑（くわい）の農地として貸し付けていたことも知られる〔2952、2954、3109、3244～3246など〕。それらをかけ合わせれば、今村家による藍作の実態をかなり克明に解明することができよう。

このほか、明治四三年（一九一〇）～昭和二年（一九二七）の『地料扣』〔3668〕からは、今村家が二〇世紀前半に貸地経営をおこなっていたこともわかる。

本書冒頭の総説でも述べたように、今村家の経営実態の全体像を描き出すのはなかなか困難であるが、周辺史料も加味しながら、これら断片的な情報を丁寧につなぎ合わせていけば、少しずつ経営の実情とその歴史的展開に迫っていくことができよう。

〔今村家家系図〕

慶満（紀伊守）〔浄久〕
- 一慶（備後守）〔浄澤〕
- 政次（弥七、重助）〔宗仙〕
  - 弥七（舎政）〔浄雲〕
    - 八右衛門（舎正）（一六八四）天和四年没〔天心宗元居士〕
      - 兵庫（舎生）（一六九七）元禄一〇年没〔梅岸宗林居士〕
        - 四郎五郎（舎吉）
        - 源内（一七四一）寛保元年没〔俊岸宗英居士〕
- 忠右衛門（一六二八）寛永五年没〔観誉浄喜居士〕
  - 忠右衛門（一六六〇）万治三年没〔西安浄恵居士〕
    - ……（養子）忠右衛門　松之尾松室奥田家より養子（一六七七）延宝五年没〔往室浄生居士〕
      - 忠右衛門（憲重）（一七〇八）宝永五年没〔念翁浄専信士〕
        - 忠右衛門（左衛門、暢宣）（一七五四）宝暦四年没〔清誉宗観浄貞居士〕
          - 忠右衛門（暢次）（一八一五）文化一二年没〔栄空長郷浄久居士〕
            - 忠右衛門（一八四四）天保一五年没〔観岳長音禅定門〕
              - 忠右衛門（政次郎、忠次）（一八一九）文政二年生（一八八二）明治一五年没〔深空義心承憲禅定門〕
                - 忠右衛門（源次郎）（一八四一）天保一二年生（一八九九）明治三二年没〔承専院念覚憲道禅定門〕
- 明常

典拠：延享四年（一七四七）今村氏系図〔50―三九頁参照〕、今村家所蔵戒名掛軸

実線：実子関係
破線：養子関係
（　）：別名、官職
〔　〕：戒名

第一節　今村家の由緒と泉涌寺・妙法院

354　元禄五年(一六九二)七月　今村兵庫郷侍帯刀由緒書

(端裏貼紙)
「元録(禄)五年壬申七月、一類今村兵庫ゟ由緒書写壱通奉入　御高覧仕候」

乍恐由緒書差上申候

一私先祖今村弥七与申者、波多野備前守与力相勤居申候処、天正年中奉公相止、柳原庄引込、郷侍ニ而罷在候、奉公相勤候時分之判形御座候書物共于今所持仕候、私迄四代相続郷侍ニ而刀帯来申候、郷侍之儀、先祖之由緒申上、刀帯候様ニと今度被為　仰出候ニ付、乍恐由緒書付差上申候、以上

柳原庄大佛十町目

元禄五年壬申七月　今村兵庫

年寄忠右衛門殿

同　吉右衛門殿

右今村兵庫先祖由緒書之通承伝申候、尤当所郷侍ニ而刀帯来申候段、紛無御座候、以上

元禄五年壬申七月

柳原庄大佛十町目

年寄　忠右衛門

同　吉右衛門

五人組長兵衛

九兵衛

二郎兵衛

八左衛門

文右衛門

大学

御奉行様

一今村紀伊守慶満与申者ハ義輝公之御家人也、天文之比、城州山崎之北青龍寺与申処之城主ニ而候、先祖之義者、度々之炎焼ニ系図等焼失故不詳候、此紀伊守子二人在之候、嫡男今村弥七後ニ号重介法名宗仙、次男忠右衛門与申候、此重助政次者、波多野備前守与力ニ而候、親紀伊守、西院之小泉与申者を討シ科、依之筑紫へ流されし時も、子重助者波多野備前守与力たる故、御赦被成、代官職被　仰付、補任も有之候、其後秀吉公之時、明智日向守ニ一味いたし候科ニより、且ク伊賀ニ籠居いたし候、然共大和大納言御扶助ニ而帰京仕、其砌も又柳原領之代官職を被仰付候得共、達而御理り申、弟忠右衛門ニ代官職を譲り、重介入道ニ成、宗仙与改名シ、則柳原与申処居住仕候、此宗仙嫡子を弥七与申候、此弥七ハ則宗仙屋敷柳原在住致候、下人業作をいたさせ一生罷過候、此弥七子八右衛門、妙法院御門主之牢人分ニ而御奉公仕候、然ル所　尭恕親王仰ニ而、日厳院僧正之後見ニ被仰付候、内々ハ相応之奉公をも届候得共、貴命依難黙止、終ニ日厳院僧正之侯人と罷成候、私義ハ右之八右衛門与申者之二男ニ而御座候、惣領を今村四郎五郎と申候、則日厳院殿ニ罷在候

347　享保七年(一七二二)九月　家来仰付取次につき願書

乍憚奉願口上書

一私従先祖　御代々御家来分ニ而御出入仕、御扶持なと被下相勤来り申候、其由緒茂御座候故、只今私乍不調法被召遣、恐悦ニ奉存候、此度相改、自今以後御家来ニ被　仰付被下候様ニ奉願候、此儀宜敷御取次被下頼上候、以上

享保七年寅九月廿四日　　忠右衛門

日厳院様御内

今村源内様

12　享保九年（一七二四）四月　日厳院召抱につき口上覚

口上覚

一大佛柳原庄今村忠右衛門与申者、伏見海道十町目ニ居住仕罷在候、今度父忠右衛門通ニ当院江被召抱、自今帯刀仕候間、左様ニ御心得可被下候、仍而為御届如斯御座候、以上

日厳院前大僧正内

享保九甲辰年四〻月《四》　　今村源内

菅谷大輔殿

今小路宮内卿殿

348　享保九年（一七二四）四月　帯刀願い日記

日記

一帯刀之儀、日厳院様江先達而御願申上候所ニ、御聞届ケ候而、則請（ママ）丸様御入寺之折節、大僧正様御殿ニ而院家衆・坊官中・代官中江御家来之義前々之通ニ被成度旨御披露被遊

御一段と被申、則伝奏衆江従御殿坊官中御書付被上、伝奏衆ゟ御町奉行所江御届御座候而相済、十一日源内殿御家来之儀被仰渡、町内年寄江従御殿町役三左衛門御使として被仰渡、村江庄屋八郎兵衛御殿江被召、代官ゟ被仰渡相済、為御礼大僧正様　請丸様三本入之扇子壱箱ツヽ、源内殿江たはこ壱包、中通江二升樽、菅谷大輔殿・今小路宮内卿殿江たはこ壱包ツヽ、代官衆四軒江たはこ壱包ツヽ礼相済

町内ゟ公儀江書付差出可申由ニ而書付認、町代迄尋ニ被遣候所ニ、町代申候者、御主人ゟ御公儀江御届ケ被成候上者、不及其儀候と申、其通ニ而御座候

一手前支配之寺塔事江十三日帯刀之届ニ参り、公辺又ハ立会之節者名代遣ひ候筈ニ断置候

享保九年辰四月日

145—5　享保九年（一七二四）一二月　今村左衛門名前頂戴につき覚

左衛門与申名之義御願申、享保九年辰十二月廿五日ニ御前ニ而被仰付、頂戴仕候

今村左衛門

352　元文二年（一七三七）正月　今村左衛門帯刀町宅につき御断書

乍恐御断書

妙法院御門跡様御院家

日厳院様御家来　　今村左衛門

右左衛門義、帯刀・町宅、享保九年辰四月〻八〻日《十一日》ニ被　仰渡候而、当町内ニ自宅ニ而住居仕候

右之外、帯刀人無御座候、以上
（元文二年）巳正月廿八日　大佛本町通拾町目
年寄　清兵衛判
五人与利兵衛同
御奉行様
元文二年正月、帯刀人改之触相廻り候故、町代へ書付之義相見せ候へ者、少々直シ、此通ニ書付差出シ候而相済

50　延享四年（一七四七）五月　今村氏系図

藤家　今村氏系図

大織冠鎌足公十四代川村遠義二男川村筑後守秀高子孫、紋上り藤之丸ノ内ニ石畳、替紋辛蝗(マヽ)がら、家司神田咲野　右武家大系図ニ載り、参州今村之郷侍ニテ　尊氏公之御家人ト成ル、今村宗五郎秀村強弓三郎兵衛尉景忠、六郎秀宗、七郎秀光、八郎為秀、康安年中ニ義詮公山城国神並合戦之時討死ス、右太平記ニ載リ、子孫相続ニテ　義輝公之御代迄奉公仕、天文年中ニ山城国山崎之北青龍寺之城主ニ而、今村紀伊守慶満与号罷在、二男備後守一慶与号、明智日向守ニ致一味候故、秀吉公御咎ニ而暫ク伊賀国ニ致籠居候処　大和大納言御扶助ニ而致帰京、柳原庄ニ引込、池田町大屋敷居住之時　後陽成院様被為成　崩御候砌、御遺骸ヲ深草村江可被奉成　御葬礼之処ニ、紀伊守罷出、東山泉涌寺ハ往古四條院様陵有之候ニ附、達而御願申上
後陽成院御葬礼泉涌寺江奉成候旨、泉涌寺記録ニ有之

紀伊守慶満　法名浄久
二男備後守一慶　法名浄澤
紀伊守
嫡子弥七政次入道宗仙
波多野備前守与力仕、東山汁谷口之関所預り御下知状有之、天正年中ニ奉公相止メ、柳原庄ニ引込、郷侍ニテ罷在、柳原庄藤森天皇講慶長年中ニ今村一類他家相交草創ニテ、為御供料畑一ケ所被下置、御検地帳ニ天皇宮田ト号、御免地、村役共ニ除之　尭恕親王御筆ニテ藤森神号被遊被下置候而、于今相続有之候也
二男忠右衛門尉入道浄喜
豊国大明神社領大佛廻之代官織(職)相勤候儀者書記等有之、其後　妙法院様柳原庄御知行之支配相勤、知恩院領大佛廻知行支配相勤、仏光寺殿大仏廻知行支配相勤、屋敷紀伊守大屋敷之内ニモ有之
三男明常長老　泉涌寺来迎院ニ住職
政次
嫡子弥七舎政　法名浄雲　柳原庄之郷侍
同八右衛門尉舎正入道宗元
妙法院様ニ而牢人方ニ而奉公仕後ニ　尭恕親王仰ニテ日厳院殿家司相勤奉公仕

同兵庫舍生　法名宗林　同家司相勤
同四郎五郎舍吉　同家司相勤
二男源内　法名宗英　同家司相勤
三男式部　泉涌寺山田家江相続
浄喜嫡子
忠右衛門尉入道浄恵
　今村一類之地方年貢直納手形有之、居屋敷南之方藤兵衛ニ譲リ渡
　ス
養子忠右衛門尉浄生　松之尾松室奥田家ヨリ
嫡子
忠右衛門尉憲重浄専　日厳院殿家頼ニ相勤
嫡子左衛門尉暢宣　同大僧正堯珍様ヨリ改名被仰付候
嫡子忠右衛門尉暢次
　安永六酉四月五日御殿庄屋同役衆
　天王講田地続前来之通 知恩院領支配相続 佛光寺領支配同
于時
延享四丁卯年五月改　今村左右衛門尉暢宣

10　寛延三年(一七五〇)四月　池田町大屋鋪由緒書

池田町大屋鋪之儀者、京羽二重織留ニ今村城跡与記也、延宝年中ニ妙法院宮御代官衆、右屋敷之御改之上、検地等絵図ニ記シ、今村古屋鋪与書記、右代官衆連判ニ而被下置所持来り候

紀の守は　鬼神よりも　恐ろしや
　冥途の道に　王も免さし
　　　老人言伝シ事也

右之閑待《ママ》わ、今村紀伊守慶満、後陽成院様御葬礼を達而奉願、泉涌寺江奉成候付、京童子之口すさミニ候
寛延三年庚午四月日　今村左衛門尉

3049　寛政五年(一七九三)～嘉永五年(一八五二)
今村家由緒取調などにつき諸事留帳(抄録)

譲状之事
一当町私所持之家屋鋪壱ヶ所、我等死後者悴忠右衛門江相譲り申処実正也、然ル上ハ尤家屋鋪ニ付、親類縁者其外他所ゟ違妨申もの毛頭無御座候、為後日之譲状仍而如件
　譲主
寛政五丑二月廿四日　百姓忠左衛門印
大佛本町通拾町目
年寄市兵衛殿
町中参る

譲状之事
一当町我等所持家屋敷壱ヶ所、我等死後悴政次郎へ相譲申処実正也、然上ハ親類縁者其外他所ゟ違乱妨申者毛頭無之候、為後日之譲状仍而如件
文政八年酉九月廿四日　百姓忠右衛門印
大佛本町十丁目
年寄藤八殿
五人組町中

譲状之事　写置　此本紙者町分江納ル
一当町我等所持家屋敷壱ヶ所、我等死後者悴源次郎江相譲申処実正也、然ル上者右家屋敷ニ付、親類縁者其外他所ゟ違乱妨申者毛頭無御座候、為後日譲状仍而如件
譲主　政次郎事
嘉永五子年二月廿四日　百姓忠右衛門
大佛本町通拾丁目
年寄九郎兵衛殿
五人組町中
右譲り、東　御役所様ニ而譲り状江御割印戴頂(頂戴)候事
一三匁　町代石垣甚内様　一町年寄
一弐匁　下同西村権右衛門様　一町用人江百文　為祝義遣ス
一百文　筆料
子二月廿四日

一右譲ニ当町内ゟ　東御役所様願出候、当町内ゟ百姓忠右衛門幷能登屋幸左衛門、右幸左衛門義者此度当町内ニ而家買得ニ付、沽券状江御割印戴頂(頂戴)、右両人之願ニ候、右雑用割合ニ候也
一人数　年寄九郎兵衛殿　五人組之内差支ニ付不参　忠右衛門　幸左衛門　用人共都合四人
一昼弁当四人　若狭屋ニ而忠右衛門取斗
一無滞相済候上、酒壱献出し　若狭屋ニ而取斗
一百文敷物代出し　但し右幸左衛門与弐ツ割合之事
右割合覚
二月廿四日
一百文　敷もの代
一五匁弐分　弁当代　四人前
一廿九匁三分　酒肴代
〆三十四匁五分
此分弐ツ割
拾七匁弐分五り　七月十四日町内幸左衛門与右割合払方候也
壱歩ト百廿五文ツ、　〆皆済　同人ゟ壱歩ト百七十三文取
又四十八文　出入済
〆銭百七十三文ツ、
嘉永五子年二月十八日調候
元録(禄)五年壬申七月ニ、今村兵庫与申、今村家之系図書を以、郷侍刀帯之訳を　御奉行様へ書出し候扣之写也

乍恐由緒書指上候

一私先祖今村弥七与申者、波多野備前守与力相勤居申候処、天正年中奉公相止、柳原庄引込、郷侍ニ而罷在候、奉公相止候時分之判形御座候書物共于今所持仕候、私迄四代相続郷侍ニ而刀帯来り申候、郷侍之儀、先祖之由緒申上、刀帯候様ニと今度被為仰出候ニ付、乍恐由緒書付差上申候、以上

元録(禄)五年壬申七月　柳原庄大佛拾丁目
今村兵庫

年寄忠右衛門殿
同　吉右衛門殿

右今村兵庫先祖由緒書之通承伝申候、尤当所郷侍ニ而刀帯来申候段紛無御座候、以上

元録(禄)五年壬申七月　柳原庄大佛十丁目
年寄　忠右衛門
同　吉右衛門
五人組長兵衛
九兵衛
二郎兵衛
八左衛門
文右衛門
大学

御奉行様

一今村紀伊守慶満与申者ハ義輝公之御家人也、天文之比、城州山崎之北青龍寺与申処之城主ニ而候、先祖之儀、度々之炎焼ニ系図等焼失故不詳候、此紀伊守子二人在之候、嫡男今村弥七与(後ニ号重介)、(法名宗仙)次男忠右衛門与申候、此重介政次者、波多野備前守与力ニ而候、親紀伊守、西院之小泉与申者を討シ科、依之筑紫江流されし時も、子重助者波多野備前守与力たる故、御赦被成、代官織(職)被仰付、補任も有之候、其後秀吉公之時、明智日向守ニ一味いたし候科ニより、且ク伊賀ニ籠居いたし候、然共大和大納言御扶助ニ而帰京仕候、其砌も又柳原庄領之代官織(職)を被仰付候へ共、達而御理り申、弟忠右衛門ニ代官織(職)を譲り、重介入道ニ成、宗仙与改名、則柳原庄与申処居住仕候、此宗仙嫡子を弥七与申候、此弥七者則宗仙屋敷柳原在住致候、下人ニ業作をいたさせ一生罷過候、此弥七子八右衛門　妙法院御門主様牢人分ニ而御奉公仕候、然ル所尭然(ママ)親王仰ニ而、日厳院僧正之後見ニ被仰付候、内々ハ相応之奉公をも望候へ共、貴命依難黙止、終ニ日厳院僧正之候人と罷成候、私ハ右之八右衛門与申者之二男ニ而御座候、惣領を今村四良五郎と申候、則日厳院殿ニ罷在候

尊氏公ゟ十三代義輝公御代迄奉公仕、天文年中青龍寺之城主

大職冠鎌足公十四代川村遠義二男川村筑後守秀高子孫、紋上り藤之丸内ニ石畳、替紋辛蝉(ママ)がら、家司神田咲野　右武家大系図ニ載り、参州今村之郷侍ニ而　尊氏公之御家人ト成、今村宗五郎秀村強弓三郎兵衛尉景忠、六郎秀乗(宗)、七郎秀光、八郎為秀、康安年中ニ義詮公山城国神並戦之時討死ス、右大平記(ママ)ニ載り、子孫相続ニ而、義輝公

之御代迄奉公仕、天文年中ニ山城国山崎之北青龍寺之城主ニ而、今
村紀伊守慶満与号罷在、二男備後守一慶与号、明智日向守ニ致一味
候故、秀吉公御咎ニ而暫伊賀国ニ致籠居候処　大納言御扶助ニ而帰
京、柳原庄ニ引込、池田町大屋敷居住之時　後陽成院様被為成　崩
御候砌、御遺骸ヲ深草村江可被奉成　御葬礼之処ニ、紀伊守罷出、
東山泉涌寺ハ往古四條院様陵有之ニ付、達而御願申上　後陽成院御
葬礼泉涌寺江奉成候旨、泉涌寺記録ニ有之

紀伊守慶満　法名浄久

二男備後守一慶　法名浄沢

紀伊守
嫡子弥七政次入道宗仙

二男忠右衛門尉入道浄■喜

三男明常長老　泉涌寺来迎院住職

政次
嫡子弥七舎政　法名浄雲

同八右衛門尉舎正入道宗元

同兵庫舎生　法名宗林

同四郎五郎舎吉

二男源内　法名宗英

三男式部　山田家江相続

其後当時一代

右前文由緒書を以、泉涌寺内来迎院江忠右衛門罷出相尋候、来迎院
主面会之上及承候

明常長老者、今村紀伊守子三男ニ候旨申之、其様子相尋候、然ル
処左答有之候

泉涌寺第七十四代目之長老

舜甫明韶長老　慶長十三戊申正月昨日示寂　行年八十才

右之通御座候、然ル処此来迎院住職者、今十五六ヶ年以前迄ニ四拾
年斗無住ニ候而、其間ニ色々与相成、記録類等其置処へ雨もり其侭
ニ有之、記録腐乱相成候故、正しく処不分明候也、其後ニ追々改、
又者聞伝シを書留置候丈ケ之事分明ニ候也、右之通之事ニ候也

此儀来迎院之留書ニ有之、其旨承候也

右明韶長老者　信長公之伯父ニ当ルト申儀、書留ニ有之旨承候事

二月廿四日之晩

一泉涌寺来迎院住入来有之、右者当院ニ今村之類歟、石塔有之旨申
之居有之候、一応及見ニ参り可申候与申居有之

(後略)

3016　慶応元年(一八六五)五月　今村紀伊守泉山由緒取調一件日記

慶応元丑年五月ゟ

一此度我等所持系図表之通、当家先祖今村紀伊守義、慶長年中当庄
江帰京いたし候、然ル処元和三年崩御、右御葬送深草村へ可被為
在之処、右紀伊守罷出、則泉山江御葬送被為在候様奉願、其後御
代様泉山江御極り被為在候御事

然ル処近来諸方御山陵旧事等御調被為在ニ付、此度不思議之御手
続を以此度奉願上候

閏五月十日
　廣橋殿御家来簗山左膳様、改而忠右衛門願書持参いたし候
元来五月廿九日
松井主殿様ゟ右簗山家江御内々御取次、則系図本紙并写、其外慶
長五年御下知状、且書付数々共を以及御内談厚御頼被下、然ル処
閏五月二日右簗山家ゟ松井家江御手紙ニ而左ニ
早々忠右衛門ゟ願書を差出し可申様ニト御申越在之、其後四日ニ
其段松井家ゟ忠右衛門へ及承候、依而其後
早々翌五日忠右衛門願書下書相認メ、松井家江出ス、其後八日願
下書松井家ニ而清書出来、翌九日願書相認、尚又松井家為見置候
閏五月十日
改而及出願ニ候事
一金弐百疋壱封為肴料、簗山江進物いたし候事
今十日忠右衛門出願之節、簗山左膳様江御面会いたし、直々願置候
事
〆
元来昨子年冬、此事四条御旅大和右京様ゟ厚心添いたし被下候事、
則右等承置、其後是迄等閑ニ而相過申候
当五月節句後ゟ申出し、松井家江申込、夫ゟ系図写方色々心配之事
ニ候也
〆　壱朱　黒豆壱升　大和家土産もの
〆
閏五月十日
簗山家ゟ泉観音寺江手紙届方預り、十一日朝右観音寺江相届ケ候
処、返書出候、今十一日簗山家江相届ケ申候事
〆
六月十三日承り
簗山家ゟ為取調泉山観音寺江被及沙汰候処、先規者不分明之由返
答在之、猶押急度被及沙汰候由承り候事
同十四日
一六百六拾文　白砂糖壱斤
　外ニ茄子数五十五添
右暑中見舞
七月八日
一七百文　観音寺江進物　白砂糖壱斤
一三百五十文　山田江同断　同半斤
右七月八日・九日両日簗山江行、又者観音寺江行、夫々追返いたし
候事
〆
一八日松井家ゟ依差図ニ観音寺江行、手続承ル
一九日右手続ニ付、簗山江行
一同日観音寺江答置候事
〆
八月十四日
松井家ゟ左ニ承、侍公常勤いたス事哉、又者名前丈ケ事ニ而能哉、
此段相尋度候、然ルニ常勤之積り、然者名前相定メ為聞可申旨内
意及承

然ルニ当七月山田家ゟ承ル事茂在之、依而一応其手続及承返答ト
いたし置
十五日
山田家江出、其手続及承候処、当七月ニ承り置候者違ひ在之、模
様変り在之
〆
然ルニ安田家江頼出候事可然与有之
翌十五日
安田家江罷出、手続申立頼置候事
〆
一壱朱　手産　羊かん壱棹
〆
十五日
一松井家江常勤いたし度、且名前今村藤馬ト定メ置候事
如此返答いたし置候事
〆
八月廿三日
一松井家ゟ御噂、築山江向ケ忠右衛門参り候様申越ニ付、今廿三日
即日築山江罷出及承候処、少々間違之訳在之、夫々及答候処、其
旨築山氏承知在之、然ル上者早々泉山観音寺江其旨可申出旨差図
在之候事
〆
廿四日廿五日廿七日
廿八日
昼後
泉山罷出、築山氏ゟ差図之通申出候処、観音寺其段承知在之、然者
表向御沙汰有次第ニ可及沙汰ニ旨被申渡候事
〆
八月晦日
一泉山都合能聞届之始末返答いたし、其段築山承知之事
〆　右都合能次第、松井家幷四条大和家江も届ケ置候事
廿八日
一奉書半紙弐百枚泉山へ進物いたし、代弐朱程、但有合もの
〆

3003　慶応元年（一八六五）閏五月　今村紀伊守由緒につき願書

（端裏書）「扣」

乍恐奉願口上書

願人　百姓忠右衛門

一私先祖今村紀伊守与申候者、則別紙系図書之通相違無御座候、右
ニ付先代々ゟ申伝来候義、左ニ奉申上候、元和年中
後陽成院様御葬送之御事深草村江可被為有之処、右紀伊守願出、泉
山江御葬送被為在候様強而奉懇願候処、其段御聞届ニ相成、右泉
山江被為在御葬送候由慥ニ申伝居候、依之其後
御代々様泉山江被為在御極り候御事ニ奉窺候、然ル処近来被為有諸
方ニ候御山陵旧事御取調之上、追々御光顕御再興之御旨奉窺候付、
当節
御代々様御遺跡御記録御調之節、自然私祖先由緒家系等御見当り被

遊為在仕候得者、生々世々時冥加ニ難有仕合奉存候、右前件之儀従来念願ニ候処、此度不思議之御手続を以不恐顧奉歎願候、何卒右願意之趣御内覧之上被為分聞召、御記録御調被遊候御序之砌、御引合被遊下候而、由緒分明顕然仕候得者、祖先江之孝養、末代之面目無限難有仕合ニ奉存候、右等之趣乍恐御聞届被遊下候様伏而奉歎願候、以上

慶応元丑年閏五月　　大佛柳原庄住
　　　　　　　　　　願人百姓忠右衛門印

上

3030　慶応元年(一八六五)閏五月　今村紀伊守居住由緒につき手続覚

手続覚

一伏見海道筋一ノ橋上ル泉涌寺江入口辺柳原庄与申候、同海道筋者大佛本町通拾丁目与申候、願人忠右衛門義、当時者右十丁目ニ住居仕候而、柳原庄領百姓仕候

一則系図表ニ御座候柳原庄池田町大屋敷与申処者、是則泉涌寺入口ニ御座候、私先祖今村紀伊守義ハ此処ニ居住仕候、其後当時之処江引越申候

一延享四丁卯年五月系図改置候、今村左衛門尉与申候ハ、当時願人忠右衛門曾祖ニ相成申候、代々相続仕来、当時細々百姓渡世相続仕居申候

右之通少茂相違無御座候、以上

(慶応元年)丑閏五月　　願人百姓忠右衛門

上

3042　慶応元年(一八六五)閏五月　広橋殿家来築山家願筋入用留記

(表紙)「慶応元丑年閏五月ゟ
　廣橋殿御家来築山家へ願之筋在之、右ニ付入用留記
　泉山夫々進物入用」

丑閏五月十日
一金弐百疋　肴料　築山江
〆
同日
一同壱朱　黒豆壱升　大和家へ
〆
六月十四日
一六百六拾文　白砂糖壱斤　築山家江
〆
七月八日
一七百文　白砂糖壱斤代　泉山観音寺江
同
一三百五拾文　同断　山田家江
〆
八月十五日
一壱朱　手産　安田家へ　羊羹代
〆
八月廿八日

一奉書半切り弐百枚　泉山観音寺へ
代凡弐朱程との有合相用ひ
〆
一寒中見舞　泉観音寺
一同　四条大和家江
一同　築山家へ
一冬歳暮配り芋頭　泉山向
一同断　大和家・築山家江
〆
寅三月
一百疋　築山江　筝壱挹
一五十疋　大和家江　同断
同
一三百八拾文　泉観　黒豆壱升
同
一三百八拾文　同来（来迎院）　同断
同
一凡三百文　芋種　山田家江
〆

3043　慶応二年（一八六六）八月　後陽成天皇法事につき覚

元和三丁巳年八月廿六日
　後陽成院様崩御御葬送
当慶応弐寅年八月廿六日
弐百五拾年御祥当御法事、泉涌寺ニ而勤ル
右御法事ニ付、泉涌寺道大路橋ゟ西之方道筋掃除方、泉山ゟ頼来、
其段取扱置候事
　但、為右挨拶酒弐升樽被下候、此取次泉山塔頭来迎院ゟ申来り
　　候事

11　慶応二年（一八六六）一二月　泉涌寺館入申付状

後陽成院様御葬送之節、格別勤功有之候訳を以、今般館入申付候間、
以来臨時御用之節者出勤可致候、此儀兼而　廣橋殿御内築山左衛門
尉殿よりも伝達有之候
　慶応二寅年十二月　　泉涌寺役者
　　　　観音寺（花押）
　　　　戒光寺（花押）
　　　　法安寺（花押）
　　　　長福寺（花押）
　　　　新善光寺（花押）
　今村忠右衛門江

3004・3005　慶応二年（一八六六）一二月　泉山本坊用勤留記

（表紙）「慶応弐寅年十二月より
　泉山本坊用勤留記
　　今村忠右衛門」
（括り付け文書）「覚」

一来ル六日
　山陵御出来御供養御法事ニ付、麻上下ニて御両人共早朝ゟ御出
　勤可被成候事
　（慶応三年）卯十一月四日　泉山役人
　　　　　　　今村御氏
」
寅十二月廿九日朝泉山役所ゟ差紙到来写
　今日戸田家江御出役之義、先日御頼申置候通御心得ニ而御出勤被
　成度、此段申入候、以上
　　十二月廿九日　　　泉山役所
　　　　　　　今村忠右衛門殿
右ニ付、今廿九日早朝ゟ坊丈江出勤、夫ゟ御役者幷其外人数揃之上、
寺町御門前戸田家御屋敷近辺ニ而、則坊丈御出入松長ト申方ニ而下
宿いたし、夫ゟ右戸田御屋敷江右御役者方江（ママ）御同道ニ而出候、然ル
処右戸田様御事御用ニ付　御所表江御参有之御留主中ニ而、今日御
呼出し之申渡方茂無之故、則御役者方ゟ御入魂ニ相成候、泉山ニ茂
此節之御用中ニ付、役人之内弐人差越残置相成御役者衆引取在之候、
幷此方共同様引取申候事
　今廿九日早朝ゟ出、今晩ニ帰宅いたし候也
卯正月朔日泉山役人安田ゟ手紙到来、写左ニ
　弥御安全珍重ニ奉存候、然者　御事ニ付、書記方御頼申度候間、
　乍御苦労明早朝ゟ御出勤御座候様致度候、此段得貴意候、以上
　　正月朔日
右写之通到来ニ付、翌二日早朝ゟ坊丈役人部屋江出勤いたし候、今
二日暮後帰宅いたし候事
〆
三日
一今三日朝五ツ時ゟ坊丈江出勤いたし候、同夜子之刻比下宿いたし
　候事
四日
一今四日御廟所御見分ニ付、色々相勤メ申候、申刻下宿
五日
一昼後出勤いたし候
六日
一今六日不参いたし候段、安田氏断置候事
　　　　　　　　　　　　　　益井次三郎事
先年迄坊丈ニ相勤罷在候処、子細有之御暇ニ相成、近年ゟ正面橋
番銭取ニ雇ひ有之候、然ルニ此節柄実ニ暮兼難渋之趣ニ候、然ル
ニ今度泉山御一会ニ付、正面井長ゟ発願ニ付、則此方ゟ茂添願い
たし、御役者方役人方江歎願を以取扱進申候
　然ル処御聞済ニ相成、勝手ニ出勤為致可申旨御沙汰ニ相成候、
　其段本人次三郎江申聞、今六日ゟ坊丈江出勤いたし候事
　　仝者井長之心配を以、程克帰参相叶ひ申候事
右ニ付、正面橋之方右同人家内代々出居申候、尤跡人体相極り候

迄如此ニ候趣ニ候也

七日
一今七日昼後ゟ出勤いたし候事

八日
一今八日四ツ時分ゟ出勤いたし候事

卯十一月四日泉山ゟ差紙之写
覚
一来ル六日
山陵御出来御供養御法事ニ付、麻上下ニて御両人共早朝ゟ御出勤
可被成候事

如此御達ニ付、六日早朝ゟ御玄関江出勤いたし候、両人共（忠右衛門・義之助）
右無滞相勤申候事
〆

3020　慶応三年（一八六七）正月　泉涌寺挨拶冥加御礼覚

慶応三年卯正月十三日
泉涌寺山内江挨拶方左ニ冥加為御礼
金千疋　冥加献上　目録台ニ
泉山御開山様御宝前江
此献上、方丈役所ニ而取次山本三河殿江差出し、右同人ゟ御取次
を以輪番所役者方詰所江差出しニ相成、其上輪所ニ而戒光寺其外
御立会ニ而左ニ
此度館入ニ付、為冥加開山様江被献候、猶此段可及披露ニ段、則
忠右衛門江被申聞候事
金五百疋　為冥加御礼
長吏新善光寺大和尚様江
金五百疋　右同断
長老善明院大和尚様
金五百疋　右同断
長老戒光寺大和尚様
金三百疋　冥加御礼
同弐百疋　御酒壱樽料
来迎院中老様江
御中老来迎院様江
金三百疋　冥加御礼
同弐百疋　御酒壱樽料
悲田院中老様江
御中老悲田院様
金三百疋　冥加御礼
同弐百疋　御酒壱樽料
観音寺御役者様江
役者観音寺様
右同断
右同断
戒光寺御役者様江

右同断
右同断
　法安寺御役者様江

3006　慶応三年（一八六七）正月

泉涌寺冥加献上金・御礼金・御肴料勘定帳

（慶応三年）卯正月十三日
一御開山様御宝前　冥加献上　金千疋
一新善光寺御大和尚様　冥加御礼　同五百疋
一善明院御大和尚様　同　右同断
一戒光寺御大和尚様　同　右同断
一来迎院中老様　冥加御礼　金三百疋
　御酒壱樽料　同弐百疋
一悲田院中老様　右同断
一観音寺御役者様　右同断
一戒光寺御役者様　右同断
一法安寺御役者様　右同断
一長福寺御役者様　右同断
一新善光寺御役者様　右同断

〆拾五両
一金百疋　冥加御礼　山田中務様
一右同断　右同断　山田民部様
一同五拾疋　右同断　山田主税様
一同百疋　御肴料
〆
一金百疋　冥加御礼　安田美濃様
一右同断　右同断　安田駿河様
一同五百疋　御肴料
〆
一金百疋　冥加御礼　山本参河様
一右同断　右同断　山本丹後様
一右同断　御肴料
〆
一金百疋　冥加御礼　藤井奉膳様
一同五拾疋　御肴料
〆
一金百疋　冥加御礼　安藤将監様
一同五拾疋　右同断　同　祝之助様
一同五拾疋　御肴一折
〆
一同弐拾五疋　堂司
　教正様
〆

一右同断　　中番
　　　　　　佐藤新三郎様
〆
一右同断　　中番
　　　　　　益井次三郎様
〆
〆四両壱歩三朱
別段
一金千疋　冥加御礼　観音寺院主様
一同百疋　同断　同　納所様
一同五拾疋　同断　同　小僧様
〆
一同五拾疋　同断　来迎院御内
　　　　　　　　　妙観院僧様
一右同断　同断　同　御内
　　　　　　　　　通玄院僧様
〆
十四日
一金弐百疋　御肴一折　大佛
　　　　　　　　　松井主殿様
同
一同三百疋　右同断　四条御旅
　　　　　　　　　大和筑前介様
同
一同千疋　冥加御礼　築山左衛門尉様
〆六両三歩弐朱
合廿六両壱歩壱朱

3033　年未詳（慶応三年カ）二月　妙法院坊官席順・官名につき安田美濃書状

（上書）
「今村忠右衛門様　安田美濃
　　　貴下　　　　　　　　」
以手紙得貴意候、兎角春寒不同之時気ニ御座候得共、愈以御安栄被成為珍重奉存候、此間ハ途中得拝顔失敬御宥恕可被下候、然ハ甚以御面倒奉存候へ共、内実差心得度義ニ付、御内々御尋申上候義ハ、妙　御殿御坊官衆中御席順、且御官名等為御聞被下度奉希候、可相成ハ一寸御一筆御認被下候様仕度、乍失敬書中を以得貴意度如此御座候、早々頓首
二月十二日

3011　年未詳（慶応三年カ）三月　山陵御勤役につき安田美濃書状

（上書）
「今村忠右衛門様　安田美濃
　　　貴下　　　　　　　　」
暖和相加候処、弥御壮栄珍重奉存候、此中ハ打続山陵御勤役御労煩奉存候、然ハ御達申度義御座候間、明十三日方丈へ御出勤可被下候、右得貴意度如斯御座候、以上
三月十二日

3012

慶応三年（一八六七）三月　泉涌寺館入につき泉山観音寺書状

使口演

此間中者灌頂ニ付、預り御苦労忝存候、先々無滞相済、此段御礼申入候、扨其節ハ為祝義目録被贈下候、忝存候、右為挨拶扇子壱箱進上いたし候事

一旧冬者（慶応二年）当山へ館入ニ付、当寺へ格別之厚菓子料被下置、御辞退茂可申之処、折角之義ニ付致寺納候段深御礼申入度候、右為御挨拶誠ニ乍軽少相厚料銀壱枚進上之候間、御入手被下候ハヽ、忝存候、依而御礼迄、早々已上

（慶応三年）三月廿三日　泉山観音寺

今村忠右衛門殿

3013

慶応三年（一八六七）四月　孝明天皇御百箇日法事出勤につき泉山役人書状

覚

明五日・六日

御百箇日ニ付、麻上下着ニ而極早天ゟ御出勤相成候様頼入候、以上

（慶応三年）四月四日　泉山役人

今村御氏

3034

年未詳（慶応三年ヵ）一二月　御陵守戸へ天朝被下物につき安田美濃書状

（上書）「今村忠右衛門様　安田美濃

貴下」

以手紙得貴意候、甚寒之節御座候処、弥御安栄被成御起居珍重奉存候、其已来御打絶御疎情罷過御漸（容）恕可被下候、然ハ御陵守戸之者へ従　天朝被下物有之候付、来ル十二日　戸田侯御屋敷へ可罷出旨被仰出候、右ニ付人数難揃、依甚御苦労奉存候へ共、右十二日麻上下・帯刀にて方丈へ向、朝之内ゟ御出被下度、御差支之程如何御尋置候、御一報被下度候、右御頼迄如斯御座候、早々以上

十二月十日

3008

年未詳（慶応三年ヵ）一二月　御陵守戸召出につき安田美濃書状

（上書）「今村忠右衛門様　安田美濃

貴下当用」

前略御高免、今朝ハ御光来被下御早々御愛想無御座候、其節御内語之趣篤ト申聞置候、今日ニも御達可申様之処、観音寺致出役候ニ付如何ト奉存候

一明廿六日

御陵守戸之もの、戸田家へ被召出候ニ付、月廻被申何共御気毒奉存候へ共、右人数之内　貴所様幷御賢息御壱人御頼申度、朝六ツ時過本坊へ御入来被下度候、右之段御差支有無承知仕度御一報奉希候、早々而已

十二月廿五日

第二節　今村家の経営

1305　元治元年（一八六四）五月　農作方日記

（表紙）
「元治元年甲子五月
　農作方日記
耕作
　　　　今村家」

元治元年子五月晦日賃銭渡し方
一池田分
一弐反八畝　　田植ちん壱反ニ付三百文ツ、
　代八百四拾文　　但そうと女（早乙女）弐人ニ而相渡
　　　五月十一日
〆
一苗代町
一壱畝余　　右同断
　　　但そうと女三人
　　　五月廿七日
一西裏
一弐反七畝
〆弐反八畝
　代八百四拾文
　合壱貫六百八拾文
右田植付そうと女、昨亥年迄古来之通田壱反植付、壱反壱人此手間ちん弐百文ツ、、尤朝飯より夕飯迄此方ニ而為食如此ニ在之候処、当子年春ゟ都而働人不自由ニ相成、男女共働人賃銭増ニ相成、依之前書田植ちん百文増成候也、都合三百文ツ、ニ而渡し
〆
子年藍種場借ちん
西ニ而南北八間半　　平均
東ニ而南北拾壱間　　九間七分五り
南ニ而東西七間壱尺
北ニ而東西右同断　　七間壱分六り
此坪数六拾九坪八分壱り
　此畝弐畝拾歩直ス
　此代壱貫弐百文代三朱渡ス　丑正月四日皆済

子年五月晦日取調申候
苗代場坪数
東西南共五間ツ、　　坪平均五間半 五間
北六間　　此坪廿七坪半
〆
南北四間
東西弐間　　此坪八坪
〆
合三拾五坪半　但壱坪ニ付三拾弐文ツ、
　此代壱貫百三拾六文相渡ス
〆
　一庄江渡し方

三拾五坪半
一壱貫百三拾六文　去ル亥年分
一同断　子年分
〆弐貫弐百七拾弐文　如此丑正月四日皆済

六月四日
反豆植付方秋豆白豆黒豆秋小豆、右なえニ而植渡申候事
〆
六月八日・九日　拾六間大うね七うね借
棒数弐百廿四棒
右上之町伊助分相対を以借用
右春蒔之ねきなへ植付申候事
〆
六月十一日より続而十四日中
一藍苅反数

定

一男定雇賃　壱人ニ付三百文
一女右同断　同断　弐百文
一水藍虫取賃　壱反ニ付三貫文
但虫漬跡　同断弐貫五百文
一水藍刈賃　同断壱貫五百文
但弁当代共
一藍切り　壱人ニ付四百五拾文
一同すひ　同断四百文
但藍こなし中並男雇賃同断
一同すひ弁当持　壱人ニ付六百文
一藍こなし女雇賃　三百文
但他所ゟ雇者へ卅弐文酒手遣ス
一片藍刈賃　壱反ニ付五百文
一同くゝりすひ賃共　同断八百文
一水藍刈根上ケ共　同断弐貫文
一同根上ケ賃　同断壱貫文
一田之草取ちん　同断弐貫文
一同堅地　同断弐貫三百文
一鳥芋虫あらひ　同断五貫文
右者当村（東九条村）・西九条村・上鳥羽村其外共、当年限ニ而書面之通取究候
間、急度相守可申候事

甲子六月　右三ケ村
村役人
頭百姓中

（貼紙）「右者東九条村・西九条村・上鳥羽村其外共、書面之通当年限之定
メニ相成候旨、右定メ書当庄江到来候付、其段写置候もの也
子六月
如此奥書いたし、百姓中江相渡し置候
権右衛門・平兵衛・勘兵衛・利右衛門・種長」
（追筆）「元治元年甲子六月廿七日
此前書写之通下書壱通、東塩小路村ゟ当庄江到来いたし候、如此

写取置候」

子七月十二日西院村芋種作り方江及相対ニ候、白芋種買もの組合ニ
而数八千、此直段金拾六両
右八千数之内組合
　弐千　勘兵衛　四両
　同断　平兵衛　同断
　同断　忠右衛門　同断　十二日金弐両忠右衛門分半金平兵衛
　　殿江相渡ス
　同断　七条荒寅　同断
〆右買直段拾六両
又八千　此代拾六両
右之分、間之町華市・花清此両人江買入
都合三拾弐両、昨十一日夫々立会買入申候事
右之内当盆前ニ半金丈ケ相渡可申相対ニ候
右白芋種直段、当年格別ニ高直ニ相成候事
覚積り方
白芋種壱株ニ付、植付ニ相成種平均数五ツ程ツ、者植ル積り
弐千株ニ而、右五ツ、之平均勘定へ此種数弐五（マヽ）壱万数種有之積り
　但壱反之種数五千四百程入用
子七月十二日
　藍直段弐拾貫目　壱ト懸ケ代金壱両弐朱
　当方惣目方百八拾壱貫匁有之

右代金拾両弐朱ト三百六拾文受取
当年者百姓勘兵衛殿ゟ段々所望ニ而、世間相場並ニ而売渡し申候、
代金如此受取申皆済相成候事
　但当年三反八畝程ニ而右目方ニ候付、所々不作いたし候事
西七条裏壱反五畝
宮之内五畝
荒嶋五畝余
裏畑凡八畝余
屋形凡四畝余
当年世間直段
塩小路村内野ニ而葉墾藍　目方壱貫匁ニ付拾六匁位
東九条村烏丸台　右同断　目方壱貫匁ニ付十五匁位
当柳原庄領分　同断　目方壱貫匁ニ付十四匁位
右之直段位ニ而、夫々売買相成候由承り
其外水藍分、当庄ニ而上作之分壱反作り揚ケ之侭売買直段金拾両
迄、尤在来之侭、夫ゟ段々次第落作ニ寄次第不同在之
依水藍当年之処ニ而拾両以下反ニ付如此候
当年之処春以来ゟ藍之人気立能候処、盆前少々人気悪敷方ニ候事
子七月十三日　同村年番種長ゟ
東福寺村ゟ其定り之様子及承、覚留置候
右東福寺村中之定り
田之草取ちん　壱反ニ付弐貫文ニ極り
外ニ百姓中一家ニ何程作りいたし居候共、作り方之多少ニ不拘、

為心付酒手差遣し可申筈ニ是又取極りニ相成候旨、通達在
　之候
尤右之直段ニ而、行末年々如此之始末ニ可相成筈之模様ニ候旨、
如此之始末可相成候事
〆
当子年当方田之草取相渡し申候
池田弐反八畝分　草取女　八町目おいそ
西裏弐反七畝分　外ニ組合仲間在之
〆五反五畝分
　壱反ニ付弐貫文ツヽ、勘定を以
此銭拾壱貫文　此処江金壱両三歩相渡し、弐朱代八百文を、
　代拾壱貫弐百文ト相成候
引〆弐百文過
然ル処此弐百文過銭之処江、壱朱代四百文出し、都合六百文
　為酒遣し申候事
右之通賃銭相渡し申候、尤東福寺村並之事
　子七月十四日
子八月十日・十一日裏畑大根蒔付方
屋敷裏畑十日蒔付いたス
屋形上之町十一日・十二日蒔付
川西七条裏上之町ねき植付、十五日植ル

川西七条裏三ケ所ニ而、壱反五畝歩受作場所
右当子年三町共芋作仕付置候、当七月盆前ニ作り揚置候処、当七
月十九日・廿日両日、京都大変火災続ニ而、七条裏町幷小屋頭・
小屋下共焼失いたし候、右続ニ而上之町壱枚分芋づいき焼失いた
し、買手茂無之故、無余義手捌ニいたし候売揚分凡八九貫文
川東七条裏
宮之内受作場棒数三百棒上之町壱枚
一金三両弐歩売付、如此受取申候
　但壱反分代銭六貫四百文与相立、此銭廿弐貫四百文
　凡壱棒ニ付七拾五六文程ニ相成候事
〆
同所下之町四畝分者、当子年茄作り付置候処、生能在之、別而上
作候事
川西谷尻分
下モ之町白芋・唐之芋ニ而棒数四百棒、此分売付方百棒ニ付金壱
両ツヽ、売付方
一金四両分
子十月十七日・十八日
一唐の芋取込、荒嶋分棒数三百三拾棒程
十七日手間三人半、十八日四人、外ニ女手間壱人、如此ニ而両日
ニ片付候

覚
屋形畑年貢　百六拾匁がへ
一壱石九升六合五勺
　此銀百七拾五匁四分四り
　　此金壱両三歩弐朱ト三百三拾九文
九拾壱匁
十四匁弐分取
右之通慥ニ受取、当子年分皆済如件
　元治元年子十二月八日　　今村忠右衛門判（印）
　　　水車
　　　　庄次郎殿
（追筆）「如此受取書渡ス」

覚
一銭壱貫文　組合三貫文之内
右荒嶋年貢如此慥ニ受取、当子年分皆済如件
　元治元年子十二月　　今村忠右衛門（印）
　　　水車
　　　　庄次郎殿
（追筆）「如此受取書渡し」

2700　明治七年（一八七四）一月　手元控帳

（表紙）「□（甲ヵ）明治七□（歳ヵ）
手元控帳
戌　一月吉日」

二月
五日
一壱人　惣右衛門
同
一壱人　家形なをシ
八日
一弐人　惣右衛門
七条裏かふら
一弐両弐分　伊兵衛
一弐拾四貫　久兵衛
　此内壱分　由松祝儀
八日ほシ大こん
一弐朱　つり
同つり
一四百五拾文　かい百
八日
一壱両也　銭座勘蔵
　　預り
二月十日ゟ東辻シきぬ殿
一壱人　十一日壱人　十二日壱人
十一日
一弐朱三百文　足袋なをシ弐足
十三日　　十四日
一壱人　　壱人
十二日
「入」
一弐拾三貫五百文　七条仲間　伊兵衛
十四日
一弐人　惣右衛門

十五日
一壱人　きぬ
十六日　　十七日
一壱人　　壱人
十八日　　十九日
一壱人　　一壱人
廿日　　廿一日
一壱人　　壱人
廿二日　　廿三日
一壱人　　壱人
廿四日　　廿五日
一壱人　　壱人
十四日
一金十五両　藤森手付入
十五日
一弐朱出　講町掛金
二月十七日
一藍種三斗　餅鉄ら
此代（空白）
二月十九日
一壱両弐分　茂知鉄渡ス
一月日
一藍種弐斗　江州安（野洲）郡新上村安兵衛
此代壱両弐朱
十九日
一三百七拾五文　大年寄詰所入用
廿日
一六拾文　町出銭
廿二日
一弐朱百五十文　まつ

廿二日
一三百三十文　新地井手入用
二月廿三日トノモ様
一屎半荷　五条松井
廿二日
一六拾八貫売　五条八百熊・畑栄
廿六日
一壱人
廿七日　　廿八日
一壱人　　壱人
廿八日
人数十九人
此代六貫六百五十文渡ス
廿七日
一四拾弐束　杓屋
廿八日
一七百五十文　かみゆい賃
廿八日
一九百七十文　月集番賃
「入」
一拾弐貫五百文　七条岩
三月一日
一金壱両　藍売仕　西九条村斎藤久蔵
三月四日
一柴五拾六束　地（池カ）田町三助
壱束ニ付百七拾文相対　〆六拾三束
七日
一同七束　代壱両七百十文
三月一日より　二日
壱人　　壱人
三日　　四日　　五日
一壱人　壱人　壱人

六日　　　七日　　　八日
一壱人　　壱人　　　壱人
三月七日
一百五拾文　さカイキ
三月七日
「入」
一拾貫七百十五文　谷ジリ塩小路市
八日
「入」
一拾貫五百五十文　同
九日
「入」
一金弐分壱朱　同
　壱貫九百文
九日　　　十日
一壱人　　壱人
〆拾人
三月十日
一三貫五百文　きぬ相渡ス
同十日
一弐分　箕四ツ
十一日
「入」
一壱分壱朱　裏畑栄
二月廿五日
一金弐歩　池料　久我　武右衛門
廿六日
一壱朱　厄礼
三月十二日
「入」
一六両弐百五十文　勘蔵
一同
一金壱円　粉米代　弐斗　佐々サ

同十三日
「入」
一四貫百四拾文　塩小路市　谷シリ畑栄
同十三日
一七拾八束　竹ノ江九
〆百弐拾束
　代拾貫八百文払
十四日
一金壱円八百文　杓屋
三月十五日ニ
　茶苗条ノ事
　　花屋町油小路東入　あミや源助方ニ
　江州坂田郡下矢倉　苗屋長次郎
十六日
一弐朱　町講掛金
十六日
一弐人　宗右衛門
三月十八日
一日向炭弐俵　目方六貫目　畳之平
同十七日
「入」
一壱貫百文　宮ノ内まミら　畑栄・塩市
三月十九日　頭草まシない
一四条通牛様迎、大丸市と申内なスひ塩漬ほとこシ在之
廿日
一百五拾文　かみゆ（ママ）賃
廿日
一弐朱　四条大和　香でん
三月廿三日賀
一九百文　板三枚　平兵衛様

廿四日　　廿五日　　廿六日
一壱人　　壱人　　壱人
　廿七日
　　三人
〆壱貫百五十文渡ス
廿八日
「入」一壱両弐歩　八百熊
三月廿六日
一壱両弐分　藍種三斗　塩小路当次郎江
廿九日
一壱朱　砂糖売
三月卅一日
一壱貫百文　カミユ（ママ）賃
一同
一九百七拾文　丁入用
一同
一壱歩三朱　フジ政
一同
一三貫六百文　宗右衛門
一同
一四貫文　三ノ橋　丸ト
〆（空白）
〆八人半
　此代五貫百文渡ス
卅一日　　五日
一壱人　　壱人
六日　　六日
一壱人　　半人
四日　　七日　　八日　　九日　　十日
一壱人　　壱人　　壱人　　壱人　　壱人

〆八人半
四月三日よりロアケ
一醤油　目方壱樽
　代弐両壱歩弐朱
　　此内樽代弐朱引
四月三日
「入」一七貫五百文　銭座勘蔵
四月四日
一藍種蒔　涌泉《上下》寺南谷
　棒数三百三拾弐間
四日・五日両日蒔
　カタ壱合三勺積
右場処、下ノ町花治、泉涌寺五郎兵衛借用ス
四月六日
一茶種五升　杓ヤヨリ
四月九日
一壱荷　屎松シメ様
四月十三日
一屎壱荷　松印トノモ様借屋
十二日
一アタマカリチン　十丁目伊助殿
十三日
一三百五十文　七条ウラツホ　ショカキ幸
一同
一壱貫百五十文　七丁め岩　ユリ五百目
十五日
一九百八拾文　ワランジラ十四ミ速《足》
四月十四日
スキミゾ種場　山科西ノ山

棒数三拾六間、棒に四勺蒔付、植附場処凡弐反七畝、マス数壱升
六合

四月十五日
一金弐朱　町講懸金

四月廿四日
水藍コエヲキ小便六荷入用事

四月廿五日
一百五拾文　カミユヰ賃

四月廿五日　六貫六百五拾文渡ス

〆九人半　梅

四月廿九日
籾み種ツケル

四月卅日払
一壱貫三百五十文　拾丁目伊助殿　カミユイ賃

一同
一八百卅文　町入用

四月卅日
一四両三歩　七条裏かふら　八百屋治三郎　棒数弐百七十三当

五月二日
一三貫文済　茶種　杓屋　五升代払

五月二日より
御コ水代
トナリ徳二郎方ニテコシラヰ代惣処尋

四月日
一弐貫弐百文　コ芋　塩小路市

五月一日
一三貫弐百文　同

五月二日
一弐両預ケ　松原するゑ

五月五日　替(買)物留　フジ政

一同
一弐分割　大五本サバ

一同
一壱分三朱　十本割サバ五本

一同
一壱分ト弐百文　弐本

一同
一弐歩割　五本

一〆サハ拾五本　ふジ政

五月四日　五条ニ而
一弐朱ト三百文　塩スゞキ壱本

一同
一壱朱　小兼味噌

一同
一壱貫四百文　かマホコ四ツ

一同
一弐百三拾文　ウト・ハサビ

一同
一百五拾文　紅シヨガ

一同
一弐百七拾文　コウシン松

一同
一三百文　フキ

一同
一百五拾文　ヂンサキ

一同
一百文　ミツは
五日替(買)物
一弐分壱朱　鯛壱
一同
一三朱　タコ弐
一同
一壱貫文弐百五十文　マキ焼五ツ
五条ニ而替(買)物留
〆
一三歩三朱ト四貫三百五拾文　色々
五月七日
一金壱朱　東福寺掛ケ金
種瘡(痘)みサ被致候事、後より返事被下候也　町分ヨリ
戊五月八日　ゑい・勇次郎・正三郎
五月十日
藍種草《クサ》引
十日
一壱人　梅
一同
一壱人　外ニ（空白）
五月十一日
籾種ヲロス
一同十一日
一縄シロ坪数拾六坪、赤千本ツボ八合ニヲロス、クロ餅ツボ壱升ニ
ヲロス、四升ヲロス、坪数四ツボ
五月十一日
一壱荷屎　松印トノモ様借屋
十一日
一壱人　梅
一同
一壱人　外
十二日
一壱人　山科草引　梅
五月十五日
一弐朱　学校所積立講掛金
一同
一百六拾文　火坊(防)入用
五月十七日
一茄子苗　三枚　小せり川　孫三郎
十七日
一（空白）　鞘町右善　アンブタハリ
十八日
一三度　同
サスリ壱度
一壱貫五百文済
五月十五日　知ボ地コシラヰ
一弐人　宗右衛門
十七日
一弐人　同
十八日
一弐人　同
〆六人
十九日
一菓子五拾疋　稲垣釋酌

十九日
七条うら
一屎置　くぎ
五月十九日集メ
一九百五十文　九丁目江
五月神事入用
五月十九日丁分ち集メ
一四百四十文　御車入用
一同
一弐百十文　諸入用
〆壱貫六百文　出銭
五月五日神事入用分留
五月十九日集メ

五月廿一日
一屎壱荷　シメ様内
五月廿二日
一屎壱荷　トノモ様借屋
廿二日
一壱人　苗ハこビ　宗右衛門
廿二日
一屎ヲキ　山科スキミソ
廿三日
一弐人　苗ハこヒ　宗右衛門
廿三日
一ナヨボ植付　九人鳥羽女
廿三日
一壱歩　ケンズイ雑用
廿四日
一九人　藍ウエ　鳥羽

廿三日
一壱朱ト七拾五文　苗ハこヒ車賃済
廿五日
一壱朱　キヲン町松井会釈
一同
一五百文　五条大忠　薬五服
一同
一壱貫九百文　丁子七　半紙拾折
一同
（空白）　スルガ拾折
廿五日
一百八拾文　半切壱折
一同
一四百弐拾五文　丁集メ
一同
一六百文　月集メ　とふ屋江
五月廿五日　村印
一三人手間　井手悪水サラヱ　宗右衛門
一壱人ニ付
一壱貫四百文
〆拾八人

此代弐拾五貫弐百文
右勘定済

五月廿六日
上ノ段
一百八拾壱間
棒ニ付百三十文　弐両三拾五銭三厘
下ノ段
一百四拾壱間半　棒ニ付百二十文

　一円六拾九銭八厘
弐口合三百弐拾弐間半
　　代四円五銭一厘相済
五月廿六日　鳥羽屋鉄五郎江渡ス
三百弐拾弐間半
一代四円五百十文　苗引賃
一弐両弐歩弐百文　藍植賃
弐口合六円弐歩七百拾文　勘定相済

五月廿六日
一壱両弐歩　五郎兵衛　五畝分
同廿九日
一弐両　花治　六畝
　此内弐貫文カイル
〆壱反壱畝
五月廿七日
一金三朱　糸ツムキ賃　会処バ、
同廿八日
一金百疋　新右衛門　丸薬
五月廿九日
一弐百文　北野七本松　御膳料
　五月廿九日七日間御願申上ル
(五)
六月卅一日
一六百七拾五文　村印　釘代　九丁目高仁
卅一日
一弐歩壱朱　丁内畳忠
同
一拾六貫弐百文　宗右衛門

同
一壱貫文　下ノ町浅治郎　ふり壱
同
一壱両壱歩三朱　八丁めふシ政
卅一日
一金両預り払方
　此内ニ而払スル事
卅一日
一拾六貫弐百文　惣右衛門
　右受取申候
五月卅一日
〆三拾七貫八百廿五文
　右皆済
五月卅一日
一壱貫文　八百浅
　右受取申候
一四百三十文
五月卅一日
一壱貫四百文　会処手間
同
一八百六十文　丁出銭
五月卅一日
一スキミゾ　七条ウラ
六月一日
　小谷畑植付
六月二日・三日両日
一ウトジ藍ウヱ
両日
一ウラ畑植付ル

六月二日
一会処手間　一ツ　義松
六月九日
一金弐歩　池田町久助
　柴代手附渡ス
六月六日買
一玄米五石
　内三石加賀米、近州弐石
　〆五石
　代三拾五両　九丁目大与居
六月十一日
一米代払　大与払
一壱歩三貫
〃〃〃〃
一（空白）
六月十二日
一サカヰキ　拾丁目会所
　忠右衛門

六月　東ヅシきぬ
七日　八日
一壱人　壱人
九日　十日
一壱人　半人
十二日　十一日
一壱人　壱人
十三日　十四日
一壱人　壱人
十五日　十六日
一壱人　壱人

十七日　十八日
一壱人　壱人
十八日
一金弐歩渡ス　きぬ
廿八日より　廿九日
一壱人　壱人
卅日　七月一日
一壱人　壱人
二日　三日
一壱人　壱人
四日　五日
一壱人　壱人
六日　七日
一壱人　壱人
八日　九日
一壱人　壱人
十日　十一日
一壱人　壱人
十二日　十三日
一壱人　壱人
十六日　十七日
一壱人　壱人
十八日　十九日
一壱人　壱人
廿日　廿二日
一壱人　弐朱かシ
廿三日　廿四日
一壱人　壱人

六月十日ヨリ
一買米六月十日弐升ツカラ、夫より賀々米、七条サカサフム

六月十日より
一壱人　池田町
十一日
一壱人
　宗右衛門手間
一弐人　六月廿五日
〆拾六人半　宗右衛門
六月卅日
一代弐拾九貫文
　右皆済相成
六月十二日
一壱歩ト壱貫文　草引　梅渡ス
六月十四日
一ばん茶壱本　坂本屋遣ス
　目方五貫五百目
六月十五日
一弐朱　積立講
一同
一百六拾文　両区長キウキン
六月十五日
一屎片に半　五条トノモ様
六月十五日
一茄子苗　勘兵衛
　数弐百弐拾買
六月十六日
一屎壱荷　トノモ様借家
一同
一壱両三貫七百文　七条うら　コンホ

六月十八日
一壱人　いと　野本田うえ
一同
一壱人　ばゝ
六月廿日
一四百六拾文　火坊（防）用
六月十九日
一百四拾文　検査
　検査栄　ケタ傘便
六月廿三日
一屎四荷　土手町山形屋
六月廿四日
一米五斗　サカさフム
六月廿四日
一壱人　いと　谷シリ田うえ
　壱人　その
一同廿四日
一弐朱ト百文　茄子苗代　百勘
廿四日
一金壱歩　生ふシ三　外ニ色々
　此内弐百文ツリ
一米六月廿四日ゟツカラ
六月廿四日
一弐斗八升　圓等豆
　又三升
一同
一三升　かゞシ
六月廿五日
一四百廿五文　給料区長油代

一同
一六百文　町分月集
一弐斗六升有　ワラ豆
六月卅日
一カミユイ賃　拾丁目会所
六月廿七日
一壱人　いと
同廿九日
一壱人　同
七月二日
一壱貫文　八丁めいと

あん町まつ草取覚
三日
一壱人　　四日　壱人
五日
一壱人　　六日　壱人
野本三人手間
八日
一壱人　　十一日　壱人
十一日
一白麦弐升売　草取まツ

六月卅日
一六百五拾文　会所伊助
一三百六拾文
同
一六百六拾文　町分月集メ
同
一弐百文　伊助番賃

〆壱貫五百拾文　町分出銭
七月二日
一壱人　手間　宗右衛門
此下井手サラエ
六月卅日
一金壱両弐歩ト百文　杓屋
苗代受取
七月一日
一弐拾銭　杉本薬料
外ニ圓ト豆壱重心附
七月二日
一弐両弐歩　西七条虫取渡ス
三反分
七月二日
一弐円　虫取　長次郎渡ス
荒嶋分
七月二日
一壱歩弐朱　田植賃　八丁めいと
壱反ニ付八百文　三反五畝
弐貫八百文　いと渡ス
又外ニ草引弐人　五百文割
二口〆壱歩弐朱渡ス
七月三日
一八百文　草引　池田町
〆弐人分渡ス

野本田ノ草取
一七月三日ヨリ取始メ　あん町まツ殿
七月四日
一新麦五斗　サカさニてフム
四日ヨリツカラ
七月四日
一壱貫四百八拾五文　区長給料集メ　町分ヨリ
七月五日
一壱人　家形ズリナヲシ　宗右衛門手マ
七月五日
一米五斗　サカさふむス
七月六日
一屎片ニ半　松印シメ様　桜町
七月六日皆掛ケ
一茶五貫三百目　一庄江売渡ス
七日
一弐貫文　とふ屋ニ而両替ス
六月卅日
一金三歩ト壱貫弐百文　屎代払　山庄
七月八日
一家形ごまマキ
七月八日
一金弐歩　鞘町まツ渡ス
七月八日
一壱貫四百四拾文　町分より地券銭出銭
八日
一百五拾文　カミユい賃相済　えい事
七月九日
一壱貫四百四拾文　八ちヨ傘四ツ

七月八日
一金六両壱歩壱朱ト銭弐百七拾五文
小便百五拾八荷半　四条大和
右皆済相成
七月十一日
七条うら藍屎ヲキ
七月十二日
一壱人　宗右衛門
一同
一壱人　同
池田草ケツリ
十三日
一壱人　ウトジ草引　まつ
十四日
一壱人　宗右衛門
七月十八日
一壱貫五百文　にガリ　津与
弐斗ニガリ
七月十五日
一弐朱　積立講
一同
一百文　戸長給料
一同
一六拾文　火坊(防)入用
右出銭
七月十六日
一屎壱荷　トノモ様借家
廿一日
一百四拾五文　町分ゟカヰル
池(地)券紙料

茄子売上覚
七月八日塩小路市
一弐貫三百文　手取
同十二日
一壱貫九百八十文　手取
同十四日
一三貫百八拾文　手取
同十七日
一三貫六百八拾文　同
廿日
一弐貫六百六拾文
廿四日
一弐貫百廿五文　預ケ
廿五日
一壱貫百文　半荷
廿六日
一弐貫七百六十文

野本田之草取覚
壱番　三日より五日迄
一三人　古之下
六日ゟ十二日迄
一四人　谷ジリ　まつ
壱反五畝
　壱番済
七月十八日
一半人　野本弐番草
十九日　廿一日
一壱人　半人
廿二日
一壱人

七月二日渡ス
一弐両弐歩　西七条虫取
同十四日
一壱両壱歩
〆三両三歩
一壱両壱分　西七条宮ノ内同
七月二日虫取
一弐両　鉄五郎
十四日
三両　亀太郎・長次郎
〆五両也
反ニ付壱両定メ、壱歩者段々頼にヨリカス分之事
七月十九日
一壱貫五百文　池（地）券紙料
　町分ヨリ集メ
七月廿日
一三百文　俵六枚
七月廿一日
一金子五拾両　手付
弐百卅拾（ママ）両内
七月廿日
一二反弐畝場所ニ而麦六石五斗有
谷シリ壱反弐畝
ウトジ壱反
七月廿一日藍八反分
一弐百卅両之内、手付廿一日五拾両入
烏丸三郎兵衛江

正味残金後より
挙吹（吹挙）人　鉄五郎・留次郎
廿二日
一残金百八拾両請取　烏丸三郎兵衛
七月廿一日
一米五斗サカサフム
廿弐日ツカラ
七月廿四日
一弐百五拾文　油代
同
一百七拾五文　利足
町分ヨリ集メ
廿四日
一金弐両　手附
三ツ林
挙吹（吹挙）　留次郎
七月廿四日都合相成
一拾六両　スキミソ　二反七畝
三ツ林ゟ
七月廿六日
一六百文　大武より月集メ
七月卅一日
一拾弐貫六百文　惣右衛門
相済
同
一四貫八百廿五文　ふジ政
同
一八百六十文　月集メ
同
一壱貫百五十文　会処手間

廿五日
一壱人　きぬ
七月卅一日
人数三拾四人半
此代拾弐貫七拾五文　勘定済
七月卅一日渡ス　きぬ殿
八月一日
一金壱両　かシ渡ス
あん町まつ草取
同
一金弐円　義松　カタヒラ渡ス
七月廿七日
一弐貫百文　茄子壱荷
七月卅一日
一壱貫八百四拾文　同
八月四日
一弐貫六百文　手取壱荷
五日
一弐貫六百六十文　壱荷
七日
一弐貫三百文　壱荷
十日
一壱貫弐百五十文　半荷　七条桑次郎江
十二日
一弐貫五百文　同
十三日
一壱貫六百文　小サル
戌七月廿六日
一菜種壱石七斗三升　一庄

七月廿六日
一七両三歩ト九百文　請取
　一庄ヨリ
七月廿八日
一三拾銭　八条杉本　薬料
八月二日
一拾銭　丸薬五ツ
七月卅一日
一拾弐貫六百文　惣右衛門
一同
一四貫九百廿五文　ふシ政
一同
一八百六十文　月集メ
一同
一壱貫百五十文　会処手間
一同
一三貫文　雇人きぬ
八月一日
一金壱両　草取　まつ
八月一日
一弐両　義松
二日
一壱貫文　丸薬代

七月卅一日両日出銭
〆五拾六貫五百三十五文

八月六日
一屎半荷　大佛トノモ借家
一同八日
一屎三荷　カイ取　山庄

一同八日
一こえ置　七条裏
八月十日
一三貫弐百文　ヨト茄子苗三枚
　かボちや　トガらシ
十四日
一弐朱　会処祝義
十四日
一百文　浄心寺俵帖料
十三日
一四百文　あツキ
一同
一八百文　サト壱斤
一同
一百四十文　マメノこ
十四日
一弐百文　あじめ
十四日
一壱貫四百文　ハらンジ二十
　はらそうり五
十五日
一弐百卅文　カンビヨ
一同
一弐百五十文　シイタケ
一同
一弐百文　こンふ
八月十六日
一弐朱　町分取集メ　積立講
十六日
一壱貫四百文　暁物（焼カ）　こゲタラ
一同
一百五十文　あケここん

八月十九日
一弐歩壱朱　走り惣桧木　巾弐尺四尺
一同
一壱歩弐朱卜弐百文　いト一尺　車
一同
一壱歩卜三百文　ツルベ大
〆壱両三朱卜五百文
　此内三百文まけ
　高倉万寿寺西入ル町　南郷
八月廿日
一屎壱荷　シメ様
一同
一弐百八拾文　戸長給料　諸入用
八月廿一日
一いト車
　八月廿一日よりツカラ、竹内喜兵衛片ニ而
八月廿二日
一金壱朱　種長
　佛前江
八月廿二日
一壱朱百文　ウナワ拾本　杓屋見舞
一同
一壱朱卜百文　同百勘
八月廿三日
一三銭　浄心寺御膳料
一同
一弐百文　御鏡一重
　今村内地蔵尊江
一同
一百文　ケソク

一同
一弐百文　頭寿
〆九百文　入用
　池蔵盆留
八月廿四日
一四貫文　スキミソ種場　壱畝分
　四両割　荒虎江預ケ置
八月廿四日
一弐銭　今村先祖代々次施餓鬼
　浄心寺
八月廿三日
一屎四荷　土手町山庄
八月廿五日
一六百文　町分月集メ
一同
一四百廿五文　同油代・御利足
一同
一弐百文　同ゾウリ五足
八月廿九日
一金壱両卜弐貫五百文
　柴代　池田町久助渡ス
八月卅一日払
一拾両弐歩　藍金
一拾両　預り
〃〃〃　〃〃
一拾壱両壱朱　預り
八月卅一日
一壱貫弐百文　手間代
一同
一八百六拾文　町入用

一九月二日
一七貫文　壱車　町内荷数五荷
　ロウキタ伊助
一九月五日
一六百文　じり弐荷　伊助
一九月十一日
一六百文　弐荷　伊助
〆九荷
三口〆八貫弐百文　勘定相済

一九月三日
一弐歩弐朱　八丁目ヂヤマ　はン茶五貫目
　古袋むシろかシ
一同
一弐朱　同壱貫目　坂彦
一九月六日
一壱人　惣右衛門
　野本道ツクリ

一八月廿八日
一壱両弐歩　西壱反五畝
一弐円弐歩　弐反
此下反ニ付壱両壱分之割、谷ジリ壱ニ(反脱カ)付壱両ノ割
〆四両渡ス
　田ノ草取　あん町まつ
　勘定相済
八月廿八日
三百文　ツリほり

一九月四日
一茄子壱荷　音羽橋上ル太兵衛
　替物
一八月
一同小さル壱荷替物　大仏八蔵殿
一九月十六日
〆弐荷　茄子替物　八蔵殿
一半荷　茄子替物　松トノモ様
一九月廿九日
一大さる半荷　馬町ろうシ

一九月六日
一壱歩弐朱弐百文　四俵入石ばい弐俵　古岩
一同八日
一三朱　石灰壱俵
一九月十二日
一弐朱　二俵入壱　壱俵　灰
一九月十三日
一三朱　走り道代　二長
一壱貫六百文　井筒　かまち
一まケ　六ツ割　弐長
木代〆三貫四百七拾五文
　大仏南ノ門前十郎兵衛
一九月十三日
一三朱　カラス　タケ尺五寸　巾尺四寸
済
一同
一九百文　天マト　ハク　壱ツ
済

九月十三日
一金三分　杉六分　二坪
　山弥
一壱朱ト三百文　竹権　一間半竹壱本
九月六日
一壱人　手伝　与宗右衛門
　井筒
九月七日
一壱人　左官勘兵衛
一同
一半人前　子共
　交ト様左官手間
一同八日
一壱人　与惣右衛門
　走本ナヲシ
九月十一日
一弐朱ト三百文　ぬし屋町　手桶壱ツ
九月七日
一壱朱　町分ゟ火坊（防）入用
九月十三日
一半荷　桜町シメ様借家
一同
一壱分　万寿寺東洞院西（入脱カ）ル　坪壱ツ
九月十五日
一六百文　橘屋　ムラサメ十
九月十五日
一弐朱　町分積立講
九月十六日取集メ
一壱貫四百八拾文済

九月十七日大神宮様御祭ニ付、ホラ部立始メ
九月十七日
一壱貫弐百文　ホウたラ　塩源
一同
一壱貫弐百五十文　イリキハシ　塩源
〆弐貫五百文済
十七日
一金壱朱　氏神セント　栄小使
九月十八日
一（空白）　一文字屋庄二郎　油カス壱ツ
九月
一金壱分　八丁目綿池山ニ而
　義松取次
九月十三日
一壱人　大工五郎兵衛
十四日　　十五日
一壱人　　壱人
十六日　　十七日
一壱人　　半人
〆四人半　五郎兵衛
九月十九日
一壱人　井筒スエ手間　与三右衛門
廿日
一壱人
九月廿日
一壱朱　古岩　石灰壱俵入壱俵
一同
一三百文　シヤリ壱荷
九月廿日
一醤油壱樽　岩彦
〃〃〃〃〃　〃

目形廿二貫
〃〃〃〃〃
九月廿日
一百五拾文　町分集メ　年寄給料
九月廿日
一醤油壱樽　岩彦
　目形弐拾二貫
此代弐両壱歩相済
九月廿一日
一金壱分　セキタ払
　小供　遠良儀
九月十九日
一金六両弐分　七条裏勘蔵
　棒数三百四十間
中ノ町
九月廿九日
一金九両ト銭六拾貫文　銭座勘蔵
七条うら　とノ芋
〆廿壱両弐分
九月廿三日
一九百四拾文　池田町　筆墨
　小供
九月廿三日
一七百文　供養　チヤノユ
九月廿四日
一弐分壱朱　福山貞次郎　仕立賃
同
一七貫弐百文　与惣右衛門

四人手間　壱人ニ付壱貫八百文
九月廿四日
一四百廿五文　町分集メ　御利足　油代
九月廿五日
一六百文　月集メ　大武ヨリ
一九月十九日昼後ニ宅江キタリ、久我橋本武右衛門之世話御座候、
下鳥羽下女事
廿五日迄者七百文
九月廿五日より酒壱升ニ付八百文買　塗師町八忠
廿五日
一壱歩　小ヅ替出す　両替とふや
廿五日天神様江参る
一金弐朱　小ヅ替ス
九月廿五日
一金壱円　渡ス
藍商講元より取集、九月廿五日正七ツ時ニ私宅江集メニ罷来り候、
請取書持来事
九月廿六日
一三歩ト三百文　カチタこ二荷
　外ニ手桶壱ツ
一弐朱三百文
壱荷ニ付壱歩壱朱

塗師屋町桶屋
九月廿五日
一醤油ツカヱ始メ
代金弐両弐歩
九月廿六日
一久我村太郎右衛門葬送参る
香料拾銭事　銭壱貫文

七条うら下ノ町白水なマキ付、九月廿六日日ガン(彼岸)ケチグハン(結願)マク覚
九月卅日払
一弐貫文　丸ト
一壱貫八百文　村印　宗右衛門
取替　野本道なをシ
一金壱分　ふじ政
一壱朱ト三百文　竹ケ権
〆七貫弐百弐拾五文渡ス
八月卅一日
一八百六拾文　番賃　月集メ
一壱貫百文　手間代
〆壱貫九百六拾文　会所渡ス
弐口〆九貫百八拾五文
一屎七荷　壱荷ニ付三朱かへ
此代壱両壱分壱朱

内壱貫三百文預ケ
差引壱両弐朱ト五百七拾五文
戌九月卅日　土手庄　相済
熊次郎遣ス
十月二日
一金壱歩　小ツカイ渡ス
四条辺遊　よね事
十月四日
一半人　七条うらかふらツマミ　ヰト
十月六日
一壱人　ツマミ　イト
十月卅一日
〆弐人半　七百文ツヽ
壱貫七百文渡ス　いと江
十月五日
一八百五拾文　百合
十月五日
一金壱朱　香九江
菓子料
四日
一薬三服
同
一同小薬壱
同
一水薬　沢田

十月六日
一壱貫四拾文　新地井手取集メ
十月六日
一壱貫五百文　新地井手取集メ
十月六日
一壱貫五百文　番人　村印給料取集メ
十月六日
一六百文　新地井手　取集メ　丁分ヨリ
十月八日
一九百文　板三枚　産見舞　沢九
十月
一壱人　イト　ツマミ
十月十一日
一小便壱　四条源
十二日
一同壱荷　大和源
十三日
一同壱荷　同義
十月十一日
一拾弐両壱分也
ウトジ三百三拾八間
白芋百十間
銭座勘蔵
十四日
一壱荷　四条源
十五日
一壱荷半　四条源・義
十五日
一屎半荷ヨ　五条トノモ

同
一半タこ　トノモ様大仏借屋
十六日
一屎壱荷　大仏トノモ借家
十六日
一小便壱荷　大和義
十七日
一同壱荷　大和藤
十八日
一同壱荷半　同藤・義
十九日
一同壱荷　同藤
廿日
一同壱荷　同藤
廿一日
一同壱荷　同藤
廿二日
一同壱荷　同義
廿三日
一同壱荷　同源
廿四日
一同壱荷　同藤
廿五日
一同壱荷　同藤
廿六日
一同壱荷　同藤
十月十五日
一壱人　左官
同
一壱人　でうち

ウハぬり
十七日
一壱人　土手町おケ屋
十七日
一壱人　同
十七日
一金弐分　かシ　桶屋
十八日
一壱人　土手町桶屋
十八日
一金壱分　桶屋伊三郎
作料
同
一壱朱ト三百文　同人渡ス
十月十八日
一弐朱　ばん茶壱貫目
吉兵衛買
十月廿日
一金壱朱　下女まツ小遣渡ス
浄南宮祭ヤブ入
十月廿一日
一弐百文　酒弐合
一弐百八十文　玉(子脱カ)二ツ
一四百文　こマ弐合
一三百文　シねンジヨ粉十匁
一百文　あめ
〆壱貫弐百八十文

十月廿二日
一屎半荷ヨ　半タこ　シメ様
同
一同壱荷　トノモ様借家大仏前側
戌年十月廿三日午後、寺町三条上ル本能寺ジ第様江参詣致候、其節
世話方信心有志方江御頼申候故、壱枚持帰留事
十月廿三日　今村忠右衛門
十月廿四日
一八百文　酒壱升
右十月廿四日に沢田ムね上祝ニ進上致候事
八忠買
一日手伝罷出候事　沢田江
十五日
一弐朱　町分積立講
廿五日
一六百文　同　月集メ
一（空白）
十月廿七日
一弐百文　酒弐合
一百文　あめ
一四百文　こま弐合
一三百文　シねンジよ
一弐百五十文　玉子二ツ
〆壱貫弐百五十文

十月廿八日
一拾五銭　薬料　杉本殿
十一月前払
同
一七百六十文　手間賃
同
一八百四十文　集メ丁分
走り廻り具道薬キナヲシ、マトハタガラス、トユ竹、大工手間、手
伝色々勘定アラゝ
金六両弐歩
十月卅一日
一弐人半　ヰト
壱貫七百文渡ス　壱人ニ付七百文ツヽ
十一月三日
一金五両壱分　東壱両買
軽運車　挙吹(吹挙)人
ホ貝替屋岩二郎
十一月十日
一壱朱　与惣右衛門
ばン茶五百目済
十一月三日
一軽運車壱輌
代金五両壱分
十(一脱カ)月三日
一三両三歩弐朱　八丁め山平

むきヤス壱石
此内弐分遣ウ忠次
十一月六日
一弐百四十文　玉子弐ツ
一弐百文　酒弐合
一百文　あめ
一四百文　ごま弐合
一弐百文　シねンシヨ十匁
〆壱貫百四拾文
十一月十六日
一弐朱　積立講　町分より取集
「入」一三百五十文　矢尾岩かふら壱
一五百文　同
一五百文　水な二荷
一五百文　同
一〆壱貫八百五十文
十一月十八日
「入」一竹壱駄　九丁め大与売
凡弐分弐朱
十一月十九日
一百七拾五文　給料　年寄
同廿九日
一壱貫弐百廿五文　学校処ニ付入用
〆壱貫四百文

十一月十四日
一四百文　酒弐合
一四百文　ごま弐合
一弐百文　ジねンジヨ粉
一百文　あめ
一弐百四十文　玉子弐ツ
〆九百四十文
十一月十九日
一壱人　田かり　此下
廿一日
一壱人　梅
廿一日
一壱人　同
廿二日
一壱人　同
〆四人　十一月卅日渡ス
　代三貫弐百文済
十一月廿五日
一四百廿五文　ガラス油代　町入用
同
一六百文　月集メ
十一月卅日
一金弐朱　区長給料
同
一八百六拾文　月集メ
同
一九百文　手間代
〆弐朱ト壱貫七百六十文　町分ヨリ集メ
十一月卅日
一壱朱ト八百文　ふじ政

済
十一月十五日
一丸米八斗　此下杓ヤ分
一粉米壱斗三升
一凡荒元弐斗五升
十二月四日
一弐人　（塗脱カ）師屋町左官甚兵衛
十二月十日
一玄米壱石七斗九升　谷ジリ分
　外ニ粉少々有
十二月十三日
一籾種壱斗八升ノこス
十二月十五日
一玄米弐石七斗有
同十八日
一三石八斗有　粉米少々
同十八日
一餅米壱石弐斗五升有
惣〆有米拾石五斗弐升
一反別三反五畝
十二月廿一日
一ヒキヤク壱足
一足袋クツ同
一弐足
　壱両壱歩
一シ、クツ弐足

三歩三朱
銭座よシハニ而
（追筆）「東寺ニ而買調事」
十一月廿一日
一小麦借用　杓屋
一弐升　種麦
一三合
廿二日
一五合
〆弐升八合
綾小路寺町西（入脱カ）ル治郎吉
十一月十八日より取人数六人
小便得意
九町目豆屋替物
大こん一日四拾本渡ス
十一月八日より
九丁目ユバ屋　十一月八日より取人数三人
廿八日　大弐百拾本
九丁め
一四人　豆屋
八丁め
一　あサガヲヤ
十一月廿九日
一屎壱荷　綾小路瓦屋

十二月一日より
一小便取始メ
十二月三日
一大根数百四拾本　俵屋江
十二月五日
一金壱円　藍商社
受取書取
十二月八日
一壱貫弐百文　越中富山
同十二月八日昼より
一壱貫弐百文　ねり薬代
十二月十二日
一百六拾本　九丁め豆屋
又かふら八拾本
同
一百（ママ）三百廿本　竹村平兵衛
又四拾本
十二月十三日
一百六拾本　九丁め与兵衛
一　（空白）
十二月十三日
一九百五拾文　ふシ政
済　さイラ十枚買
同
一八百文　ジこ五合
同済

十二月十七日
一小便五荷かちこ
　久我村武右衛門
　同船賃
　間屋江八百五十文払
同廿二日
一小便五荷　武右衛門
　船賃八百五拾文
〆拾荷かちこ
十二月十九日
一三貫五百文　永代二本
十二月十九日
一醤油　目方廿一貫
十二月廿一日
一屎壱荷　大佛トノモ様借家
十二月廿三日
一金壱両　武右衛門
　小便拾荷代預カリ
十二月廿四日
一軽運車ツケカエ
　忠右衛門参り
十二月廿三日
一四百廿五文　油代　年寄給料
同廿四日
一壱貫四百四拾文　年貢
十二月廿四日
一かふら買、此節から傘弐本吉田山嶋雁人江かス
〆屎荷数八荷半

大仏借家分トノモ様
此代八貫五百文
一〆五荷　シメ様
此代五貫文
一〆弐荷　トノモ様　内ノ分
此代弐貫文
十二月廿六日
一屎半荷　五条トノモ様　今之宅
十二月廿六日
一頭芋三荷半
壱荷ニ付壱歩弐朱之割
　矢尾岩
十二月廿六日
一白小芋弐荷　壱歩弐朱
一トノ芋こ弐荷　壱歩三朱
　矢尾岩
亥年二月土庄
壱荷、壱荷半
廿日壱荷、同半荷、安田
根木一間干蕪少々
十二月廿八日
一弐拾五　三文八分
一弐拾七　百ニ三ツ

八丁め竹権
弐口
一壱貫七八拾文
〻〻〻〻〻〻
弐口〆壱貫九百文　タケ権

十二月廿九日
「入」一大頭芋数五拾
一中同数五拾
弐口〆四貫五百文
　但シ大五拾文ツヽ、中四拾文ツヽ、
　古（土カ）手町山庄
「入」一中頭芋数七拾
　四拾三拾五丸り
〆弐貫五百文　八丁め地山
十二月廿八日
「入」一大頭芋数三拾
　此代壱貫五百文　大与
芋代弐両三歩内四五度ニ受取
残り拾壱貫弐百五十文
　此所江小芋壱荷
　代壱歩三朱
〆拾五貫六百廿五文
　内一月七日ニ五貫文受取
残り拾貫六百廿五文　矢尾岩

改
戌年十二月卅一日
一壱荷　大和
亥年一月一日
一弐荷半　同
二日
一壱荷半　同
三日
一弐荷　同
四日
一弐荷　同
六日
一弐荷半
七日
一壱荷
八日
一半荷
九日
一壱荷
十日
一半荷
十一日
一弐荷半
十二日
一半荷
十三日
一弐荷五分
十四日
一半荷
十五日
一壱荷

一十六日　壱荷半
一十七日　弐荷
一十九日　弐荷
一廿日　壱荷
一廿一日　壱荷
一廿二日　弐荷
一廿四日　弐荷半五分
一廿六日　弐荷半
一廿七日　半荷
一廿八日　壱荷
一廿九日　壱荷
一卅一日　弐荷
〆一ヶ月分四拾荷
二月分二日　弐荷
三日　半荷
四日　弐荷半
五日　壱荷

六日　壱荷
八日　弐荷
十日　弐荷
十一日　壱荷
十二日　壱荷半
十三日　壱荷
十四日　弐荷三分
十五日　壱荷
十六日　壱荷半
十七日　壱荷
十八日　壱荷半
十九日　壱荷
廿日　壱荷
廿一日　壱荷半
廿三日　壱荷半
廿四日　壱荷
廿五日　壱荷
廿六日　壱荷
廿七日　弐荷
〆廿七日迄三拾壱荷半三分
(追筆)「山庄借用坪エ二月八日より四荷アケル、十日三荷、十一日一荷、十二日二荷半、十四日三荷半、十六日三荷半、十七日壱荷、十八日二荷」

三月分
一日　弐荷
二日　壱荷
三日　半荷
四日　弐荷
五日　壱荷
七日　弐荷半
九日　壱荷
十一日　弐荷半
十三日　壱荷半
十四日　壱荷
十六日　壱荷
廿一日　壱荷
廿二日　壱荷
廿五日　半荷
廿七日　半荷五分

明治十三年辰二月六日ゟ
六日
一三荷　カナ壱荷勇
九日
一弐荷
四月一日
半荷

十一月六日より錦ニシキ天神守
一半荷五分　源印
十二日
一半荷　藤印
〆壱荷
十七日
一五分　藤印
十二月五日
一屎壱荷
十三日
一半荷五分
廿一日
一半荷　藤・義
廿八日
一半荷五分
廿八日迄〆三荷
一屎壱荷
此代壱貫弐百文
又八百文
二口〆弐貫文
錦天神守
十二月卅日勘定済

十月廿七日
一上白麦壱斗　四条大和
代五貫八百文預ケ置
十月廿七日
一小便壱荷　大和源

同廿八日
一同壱荷　同源
卅日小夕こ壱ハイかし
一同壱荷　同源
同
一同壱荷　同藤
卅一日
一同壱荷　同藤
十一月一日
一同壱荷　同藤
二日
一同壱荷　同藤
三日
一弐荷　同源・藤
四日
一壱荷　同源印
六日
一弐荷　同源・藤
八日
一弐荷　同源印
十日
一弐荷　同源印
十二日
一弐荷　同藤印
十四日
一弐荷　同源印
十六日
一壱荷　同藤印
十七日
一弐荷　同藤印
十九日
一弐荷　同藤印

廿一日
一弐荷　同藤印
廿三日
一弐荷　同藤印
廿五日
一弐荷　同藤印
廿七日より大坪入
一弐荷　同藤印
廿九日
一弐荷　同藤印
十二月一日
一弐荷　同藤印
三日
一弐荷　同藤印
同
一壱歩　大根廿壱弐貫目
　壱荷　大和
五日
一弐荷　同源印・藤印
七日
一弐荷　同藤印
九日
一弐荷　同藤印・源印
十二月九日
一壱荷　大根弐拾弐貫
　代壱歩
同九日
一壱荷　かふら弐拾貫
　代壱分　四条大和
一弐荷
〃〃〃

十二月十一日
一壱半　同藤印
十三日
一弐荷　同藤印
十五日
一弐荷　同藤印
十七日
一弐荷　同藤印
十九日
一弐荷　　藤印
廿一日
一壱荷半　藤・義
廿三日
一弐荷　同源・藤
廿六日
一弐荷　同源・義
廿八日
一弐荷　同両人
廿八日迄〆百三拾四荷
十二月卅日
一弐荷半　同藤印
十二月卅日
一〆荷数　百三拾四荷
此代五拾三貫六百文
右之通勘定相済
亥年一月二日ヨリ
一半荷五分
四日
一半荷五分

一月四日
一金弐円先納慥ニ相渡シ申候事
四日
一半荷
八日
一半荷
十日
一八分
十二日
一半荷
十四日
一八分
十五日
一半荷
十六日
一八分
十七日
一七分
十九日
一半五分
廿一日
一半荷
廿二日
一七分
廿四日
一半荷五分
廿六日
一半荷四分
廿七日
一四分
廿九日
一八分

一卅一日
一九分
一ヶ月分〆九荷
(追筆)
「ドヨジヨセンザイモチヤ数覚」

二月分
二日　半荷
四日　半荷三分
六日　九分
八日　五分
十日　半荷
十二日　半荷
十四日　半荷
十六日　半八分
十八日　半荷
十九日　半荷
廿一日　半荷
廿三日　半荷
廿五日　半荷
廿七日　半荷五分
廿七日迄〆七荷五分

三月分
一日　半荷
三日・四日　半荷五分
五日　半五分
七日　半
十日　半荷
十三日　半荷
廿一日　半荷
廿二日　半荷五分
廿五日　半荷

四月一日　半荷

十月十五日替物ス
一黒こま弐合　四百文
一弐百文　うこケ玉子弐ツ
一百文　十六匁あめ
一弐百五拾文　ジねンジヨ数(粉カ)
一弐百文　酒弐合
〆壱貫三百五拾文

同ねり薬仕養
一黒シツジこま壱合
一玉子弐ツ
一木酒弐合
一カタあめ拾六匁
一シねンジヨ粉十匁

右五品合タく事
　但シ七日間ニノム

明治七戌年十月
諸替物覚　義松分
七日
一壱両ト三百文　五条山市
　チンド小紋壱反
七日
一壱両壱歩　十丁め河内や
　白木綿壱疋

十月十日
　親類書
　　多田長兵衛様江相渡ス
愛宕郡第一区柳原庄
　今村藤太郎
久世郡新田村
第一区　西村平四郎
　同村
　　西郁平兵衛
乙訓郡久我村
第一区　橋本太郎
　同村
　　橋本武右衛門

以上

十月十三日
一金壱歩ト弐百五拾文　山市
　ナバンエリ買物
十四日
一弐朱ト弐百五十文　山市
　エリソで口
十四日
一弐朱　山市
　内分
十月十八日　新田平兵衛来ル入用
一八百文　酒壱升
　丁子ト
十月十八日早朝ニ罷来ル
一土庄より取次ニ而、多田長兵衛殿より十月十八日ニ印シ、新（親）類書
相添、私宅迄持来ル、猶拾九日暮早々より長兵衛殿相招キ、酒出
ス
右此日入用留
十九日
一酒弐升　八忠
一同
一七百文　松茸
一同
一弐朱　鱧
〆
来ル廿一日朝四ツ時ニ、下ノ町多田氏江受取書壱封三百疋ツ、ミ、

忠右衛門罷持参ル、多田氏留主中ニ而此侭預ケ帰事
十一月十六日
一壱貫七百文　綿拾枚
義松分
十一月卅日
一壱歩壱朱　高下駄
中差し
〆弐足
銭座勘蔵江払
亥年一月二日ヨリ
一半荷　錦天神守
七日
一半荷
十一日
一五分
十九日
一半荷
廿六日
一半荷四分
二月二日
一八分
八日
一八分
十二日
一屎壱荷
廿一日
半荷二分

戌年十一月廿八日
一壱歩　軽運車銭
三拾壱区学校処ニ而区長平兵衛様渡ス
七月二日
一薬五服　忠一奉
香九十日
一薬五服　同白井
一丸薬壱貫文買
八月一日
一拾五服　杉本
一拾五銭　薬料済
十月廿八日杉本殿
近小遣ス
一金弐歩三朱
一金百疋　八条杉本　会釈
五月
廿五日
一五百文　大忠
薬五服
廿七日
一七百文　同七服
卅日
一七百文　同七服
六月十二日
一拾服　八条杉本様
同十七日
一拾服　同数
七月一日
一拾五服　杉本

十三日
一拾五服
七月廿八日
一三拾銭　薬料
宜敷
四日
半荷ヨ　ふとンヤ
七日
半荷
十七日
一壱荷
二月六日
半荷
同廿一日
半荷
〆三荷半
代壱貫四百文

（裏表紙）
「愛宕郡第一区柳原庄
今邨忠右衛門」

○本史料には、決済を示すと思われる夥しい数の抹消や合点が見られるが、煩雑を避けるため、ここでは基本的に省略した。

第三節　今村家住宅の建築構成と変遷過程

1　今村家住宅の現況

今村家の屋敷地は、本町通り（伏見街道）の西側に東面して立地し、裏手は京阪電車の軌道敷沿いの道にまで長く続く。その道に沿う敷地裏手には石垣が高く積まれているが、これは明治末年、京阪電車（京阪電気鉄道株式会社）の鉄路敷設に伴い、同家屋敷地の裏手の一角を売却した際に築かれたものという。

今村家住宅の主屋は本町通りに面して東を向いて建ち、間口四間、奥行六間の規模の家屋である（写真1）。主屋の南側（向かって左手）には間口約二間半（間口二間半七寸、後述）、奥行五間の同家の元借家が主屋と柱を共有しつつ建っている。主屋と元借家が構造的に一体として建っているという意味では、今村家住宅の間口は約六間半というべきであろう。さらに、主屋の北側（向かって右手）にも当家の借家が二軒建ち並んでいる（写真2）。これらはいずれも戸建てであるが、今村家の主屋とともに伝統的な町家の家並を構成していることから、今回の調査では、これら一連の外観を連続立面図として採取している（図1）。

主屋の裏手には、庭を挟んで梁間・桁行ともに三間の納屋が建ち、さらにその裏手にも離れの棟や付属屋（納屋等）が建っている。ただし今回、主屋裏手の構成については、納屋までの状況を記録することに留めた（図2）。

今村家住宅の主屋は平入桟瓦葺きのツシ二階建てで、通りから向かって左手（南側）に土間を通し（写真3）、その右手に居室三室を

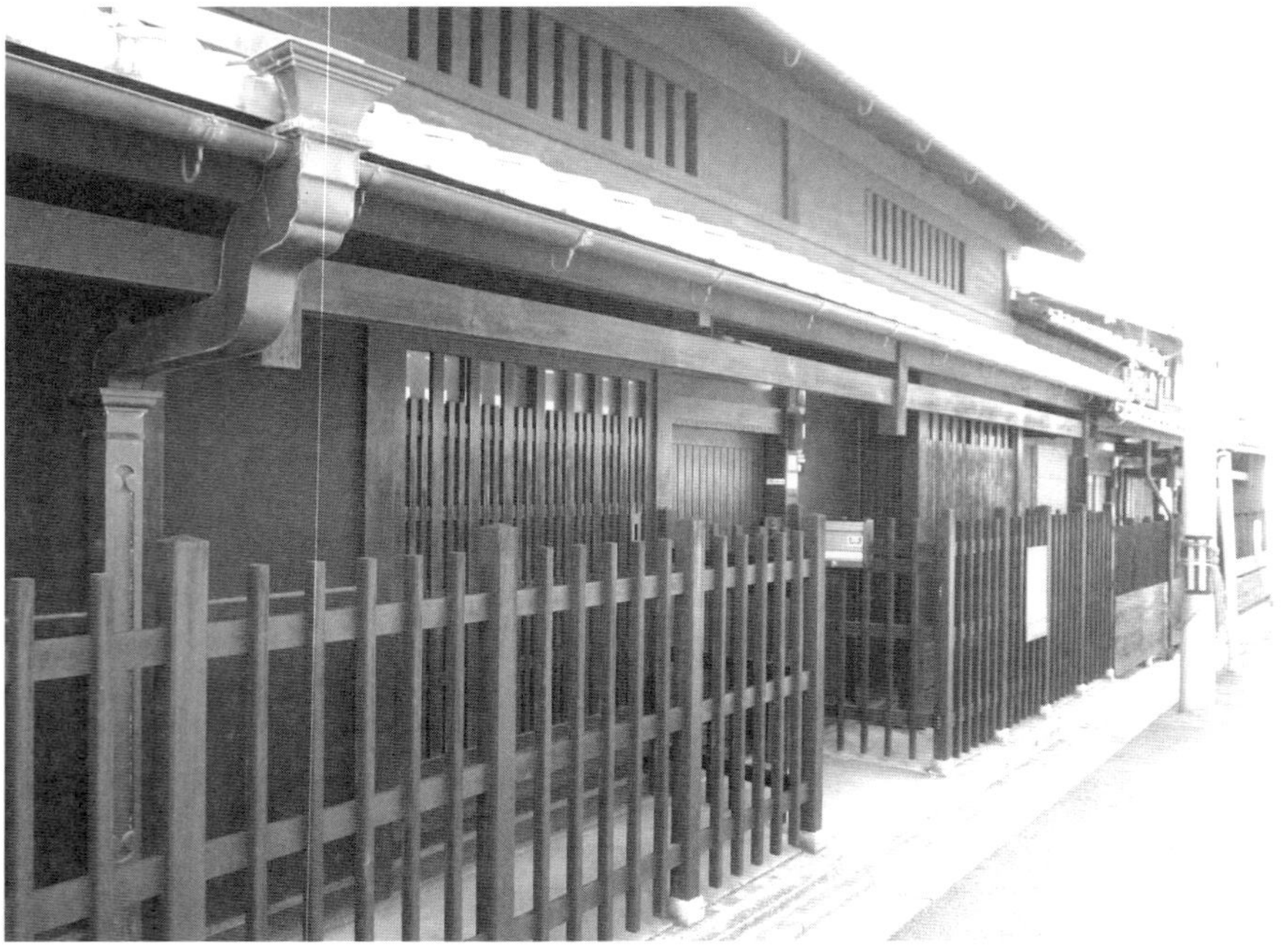

写真1　主屋近景

土間に沿って配列する。表から店の間（ゲンカン、写真4）・中の間（ダイドコ、写真5・6）・座敷（写真7）の三室で、いわゆる一列三間取りの平面を構成している（図3）。店の間の間口幅は裏手二室の幅よりも半間程狭く、また座敷と土間の境には壁がたてられている。店土間の上部および店の間（ゲンカン）と中の間（ダイドコ）上部にはツシ二階を設け（写真8）、中の間の押入内部にある箱階段で結んでいる。

土間の裏手（写真9）上部は大きく吹き抜けとし（いわゆる「ヒブクロ」写真10）、その手前には「ネズミイラズ」と呼ばれる物入れを置き、荒神様を祭る漆喰塗りの竈（写真11）と黒煉瓦造の矩形の竈（写真12・13）を並べ、さらに裏庭に面して人造石の流し（「ハシリ」）を設けている（写真14）。このように、当家の土間廻りは、伝統的な勝手空間の構成がよく残されている。

主屋南側に隣接する元借家は平入桟瓦葺きの平屋建てて、表側に間口いっぱいに居室（現在は物置）を設け、その裏手は広い土間とし、居室から裏手に二帖大の小部屋を張り出させている。主屋と元借家とは土間裏手部で接続され、その借家側の脇には矩形の石組みによる井戸が配されている。

主屋裏手に建つ納屋は切妻の平屋建てで、内部は一面土間となっている。南側を除く三方は壁、南側は開け放たれて半間の下屋が差し掛けられている（写真15）。さらに、納屋の裏手には敷地間口いっぱいに付属屋が建ち（内部未調査）、その裏手は敷地裏手境に築かれた石垣まで空地が続く。裏手の京阪電車軌道敷の道沿いには裏門を立て、道に降りることが出来る。裏門は小型で簡素な棟門ではあ

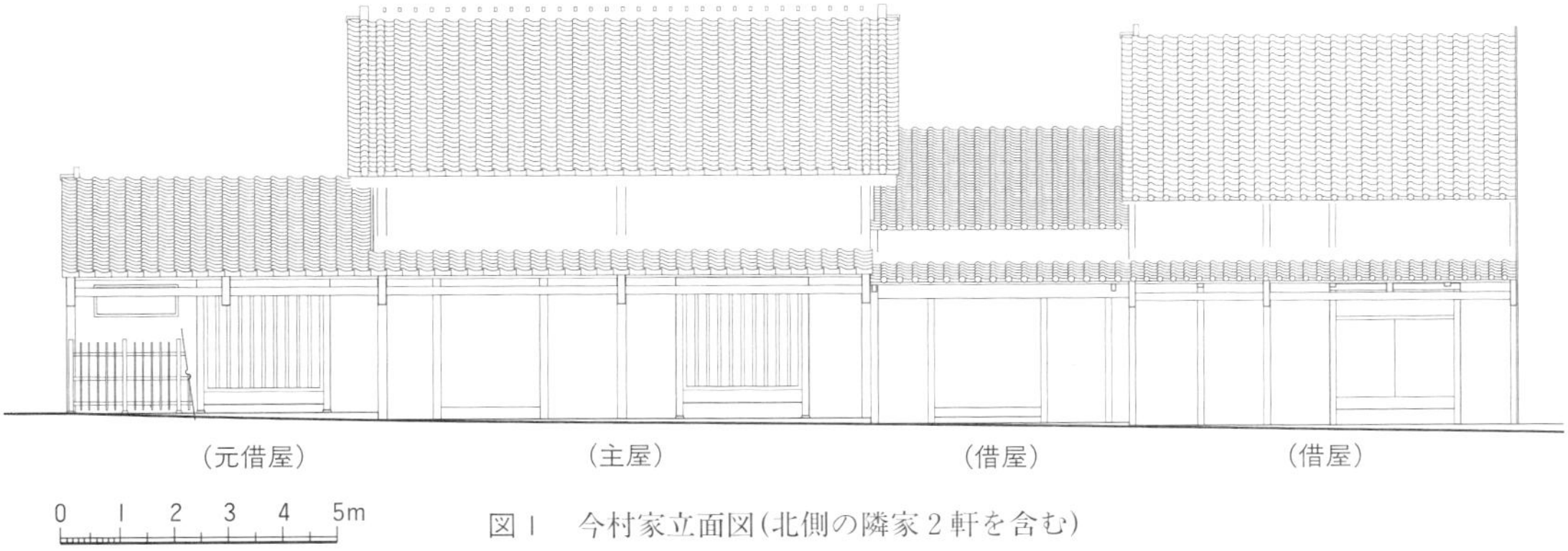

図１　今村家立面図（北側の隣家２軒を含む）

写真２　外観全景

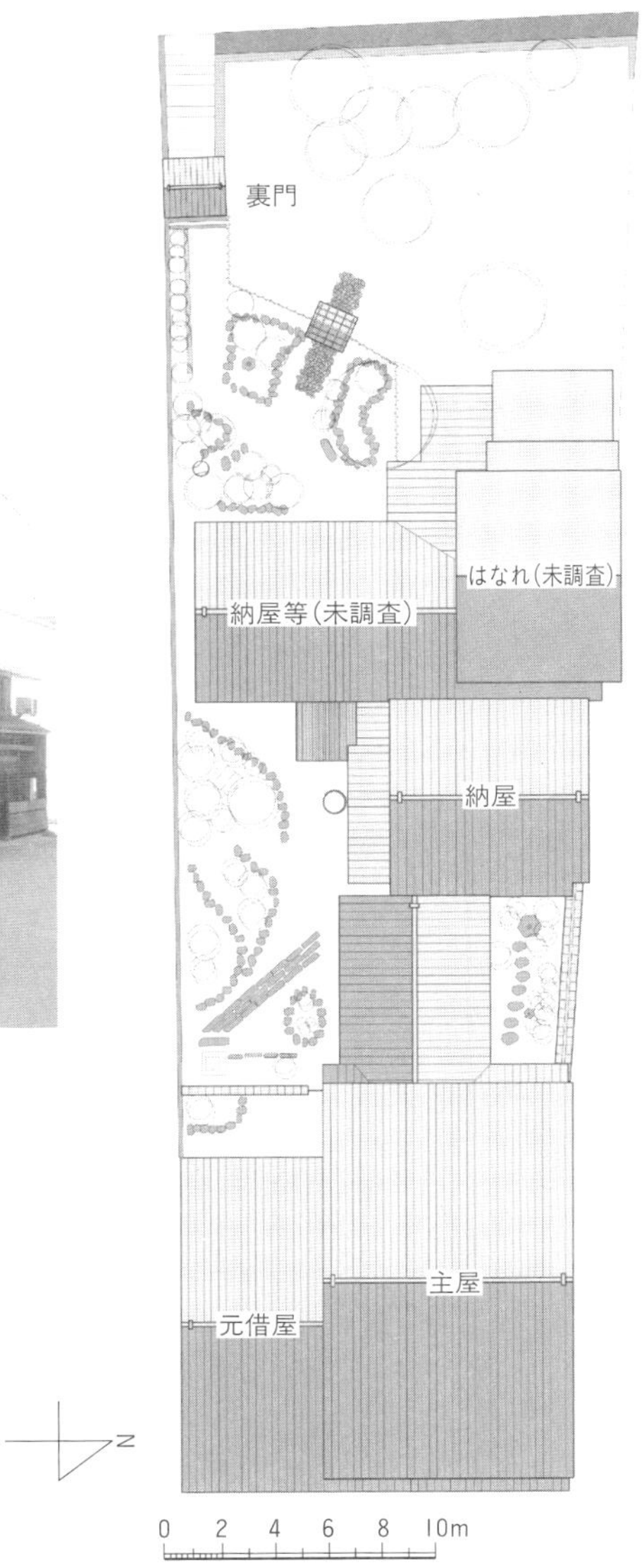

図２　今村家屋根伏図

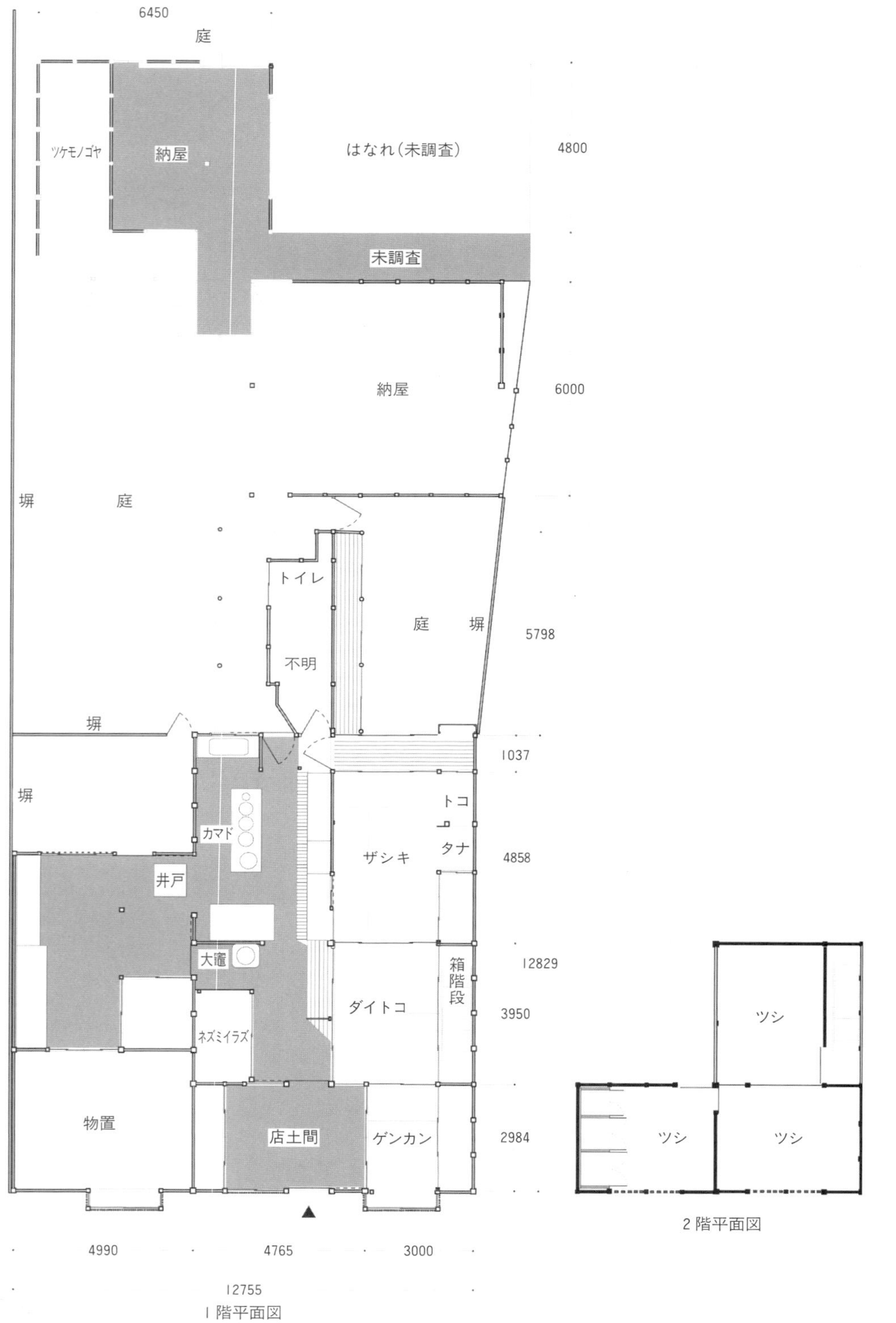
6450
庭
ツケモノゴヤ
納屋
はなれ（未調査）
4800
未調査
納屋
6000
塀
庭
トイレ
庭
塀
5798
不明
塀
1037
塀
トコ
カマド
ザシキ
タナ
4858
井戸
12829
大竈
箱階段
ダイトコ
3950
ネズミイラズ
物置
店土間
ゲンカン
2984
4990
4765
3000
12755
1階平面図
ツシ
ツシ
ツシ
2階平面図
0 1 2 3 4 5m

図3　今村家現状平面図

写真６　ダイドコの内観

写真３　店土間

写真７　座敷廻り

写真４　店の間(ゲンカン)と入口の大戸

写真８　二階表のツシ内部

写真５　ダイドコより表を望む

写真 9　土間裏手の内観 1

写真10　土間裏手「ヒブクロ」の見上げ

写真11　漆喰塗りの大竈

写真12　土間裏手の内観 2

写真13　黒煉瓦造の竈

写真14　流し(ハシリ)

写真15　主屋裏手の納屋

るが、引違いの木戸を外側に、開きの板戸を内側に立てた構成がよく残されている。

2　普請願書からみる今村家住宅

今村家文書は、主屋の普請に関する一連の史料を含んでいる。その中で、享保一九年（一七三四）の「造作御願」〔2847〕（以下、「享保願」）と、宝暦一二年（一七六二）の「家建直御願」〔2848〕（以下、「宝暦願」）は、いずれも普請願書である。

「享保願」は、「居宅ハ其侭指置、南之方借屋造作仕度奉願候覚」とあるように、今村家の居宅（主屋）はそのままで南の借家に造作を施したい、という趣旨の願書きである（写真16）。具体的には、南の借家の「隔（格）子有来候ヲ、見世取付ケ申度奉願候」及び「土間之所、床を張申度奉願候」と、店構えの変更と土間に床を張る改装が申請されている。図面からは、通り土間を持つ表裏二室の借家に改装する計画であることが、図中の朱書き線によってわかる。なお、借屋の棟の裏手には土蔵が描かれている（北側に入口を設けた妻入形式の土蔵）。この土蔵は「宝暦願」にも描かれ続けるが、後年取り壊され現存していない（後述）。

それに対して「宝暦願」は「家建直御願」として、「墨引之通私所持之屋敷地ニ居宅幷借屋建来候処、此度朱引之通建直し申度奉願候覚」とあり、同家の居宅と借家を共に建替える願書きである（写真17・18）。「宝暦願」において朱書きされた居宅の間取り（計画図）は現存する今村家住宅と相似し（この点は後述する）、朱色の計画図の上に重ねられた張り紙の指図は、「享保願」が描く居宅と借家（「享保願」により改修）とに合致する（写真19）。

したがって、二通の普請願書から、享保一九年、既に建っていた今村家主屋（居宅）南側の借家が改修され、その後宝暦一二年、同家の主屋はその借家とともに建替えられた、ということになる。

宝暦に建替えられた主屋は、ではいつ建てられた建物なのか。これについては、家作関係史料中、最古の史料とみられる元禄四年（一六九一）七月の「家作之覚記置」〔5094〕に、今村忠右衛門家に関する家普請の様子が記録されている。これによると、同年三月二六日に「地まつり」（地鎮祭）が行われ、卯月（四月）一〇日棟上げ、祝儀が振る舞われた。その規模は「おもや卅三坪、いん居廿四坪」

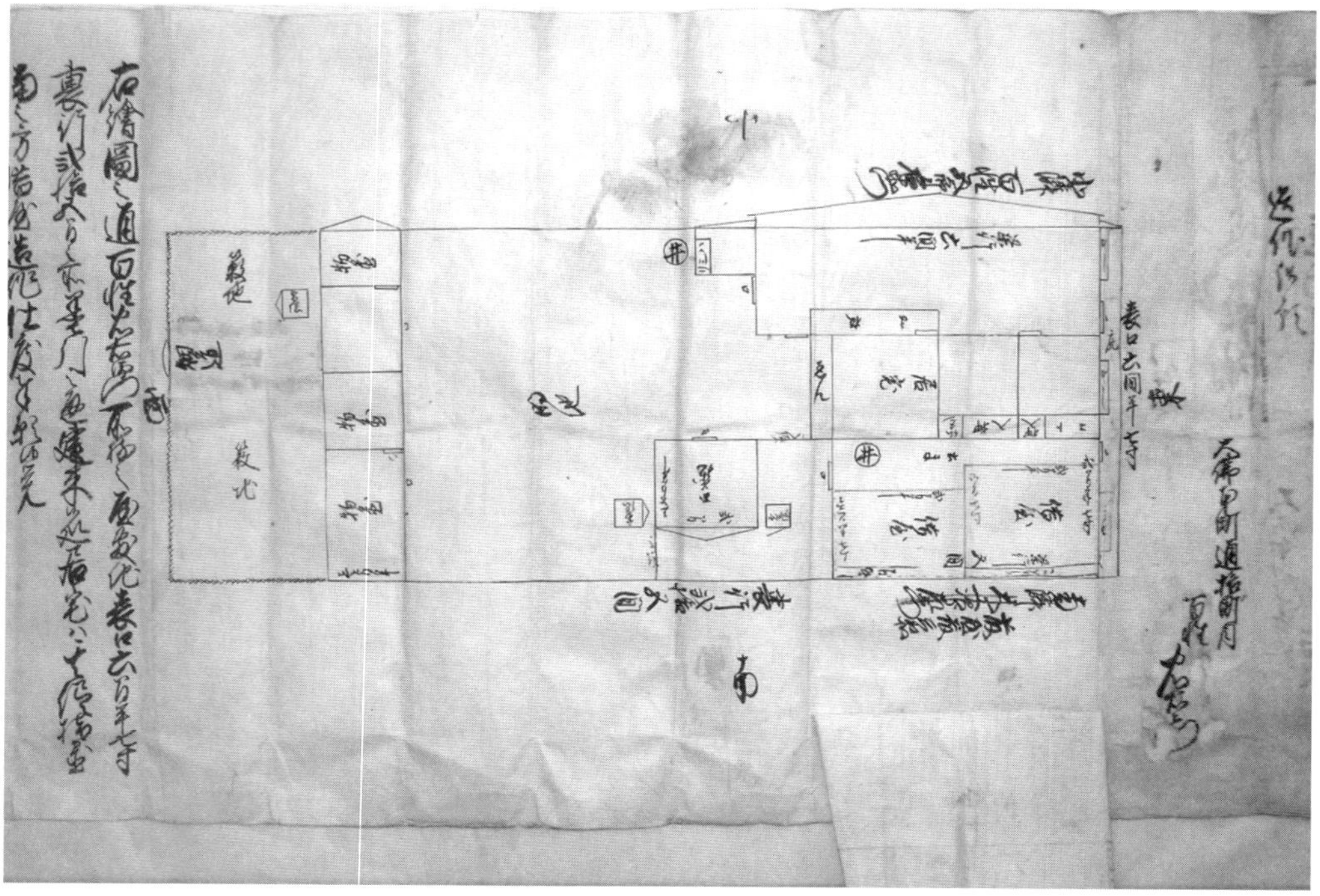

写真16　享保19年「造作御願」

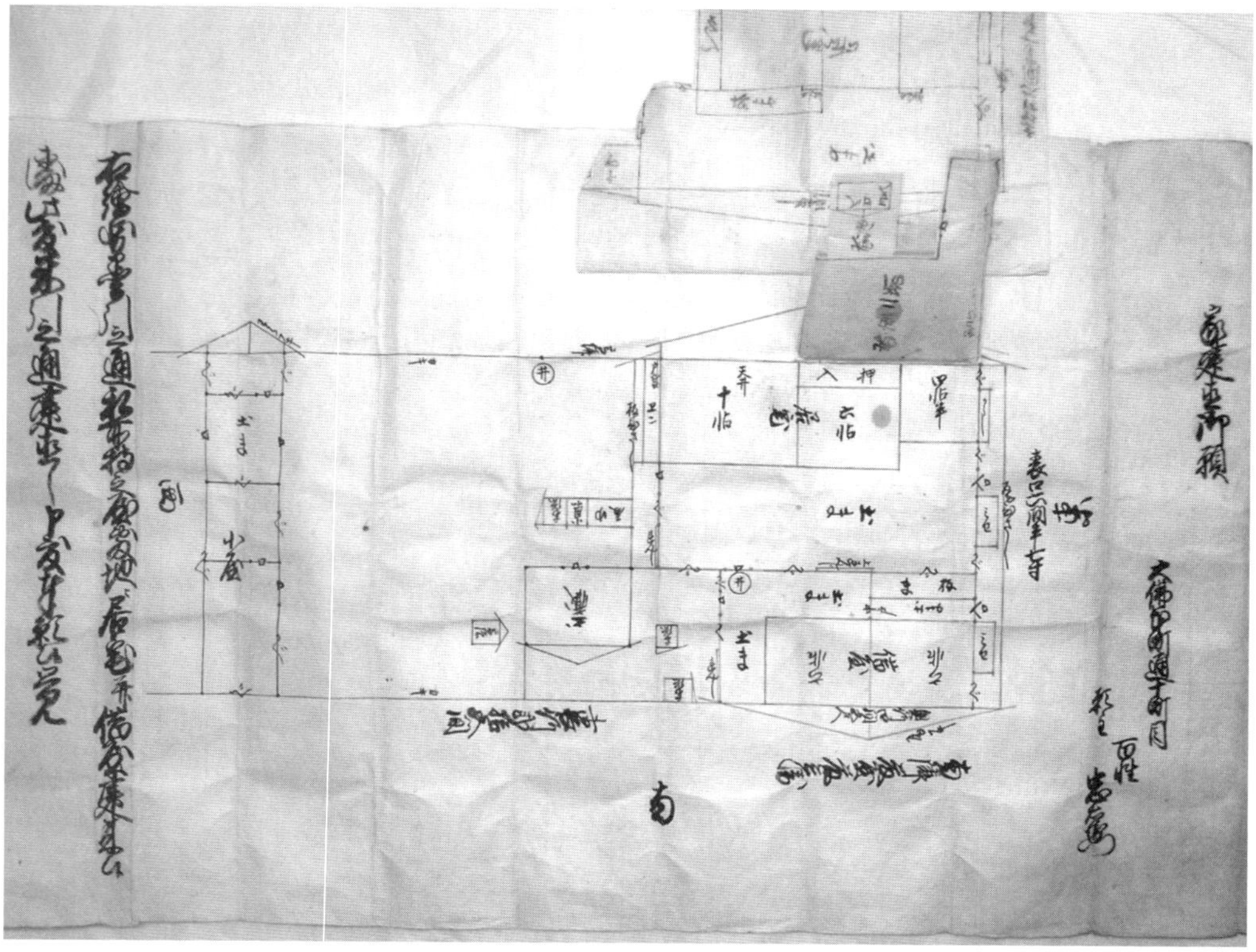

写真17　宝暦12年「家建直御願」 1

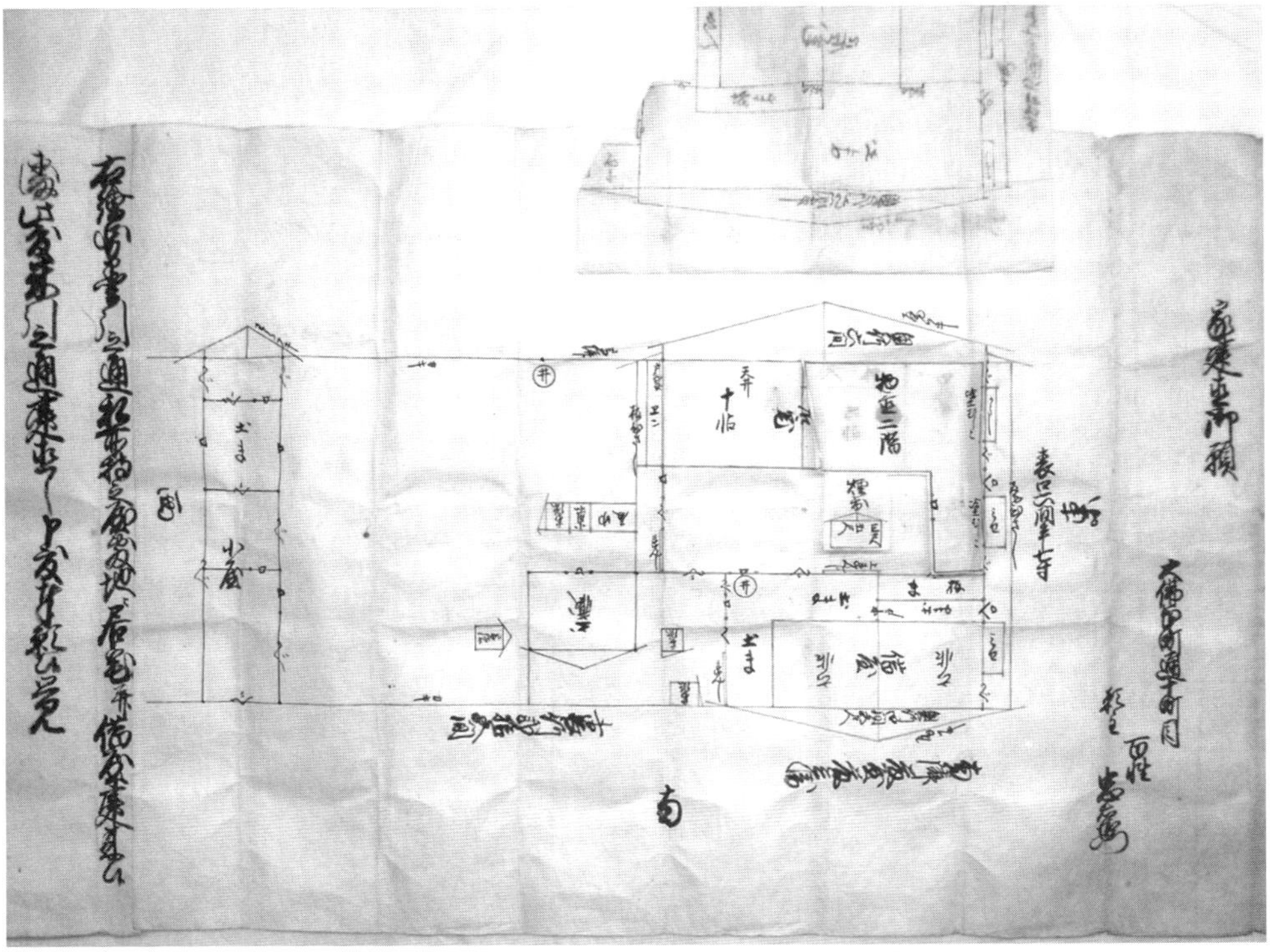

写真18　宝暦12年「家建直御願」 2

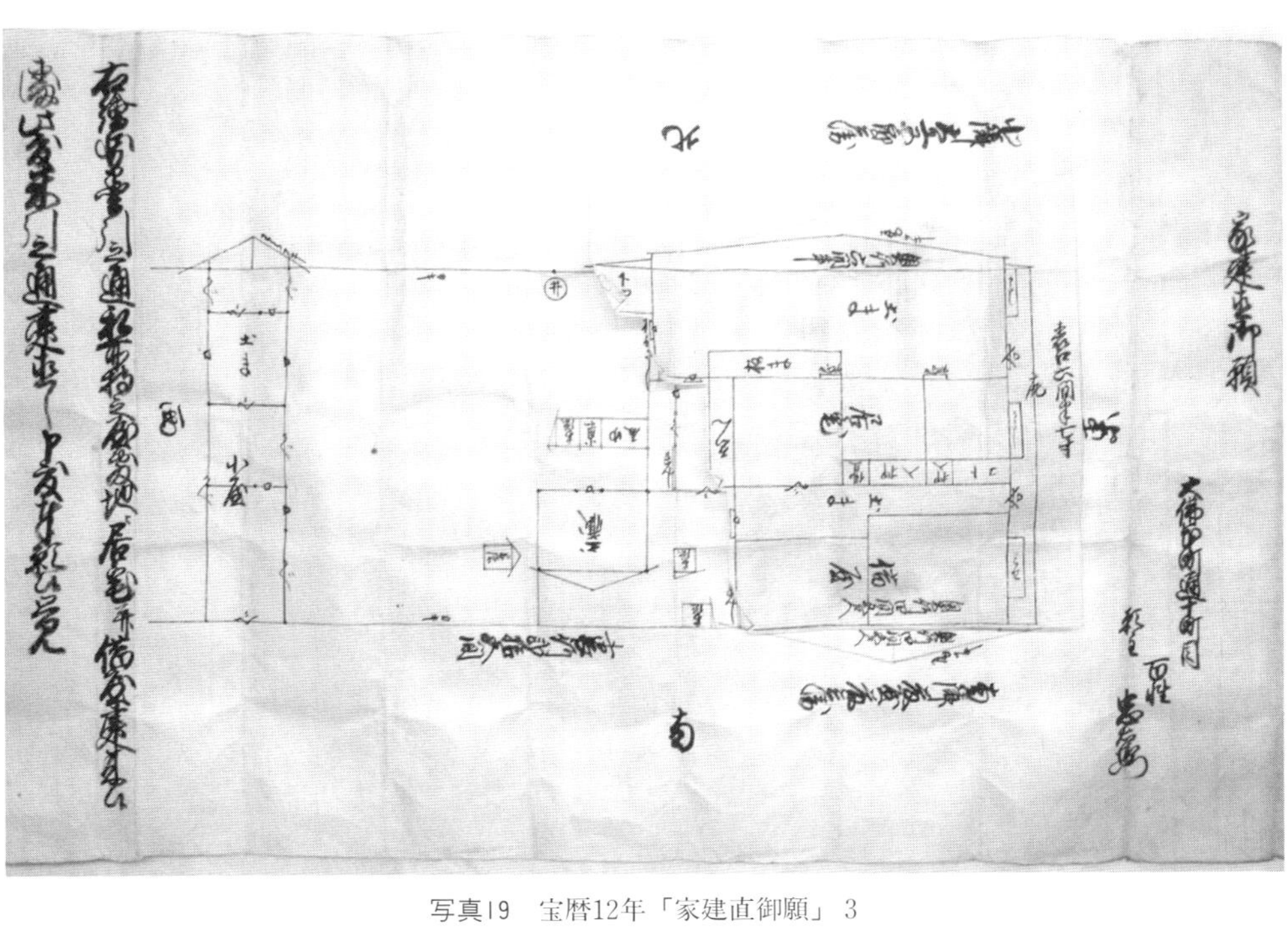

写真19　宝暦12年「家建直御願」 3

とある。坪数がうまく合わないものの、元禄四年に普請された家作が「享保願」に記され、元禄から数えて約七〇年後、「宝暦願」によって建替えられた可能性が指摘できる。

ふたたび「享保願」に戻り、ここに描かれた「居宅」（主屋）と借家について検討してみたい。その配置や間口幅の関係は「宝暦願」の計画図と同じで、ひいては現状とも一致する。また借家裏手の土間に設けられた井戸（現存する）の位置も同じである。しかし、「享保願」の間取りを「宝暦願」と比較すると、主屋の平面については通り土間と居室とが左右逆となり、借家の平面も変更されている。したがって、「宝暦願」ではそれまで建っていた「居宅」を建替えるにあたり、理由はわからないもののその平面構成を左右で反転させ、借家の方は間取りの大枠はそのままながら整えられた。

「宝暦願」に付された指図と現状の主屋とを比較してみると、両者の平面の構成は一見しただけでも大略よく符合する。当家の主屋の現状は、建築当初の構成を残す土間廻りの部材がかなり古く（後述）、一八世紀まで十分に遡りうるので、現存遺構の建築年代は部材の調子からしても「宝暦願」と矛盾しない。元借家を従える今村家の現在の主屋は、宝暦願によって届けられ再建された町家であることはほぼ間違いない。

なお、「享保願」に描かれている主屋の間取りでは、気になる点があるので付言しておきたい。表の四畳半の間に「トコ」が描かれている点である。「宝暦願」における張り紙の指図（現状図）にも同様の記載がある。一列三間取型の標準的な規模の町家における唯一の床の間が表の間（ミセ）に据えられていることは、この表の間が客間である座敷に相当する事を示唆する。

これに対して、「宝暦願」の計画案では「トコ」の表記はないものの、裏手の「十帖」には「天井」すなわち棹縁天井が吊られ、一列三室の中でこの室が客間であり座敷である事がわかる（実際、現状もこれを引き継いでいる）。

一般的な近世近代の京都の町家は、居室列の裏手に座敷を設けている。しかし、我々が通常知りうる京都の町家の間取りは、実際に現存する近世町家が近世後期以降に建てられたものが大半である。田中家（代々「近江屋吉兵衛」を襲名）に残る普請関係文書に描かれた町家の間取り図にも、表の間が座敷とみなせるものは見当たらない。田中家文書も近世後期以後に描かれた町家指図群であることから、座敷を裏手に配置する室構成がいつどのように成立したものか、これらのものからは詳しくはわからない。[1]

その意味で、「享保願」に描かれている主屋の間取りは表に座敷を配置し、いわば「農家的な」室構成を示して注目されるのである。この種の居室構成をとる理由は、当家が京都中心部に立地する町家とは異なり、伏見街道に沿う街道立地型の町家であるためかも知れない。あるいは、代々山城国愛宕郡柳原庄の庄屋をつとめた、という当家の家柄に因るという可能性もあるが、実際のところよくわからない。それゆえ、「享保願」の指図は京都の町家形式の古形式の一端を示す史料として、今後のさらなる検討がまたれるのである。

3　今村家住宅の構成

「宝暦願」を詳しく読んでみよう。宅地の表間口六間半七寸（普請願書より）の内、居宅は間口四間で奥行は六間。瓦葺きで屋根には「煙出」が付く（「五尺三尺煙出」と書かれた張り紙が指図にもある）。居宅の表には「瓦庇」と「こうし」（出格子）、「ミセ」（ばったり床几と蔀戸）及び入口、二階表には幅一間の「塗むしこ」（虫籠窓）が二カ所付き、裏には「板庇」と「椽戸袋口」等、土間裏手には「連んし」（連子窓）、さらに南の方に瓦葺きの「湯殿」・「雪隠」・「小用所」が付いている。内部では「中之ま」（図面には六帖に押入を設けている点が書かれ、また「居宅表之方二階張」と表側にはツシ二階が設けられていることを記述するとともに、図面にも「物置二階」として張り紙がされている。

　居宅の南には表間口二間半七寸、奥行四間五尺の借家が建つ。表には瓦庇にミセ（ばったり床几と蔀戸）・入口等が付き、表入口の内側には北側に二間幅の板間を設け、土間の南側に六帖を二間並べる。裏口の方は連子窓を開け、裏手には五尺四方の雪隠を壱ヶ所建てる。借家、雪隠ともに瓦葺であるが、「居宅之屋根と棟違ニ仕」とあり、借家の棟は居宅と棟の位置が異なることが記されている。この点は、居宅と借家の奥行の違いによる。

　以上のように、「宝暦願」は普請すべき居宅と借家のそれぞれについて詳細な説明がなされ、それに対応する朱書きの指図（計画図）が附され、現状図（当時）がその上に張紙されて比較ができるようになっている。

　朱書きの居宅と借家の指図の裏手には土蔵とさらに小屋が黒で記されていて、これらが従前からの建物として存在していたこともわかる。

　さらに、「弘化三年今村家住宅普請図」という指図があり（写真20）〔3206〕、これによると弘化三年（一八四六）八月に土蔵を取り壊すとともに、同年同月居宅の表側土間の一画を囲んで「掛り始いえ建てよし」とある。この内部の一部改修がどのようなものなのかは、この図からだけではわからないが、次に取り上げる「明治十四年辛巳二月」の年記がある指図には〔3316〕、この位置に四畳半大の部屋（三畳間に板間）が描かれ、「今度取拂」と朱書した上で、「当今都合ニ寄り、表入口より南之方朱引内、在来三畳敷ニ板床有之候処、取払、土間ニ相用ひ候事」と添え書し、さらに「此表入口より南ニテ、壱間之見世取換之積り也」と、幅一間の見世（ばったり床几と蔀戸）に取り替える積もり、と書かれている（写真21）。

　このように、「今村家文書」の中の普請史料からは、今に残る今村家住宅の普請過程と改修の履歴が事細かにわかるのである。

4　主屋の改造

　「宝暦願」では、主屋表側の店構えとして、くり返しになるが「ミセ」（ばったり床几と蔀戸）と「こうし」（出格子）が書かれ、居宅の二階は「塗むしこ」（虫籠窓）とし、借家の表にも「ミセ」とある。普請当初の様子が「宝暦願」から詳しく窺えるのである。

　しかし、当家主屋の表構えの現状は出格子や平格子で構成されていて、当初形式とは異なる。部材も近世に溯らない。事実、主屋入口の大戸のカンヌキには、「明治廿三年庚寅十一月吉日」と墨書きされていることから（裏面には「京都市下京区本町通拾町目　今村忠右エ門」）、当家の表構えは明治中期に改修されたことが確認できる。

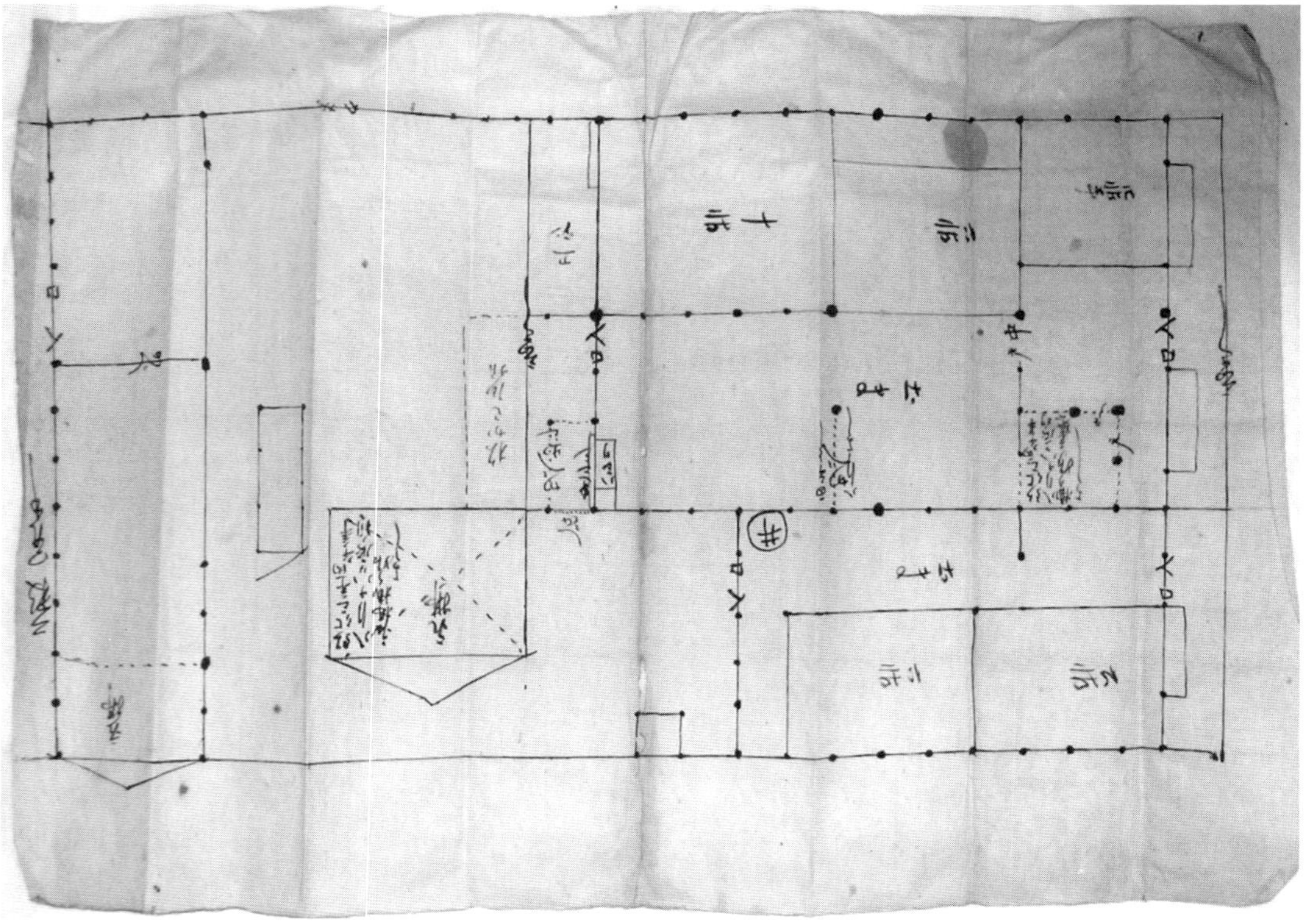

写真20　弘化３年今村家住宅普請図

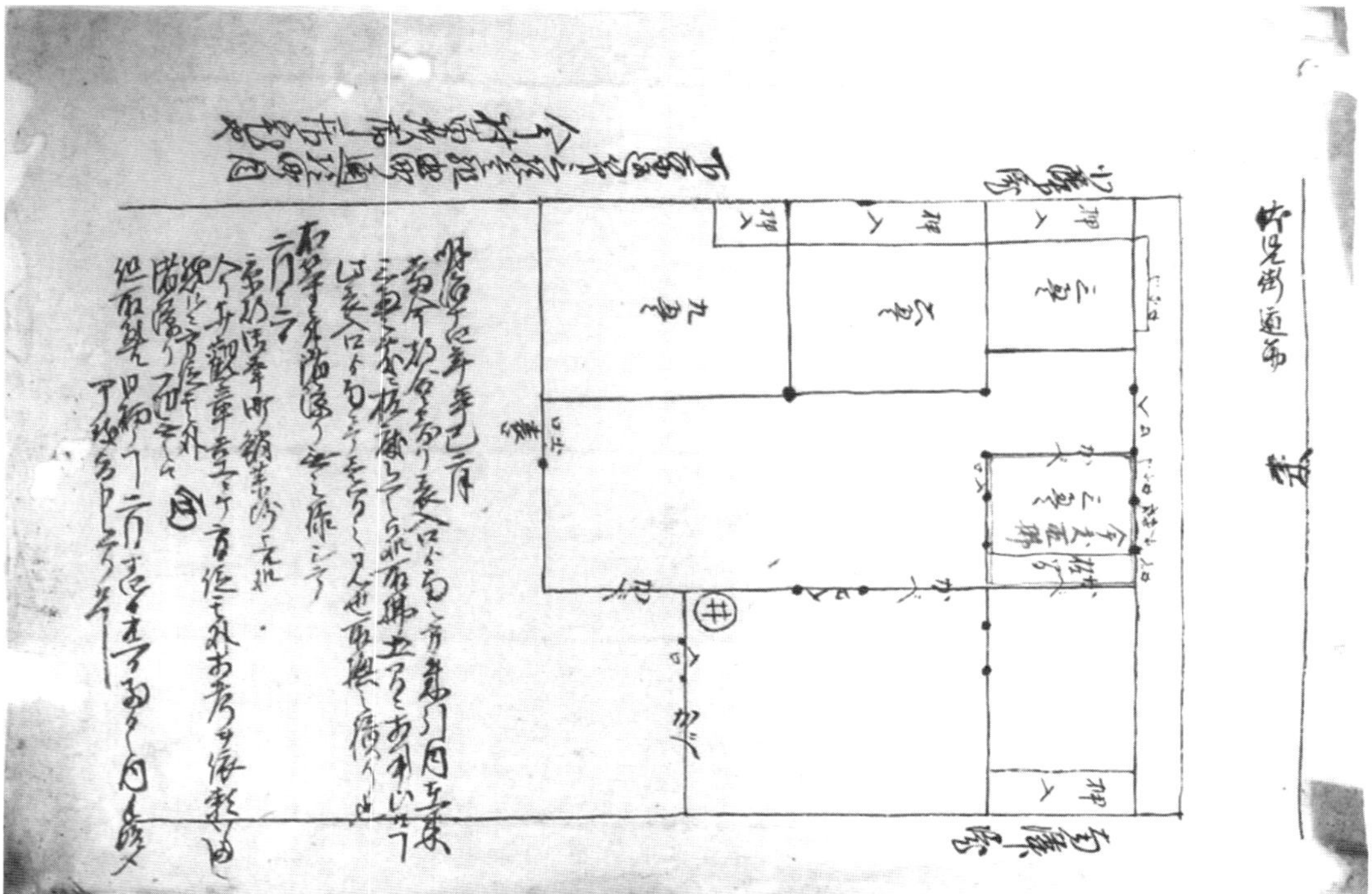

写真21　「明治14年」の普請図面

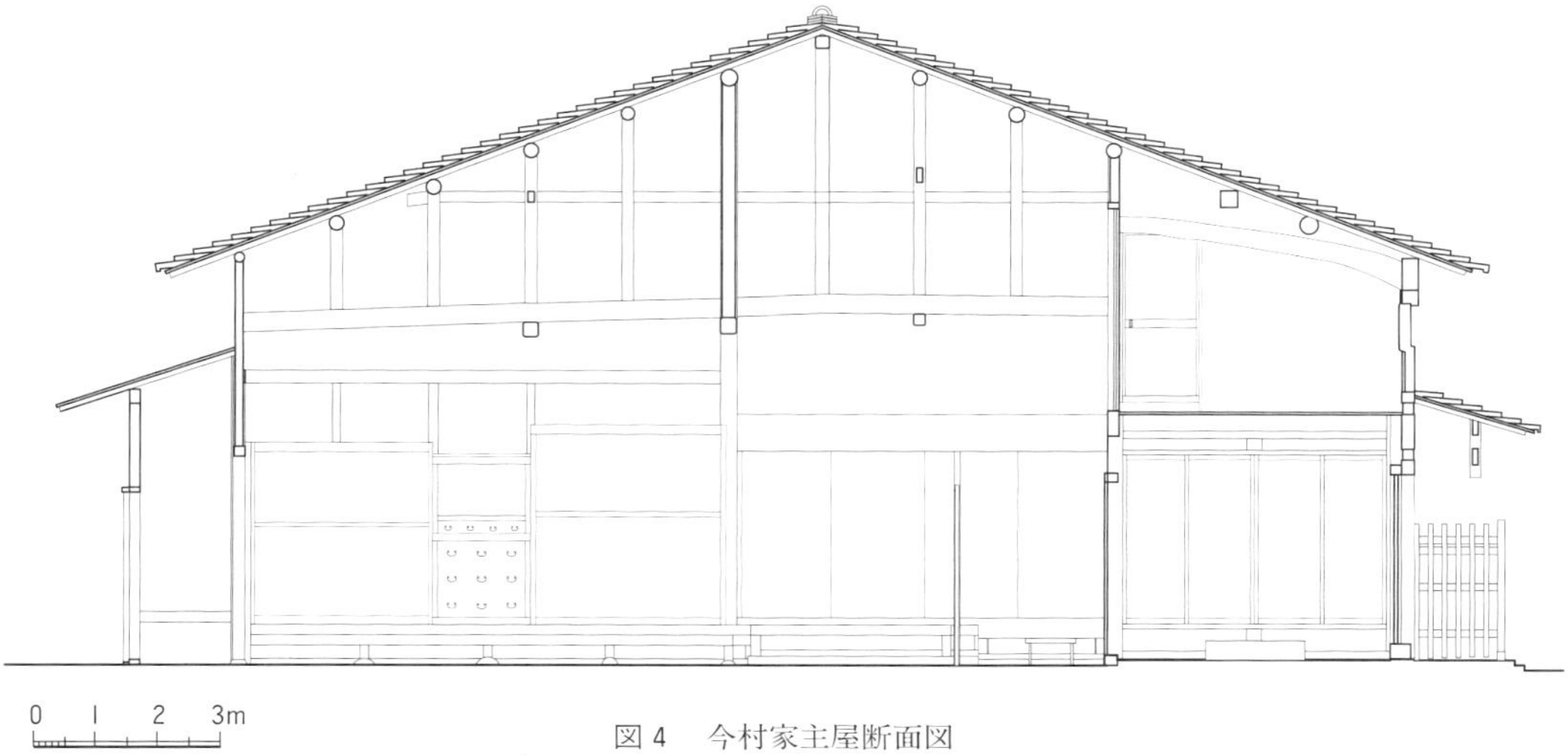

図4　今村家主屋断面図

その改修は、表に留まらず店土間廻りから土間裏手との境である中戸にわたり、中の間廻りの造作も部材の状況からこの時期の改修であると考えられる。さらに、座敷廻りは昭和六年に改装され今日に至っている。

一方、主屋居宅部分の土間裏手廻りの柱や梁組などの構成は宝暦普請当時の構成が残されているし、借家との境壁に並ぶ柱列を含め、構造の主要部材は全体として宝暦普請の骨格がそのままよく保持されている。

居宅部の土間裏手廻りは、二〇〇〇年（平成一二）の改修により部材表面が古色で再塗装され、当初部材の表情が失われている。この点は惜しまれるものの、柱は円形に近い面皮柱で、梁は一様に細く野材に近い断面形状を呈して古式である（図4）。この点は、京都市中にあって天明と元治の二度の大火を被っていないと考えられる堀井家住宅（上京区下長者町、一八世紀前期）[2]などの構造形式とよく類似し、近世中期の町家の構造的特徴として指摘できる。

元借家部分の造作については多くの部材が新しく、また現状の表構えは明治中期の一連の改修とみてよい。現状では借家部分に入口はないことから、明治期の改修以降この棟は借家としては使われず、居宅の一部として使用され現在に至ったものと考えられる。

なお、主屋の北側に建つ二棟の借家は、外観からのみの判断ではあるが、明治中期の町家と推測される。想像を逞しくすると、当初から居宅南側に付属する借家を居宅の一部として取り込む改修は、居宅右手の借家二棟の普請と軌を一にしたものかも知れない。さらに、元借家裏手の土間に張り出す小部屋や一部の梁組はさらにそれ以降の改造であり、あるいは昭和六年の座敷の改修時にされた可能性もある。

5　むすび

今村家住宅は、主屋が宝暦一二年の「家建直御願」により再建された町家遺構であることは確実で、建築年代が明確であり、しかも近世京都の希少な遺構事例である滝澤家住宅（重文、宝暦一〇年〔一七六〇〕、京都市左京区鞍馬）[3]に匹敵する古い町家である。

しかも、この町家は宝暦普請当初の基本的な構成をよく残しているし、表構えや土間表側においては、幕末から明治にかけて改修されているが、その履歴は諸史料から詳しくたどることができる。借家を従えた町家主屋の構成を示す遺構としては、他に類例をすぐさま上げることができない、という意味でも注目できる。

前身町家の状況についても史料からわかるし、再建の経緯と再建当初の建築構成についても史料から詳細に知ることができる点も重要である。

当家住宅は、一八世紀中期に溯る京都の希少な町家遺構として価値がすこぶる高い。京都中心部からは離れ、伏見街道に面して建つ街道立地型の町家とみることもできるが、その平面構成、構造形式、外観の構成は、どれをとっても京都市中の町家の特徴を有し、近世京都町家の典型的な遺構事例と意義づけることが出来る。[4]普請関係史料とともに文化財として長く保存されることが強く望まれる。

（1）日向進『近世京都の町・町家・町家大工』（思文閣出版、一九九八年一一月）他

（2）屋号「大市」、『京都府の民家調査報告　第六冊』（京都府教育委員会、川上貢、他執筆、一九七一年三月、三八頁）、『京の住まい――地域の文化財としての民家――』（京都市文化財ブックス第八集、京都市文化市民局、一九九三年二月、四三頁）、堀井家住宅は、天明・元治の大火の罹災範囲外に建っている。なお、筆者は同家住宅を独自に調査し、その建築年代の古さを確認している。

（3）一八世紀末頃に二階を高める改造を行っている（『重要文化財瀧澤家住宅修理工事報告書』京都府教育委員会、一九八五年一一月）

（4）大場修『近世近代町家建築史論』（中央公論美術出版、二〇〇四年一一月）

5094

元禄四年（一六九一）七月　家作之覚

家作之覚記置

一大工　当町　二郎左衛門　合七十五工
一同筆　小十郎　合六拾九人
一同　九町め　伊兵衛　合卅三工
一同　京　七兵衛　合弐工
午ノ極月廿五日ニかい
一材木千じやう寺丸太卅五本、はしらけた共ニ、銀八十六匁也、但シ四間半ゟ三間迄
一七条南方や材木百廿六匁　午ノ極月かい
一同所六十三匁　是ハ春こしんの内かい
一たけ　手前ニ有　三百本余
一なわ　手前　十五六そく余
一石　手前

一土　皆手前
一くきかな物六拾匁余
一地まつり　三月廿六日　藤森常学院
一むね上　卯月十日　前九日ニはしらけた迄済、十日ニハ雨天なれ
共、祝義斗用
一五月一日　天王かう当屋いくはした丶み敷つとむ、但シ古道具用、
正銀壱貫目余
一てらのはしめ　未二月二日也
一本取付　同廿六日ゟ同六月参日迄済
一やねや　ふしミ　半右衛門　三日
一瓦ふき　当町　角兵衛
一取ふき　同町　かわや仁兵衛
一くとぬり　角兵衛
一あしかべてつたいゟぬり
一同用　きしの上　源右衛門
一同　当丁　五兵衛
一同御用アシ十右衛門
一同　当丁　惣右衛門
一其外二三日ツ、てつたい有
未七月廿七日ゟ廿九日迄
一左くわん　七条通新町西江入ル丁　三郎兵衛
おもや卅三坪、いん居廿四坪、但シ壱坪ニ付三分六リンツ丶、皆
諸敷共渡シ
一いむ居瓦ふきあまりそんし候ゆへ、午ノ極月瓦取やね木たて■ふ
しミニ而代七十四匁皆入、其瓦古木おもやニ用、大工二郎左衛門、
やねやふしミ半右衛門、板十三日ふき、十四人、手間壱匁二分
ツ、
元禄四年未七月日改置　　今村忠右衛門（花押）

2847　享保一九年（一七三四）八月　家普請願書

（端裏書）
「上　造作御願扣　　大仏本町十町目
百性　忠右衛門
内ニ壱通有　但シ弐通　享保十九年寅八月願之扣」

造作御願
大佛本町通拾町目
百性　忠右衛門

（絵図）

右絵図之通百性忠右衛門所持之屋敷地、表口六間半七寸、裏行弐
拾五間之所、墨引之通建来候処、居宅ハ其侭指置、南之方借屋造
作仕度奉願候覚
一居宅南之借屋表口弐間半七寸之所、間半入口ゟ南へ隔（格）子有来候ヲ、
見世取付ケ申度奉願候
一同所土間之所、床を張申度奉願候
右之通奉願上候、御制禁之作事不仕、隣家合壁境目水吐等何之障も
無御座候、普請出来次第早速御訴可申上候、御見分之上、万一相違
之儀御座候ハ丶、如何様共可被為　仰付候、以上
享保十九年寅八月十七日　大佛本町十町目
願主百性

忠右衛門
北隣百性　五郎右衛門
南隣　藤屋藤兵衛
年寄　江戸屋清兵衛
御奉行様
（裏書）「大工甚左衛門書之」

2846　享保一九年（一七三四）八月　家普請願書

（端裏書）「（朱筆）「家造作願」
大仏本町十町目
上　一札扣　百性　忠右衛門
享保十九年寅八月願之扣」

奉指上一札之事

一大佛本町通十町目百性忠右衛門屋敷地之内普請之儀、絵図書付を以奉願候通相違無御座、勿論御制禁之作事、且又博奕宿・遊山所・遊女宿幷茶屋・旅籠屋体之儀堅ク仕間敷旨申上候ニ付、普請御赦免被　成下難有奉存候、若相背候ハヽ、右之家屋敷御取上、此判形之者共如何様共越度ニ茂可被為　仰付候、其節一言之御願申上間敷候、尤普請早速取掛、出来次第御訴可申上候、無拠差支等ニ而造作遅り（ママ）候ハヽ、年々十二月ニ其品御届可申上候、勿論追願御取上無御座、重而可相願筋ニ候ハヽ、最初御願申上候普請出来御届申上、御見分之（ママ）相済候上、造作御願可申上之旨、且又普請致懸候中、無余義品ニ而追願等仕候ハ者、御吟味之上、可被為　仰付候旨被　仰渡奉畏候、若相違之儀御座候ハ者、此判形之者共如何様とも可被為　仰付候、為後日之一札仍而如件

享保十九年寅八月十七日　大佛本町十町目
願主百性　忠右衛門
北隣百性　五郎右衛門
南隣　藤屋藤兵衛
年寄　江戸屋清兵衛
御奉行様
（裏書）「大工甚左衛門書之」

2848　宝暦一二年（一七六二）一二月　家普請願書

（端裏書）「宝暦十二年午十二月十日願之扣
大佛本町通十町目
上　普請御願　願主　百性　忠右衛門」
ひかへ
家建直御願
大佛本町通十町目
願主　百性　忠右衛門

（絵図）

右絵図墨引之通私所持之屋敷地ニ居宅幷借屋建来候処、此度朱引

之通建直し申度奉願候覚

一表口六間半七寸之内、居宅表口四間、奥行六間ニ仕、表ニ間半ニ四間之瓦庇格子見世入口等付、居宅中之まニ押入仕、裏之方間半ニ四間之板庇椽戸袋口等付、北之方境ニ東西弐間之高塀懸ケ、裏口南之方ニ間半ニ壱間半之湯殿・雪隠・小用所瓦葺ニ仕、建底南之方之上ニ壱間之連子窓、同裏口南之方ニ五尺之連子窓、明屋ねニ而五尺ニ三尺之煙出仕、居宅表之方二階張、壱間之むし子弐ヶ所付瓦葺ニ仕、建直シ申度朱引之通奉願候

一居宅南之方借屋表口二間半七寸、奥行四間五尺ニ建、表ニ間半ニ二間半七寸之瓦庇見世入口等付、表入口之内北之方ニ間半ニ弐間之板ま仕、南ニ而六帖弐まニ仕、裏口之南之方ニ壱間之連子窓付幷裏南ニ而五尺四方之雪隠壱ヶ所建、右何れ茂瓦葺ニ仕、居宅之屋根と棟違ニ仕、建直し申度朱引之通奉願候

右絵図朱引之通建直申度奉願候、尤右之外御制禁之作事不仕、隣家合壁境目水吐等何之障茂無御座候、普請出来次第早速御訴可申上候間、御見分之上、万一相違之儀御座候ハヽ、如何様共可被為　仰付候、以上

宝暦十二年午十二月十日　大佛本町通十町目
午五人組
願主　百性忠右衛門（印）
南隣　藤屋藤兵衛（印）
北隣　大工五郎兵衛（印）
年寄　与三兵衛（印）

御奉行様

第四節　今村家の聞き取り調査

二〇一〇年七月一一日の今村家文書研究会において、今村家ご当主の今村壽子氏から聞き取りを行った。この記録は、その内容をまとめたものである。重光豊氏の司会により、同日午前一〇時から一二時過ぎまで、ひと・まち交流館京都の会議室で行われた。

この聞き取りは、今村氏ご自身が作成されたレジュメの内容を中心に行なったが、文章化にあたっては、今村氏の助言を得て一部省略したり修正を加えた箇所もあることをお断りしておく。記録は、秋元せきが担当した。

○司会　今日の研究会では、今村家ご当主の今村壽子さんのヒアリングを企画しました。これまでの研究会で文書を読み解いたり、意見を交わしたりするなかで、文書・記録には直接は出てこないことも含めて、今村さんご自身からお話しをうかがって、ひとつの記録としてまとめておきたいということです。今村家のことはもとより、周辺の地域の歴史にかかわって、地域に伝わる行事や伝承、これまでに経験されてきたことなどを、じっくりお伺いしたいと思います。それでは、今村さん、よろしくお願いいします。

○今村壽子氏　いつもは、その時に話題になったことなどを断片的にお話しをしていますが、今日は、今村家と地域の昔のことについてお話しをさせていただきます。

1　今村家の生き方

はじめに、私が幼い頃から母から教えられてきたこと――今村家の生き方といっていいと思うのですが、これについてお話しをさせていただきたいと思います。

まず、（1）質素・質朴につとめること（ただし必要な時はやるべきことはやれるよう常に考える。状況を判断して、生活にメリハリを）ということです。次に、（2）物より心を大切にすること（お金で買えないものを第一に考える）。あたたかさ・謙虚さ・誠実さ・品格・自尊心・信念をもつということ。

このほかに、（3）常に自分の行動を戒め、易きに流れないこと、自ら挑戦する態度をもつこと、相手に不満や納得できないことがあれば自らぶつかり解決すること、（4）自己誇示をせず行動に責任をもつこと、（5）祖先や家長を敬い大事にすることです。

また、（6）人に動いてもらう（働いてもらう）には、家人が率先して動く（働く）こと、働く人の気持ちを考えることが大事なことだと母から教えられてきました。例えば、工事で人が出入りされる時は、休日の早朝であろうと、来訪される前に身だしなみを整えて、気持ちよく迎えるのが当たり前と考えています。

2　今村家の年中行事

つぎに、家の年中行事についてお話しをしたいと思います。

（1）正月の神事・仏事

「お正月」の神事・仏事からお話しします。天照大御神様・歳徳神様・神の棚様・日天様・木火土金水様・およじ（便所のこと）の神様など十か所位の神様にそれぞれ鏡餅と橙と雑煮をお供えし、朝夕灯明をともします。仏様にも同様のものを供えます。

鏡餅と雑煮は、三箇日毎朝お供えします。また、二日の夕方は白飯と大根なますを備えます。お供えは、何れも大小の折敷に三個ずつかわらけをのせて、そこに雑煮や白飯を盛ります。鏡餅は大小の三方に飾ります。これは近年は少し省略したところもありますが、ほぼ継続しています。

雑煮は白味噌仕立てで、中には頭芋・大根・ごぼう・餅を入れています。碗（家長は紋付きの碗）に盛り付け、削りたてのかつを節を振り掛けて祝います。また、三種（数の子・ごまめ・たきごぼう）を盛り付けて、雑煮に添えます。

このほかにも、お屠蘇は無論のこと、お煮しめ、黒豆煮、重詰めをいただくのが習わしです。

（2）七日正月

七草粥は前日から用意しておきます。前の日に自宅の裏庭に芽生えた七草を摘んでいました（これは現在は購入しています）。夕方にゆでて、まな板に種類別に並べ、まな板の両端に長火箸（かまど用）とすりこぎ、包丁を置きます。飾り付けられたまな板を古い方のおくどさんにお供えし、「とーんど　とんど　となりのとりは…」と囃子ながら、そのリズムに合わせて、火箸・すりこぎ・包丁をまな板の上で上下にうごかします。

七日の朝、前日準備した七草を刻み、七草粥を作り、前述の各神様と仏様に供えます。

それから、これは言い伝えなのですが、七草のゆで汁に子供が両手の指先（爪）を浸けると、親の死に目に会えると言います。私もずっとゆで汁に指を浸けてきました。

（3）一月一五日（小豆正月）

一月一五日には、小豆粥を炊いて、前述（1）と同様の神様と仏様に供え、家族で祝います（粥の中には小さな餅も入れる）。また、昭和初期頃までは、一月一五日に町内でどんど焼きも行ったと聞いています。

（4）節分

この日は一升枡に豆を入れ、まず歳徳神様にお供えをし、その後、枡の豆を前述の各神様・仏様にお供えします。お供えが済むと今度は、「鬼は外、福は内」と言いながら、家の中や庭に、当主が豆をまきます。

その後、家族はそれぞれ自分の年（数え年）よりも一つ多い数の豆を食べ、家内安全と健康を祈願します。

（5）藤森まつり

五月五日（昭和二三年頃までは六月五日）のお祭りの日には、せいろでおこわを蒸し、正月同様の神仏にお供えをします。おこわは、一つの折敷にかわらけ三枚を並べて盛りつけます。折敷の両側には、自宅庭の葉菖蒲とよもぎを一組にして徳利に活けて供えます。さらに三方でちまき・柏餅を供えます。それから、床の間に、妙法院宮二品親王（堯恕）の直筆と伝わる「藤森弓兵政所」の軸をかけて、藤森様を祭ります。その前には折敷でおこわを供え、他の神々同様に徳利に活けた葉菖蒲・よもぎを両側に配置して、三方でちまきも供えます。

戦前には、自宅玄関口の軒に家紋入りの幕を張り、その前に高張提灯を掲げて燈を灯します（その提灯は真っ黒になっていますが現在も家にあります）。町の境にも、両側に高張提灯を掲げていました。戦後には、幕や高張は省略されて、家紋入りの提灯だけを軒の左右に灯すようになりました（近年は、提灯も省略しています）。

それから、家庭でつくる料理は、おこわ・手作りのさば寿司（残れば翌日焼いて食す）や、裏庭の蕗と生節の煮物、鯛のつくりや焼き物、出し巻等が主なものでした。間食にちまきや柏餅も……。今はどんな食材でも手に入りますが、戦争中・戦後しばらくは食材が整わず、一部だけで我慢した時期がありました。この日のお風呂は、菖蒲とよもぎ湯です。

また、戦前は「宵宮」も盛んで、夜店はお旅所である瀧尾神社を中心に本町通りの一橋小学校（現在の東山泉小・中学校西学舎）の西門辺りまで出ていて賑やかなものでした（藤森神社界隈は今も盛ん）。御輿・お練りの巡行も、戦前には御輿を担いでお練りも歩いて通られましたが、戦後の一時期にはトラックで通過した時期がありました。現在は再び人手で御輿が運ばれ、お練りが復活し、子供達による鼓笛隊も参加して雰囲気を盛り上げています。

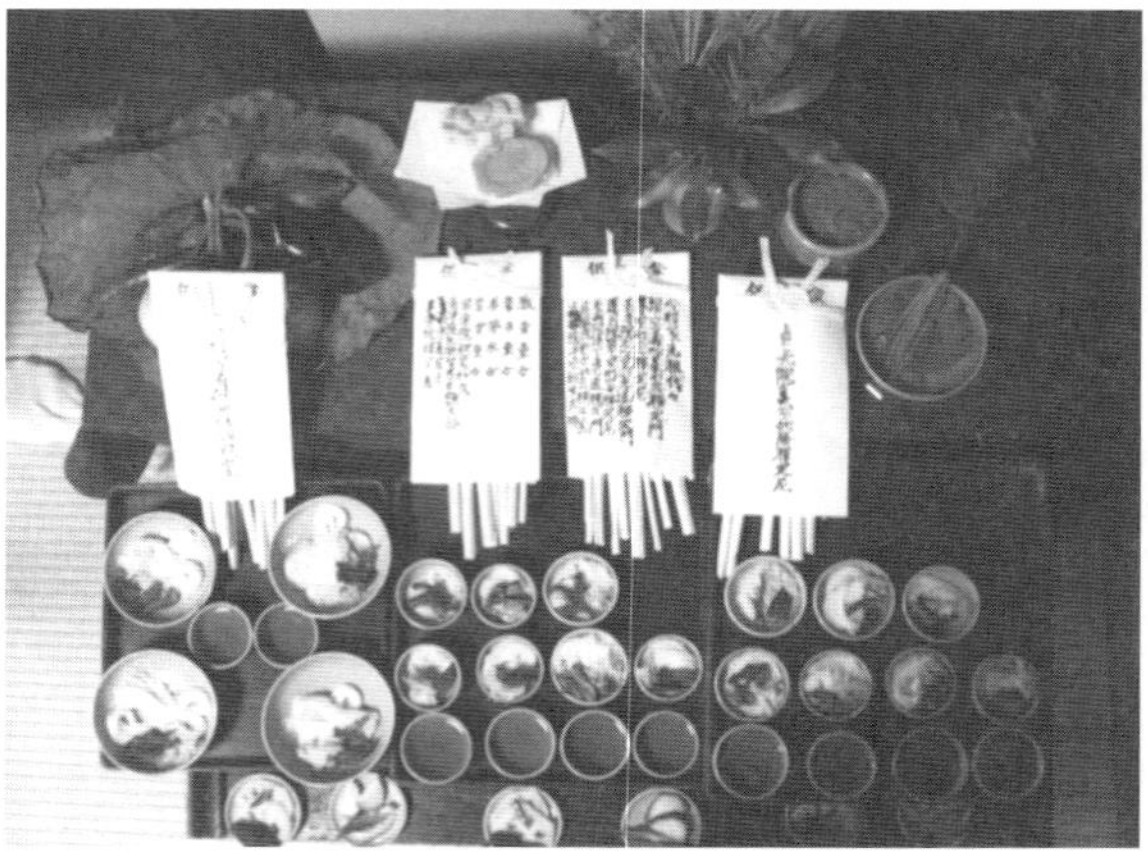

写真23　御霊膳

写真22　盆行事のお供え

（6）盆行事

毎年八月に入ると盆行事が始まります。二日から四日にかけては、山（地蔵山）の墓地と菩提寺（浄心寺）境内の墓地の墓参り、七日から一〇日にかけて、六道参りがあります。六道参りでは、水塔婆に先祖の戒名を書き珍皇寺へ持参します。迎え鐘をついて、水塔婆に線香の煙をかけ、お地蔵さまの前にある塔婆の納所に並べて、戒名を唱えながら水向け用の真木で水を手向けお参りをします。以前は、帰りに珍皇寺の境内の出店で、盆用の真木とみそ萩を買って持ち帰り、盆まで井戸水に浸けておきました。現在は、時代の変化で、行きつけの花店で盆前に購入しています。

一二日から一三日の午前に、お精霊様を迎える準備をします。まず、仏壇と仏間の掃除、仏具・仏膳等の準備をします。麻木で箸を二〇から三〇本ほど作り、戒名を書いた三枚の箸紙に分けて入れます。

それから、仏花（樒・真木・禊萩・蓮の花入り）と、お供え用の精進食材の準備をし、仏壇の中と仏壇の外側の二か所に飾り付けをします。仏壇の外側には長方形の机を置き、敷物をかけて、その上に、①蓮の葉に盛った野菜・果物、②盛り物台に盛った蓮の紋菓子、③盆用仏花・蠟燭立て・線香立て・水向けを添えた水鉢を供えます。

ここまで準備を整えて、一三日の夕方から、お精霊様を迎えます。まず、先祖の戒名が書かれた家系図の掛軸【写真22】を仏壇前に掛け、それから精進膳のお供えをします。

お供えの仕方は、次のようなものです。【写真23】長方形の机に正方形のお膳を三脚並べ、うち二脚には陶器のミニ碗を一一個ずつ並べます。もう一脚には大きめの碗（無縁様用）を四個とミニ碗二個をセットします。そして、二脚のミニ碗は上二段にご飯、下段に精進料理を盛り付けます。もう一脚の膳には、ご飯を大きめの碗四個に、精進料理をミニ碗に盛り付けます。

それから、お供えメニュウを紹介します。

一三日……自家製手作りおはぎ……碗のサイズに合わせた大きさのおはぎを作る。

一四日……白蒸しのおこわを蓮の葉で巻いて供えるのが本来の習わし。戦争中以後、白飯に変更。おかずは以前から高野豆腐・湯葉・椎茸・野菜類等の煮合せと香の物。

一五日……朝は白飯と煮物・香の物等。おやつにスイカ又は白玉団子等夜は冷やし素麺（具は椎茸・湯葉・花麩等）。

一六日……朝、白飯とあらめ・揚げ豆腐の煮物及び香の物など。

いずれの日も、食後のお茶は必ず供えます。一六日の朝まででお供えは終わり、戒名の軸や飾りは片付けます。以前は盛り物を近くの疏水に流して送っていましたが、現在は近くのお寺へ、供えていた供花・盛り物と一緒に送ります。

一三日夕食から一六日の朝食までの間は、家族の食事も精進料理になりますが、これは現在も実行しています。

3　本町通りの変容

（1）明治以前の本町通り（伏水街道）

本町通りは伏水街道とも呼ばれ、明治以前は奈良や中書島方面から京の中心街に通じる幹線道路で、旅人の往来も多かったといわれます。そのため、五分程度で食事を用意したという「五分家」の屋号の家が今だに残っています。最近まで営業されていた昔からの駄菓子屋さんでは、「旅人のために昔は藁草鞋を置いていた」とのことで、その面影が忍ばれます。

また、本町通り（伏水街道）は稲荷神社の門前町としても栄えたようで、近くの笹で作った「菅谷笠《すげたにがさ》」や「伏見人形」等々の店も多くあったそうです。

それから、現在は暗渠になっている「一の橋の谷」（この谷の北側が愛宕郡、南側が紀伊郡）沿いには鳥料理のお店もあり、私の幼い頃まで谷の景色を眺めたらしい欄干のあるお部屋が残っていました。

伏水街道の辺りは水が良質なことから、酒造のお宅もちらほらあったようで、今もその面影が残っています。

明治以前、幹線道路であった本町通りは、御寺泉涌寺に近く、天皇崩御の時は十丁目以北の本町通りを通って御寺に入られた道です。日常的にも御所等への行き来に身分の高い方々が通られるので、家々の二階から覗かないように「中二階」や「虫籠窓」様式になっている建物が多かったのではないかと思います。

琵琶湖疏水や京阪電車が開通する以前、学校ができる以前の本町通り周辺は、藪や田畑など農地が多かったそうです。私の幼い頃には、親しいお家に対して、「種長さん」など屋号で呼ぶことが多かったことを記憶しています。

昔あった「一ノ橋」の南西側に寶樹寺があります。別名橋詰堂とも呼ばれ、常盤御前が大和へ逃れる時に、雪を避けて休まれたという「雪よけの松」跡があります。街道沿いらしい逸話ですね。

江戸期には、今の一橋小学校（二〇一四年四月より東山泉小・中学校西学舎）北側と浄心寺との間の辺りに「柿ぞの図子」があり、当時有名であった歌人で、俳人の松永貞徳（一五七一～一六五三）の邸宅があったと伝わっています。現在は図子はありませんが、同校の西北に松永貞徳の碑が建っており、毎年一一月には、学校やPTAが中心になって「貞徳祭」が行われています（二〇一〇年時点）。

（2）明治以降の本町通り

明治以後、東海道線の開通により、九丁目で本町通りが遮断され京阪電車も走り出すと、次第に本町界隈（特に九丁目から十丁目）は人通りが少なくなっていきます。それでも、私の幼い頃（戦前）は九丁目に、お米屋の店構えが残るお宅や、塩屋・豆腐屋等がありました。

十丁目には、駄菓子屋・酒屋・葬儀屋・竹屋・糸屋・米屋・医院・産婆業・寺・電気屋・靴屋・仕出し屋・郵便局・たばこと文具屋・八百屋・質屋・風呂屋・うどん屋・畳屋等があり、今よりは賑やかでした。

しかし、第二次大戦中に廃業されたところもありました。戦後も新幹線開通のための取壊しや、時代の変遷で様子は大きく変わってきています。

4　今村家について見聞きしたこと

（1）由来

先祖は愛知県碧海郡の今村より上京してきたそうです。今もその地に、同じ家紋（上がり藤に市松紋様）【写真24】の今村家があれば、そこが本元だろうと思います。

今村家がいつ頃、どうしてこちらに来たのか正確なことは分かっていませんが、今村家が東山に居住し出した初期の頃、現在の住居より東南に当たる所――現在の瀧尾神社のやや北東――に、今村城を作っていたと伝え聞いています。しかし、そこが火事に遭い（原因は未詳）、現在の場所に移り住んだということです。――今村家は京都へ来た後、明智光秀の方にも多少の関わりがあり、大山崎にも今村城があったとか。大山崎からこちらへ来る時に閻魔さんを持って来て、浄心寺に預け、代わりにいただいたのが、現在今村家の

写真24　今村家の家紋

仏壇の中に居られるお地蔵さまであると伝わっています。

（2）妙法院との関係など

先祖である慶満の長男は妙法院の寺侍となった人で、三男は泉涌寺山内の来迎院に入道しました。慶満の二男が私の先祖で、代々庄屋を勤め、忠右衛門を襲名しました。

今村家は妙法院に仕えたり、庄屋を勤める一方で農業を営んでいました。田畑は自宅のすぐ西（現在の京阪電車京都線の辺りから以西及び鴨川の西方）にあって、自宅近くには茶畑があり、ほい炉も行っていたそうです。他の農作物もあり、自宅の裏には今も納屋が二つ残っています。

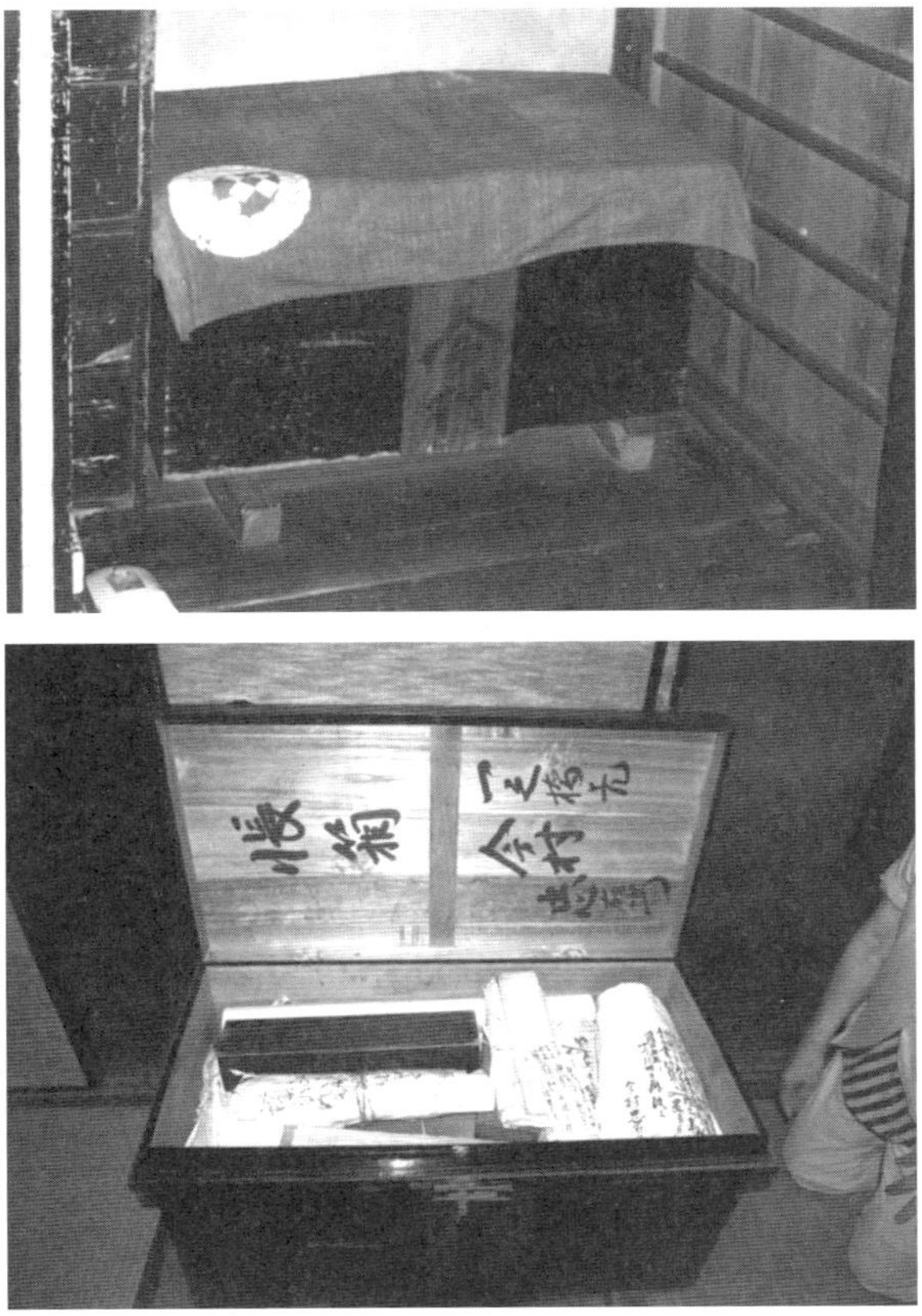

写真25　今村家に伝来する古文書と文書箱

（3）母から教えられたこと

古文書にも思い出があります。「（今村家は）庄屋をしていたからその時の文書が中二階の長持ちに一杯ある。それは『家の宝』である」と子ども時代に母から教わっていました。私はときどき、暗い二階で古文書を母から見せてもらったことを覚えています。

それから、「人に言ってはいけないこと」。私が小学校低学年の頃だったある日、母から我が家の話を聞いているうちに、「あまり人には言えないけれど、家はもともと明智光秀についていたの。外で言ったらだめよ」と、普段は合理的で理屈っぽい母が大真面目な表情で話したのです。私はその母の言葉を本気で受けとめ、広言しませんでした。今村家の先祖はこの言葉を代々受け継ぎ、当時の権力者から身を守って来たのだと、いまはその重みを改めて感じています。

もう一つは、「いで川」のこと。今村家の西南方向（現在、三洋化成工業KKのあるところ）に精米業を営む家（伊藤庄兵衛）があり、その水車運転のために、疏水の少し東側を塩小路通りから八条通りまで（疏水一之橋より東辺り）の間に「いで川」が造られていました。私が幼い頃には、もう水車は使われていませんでしたが、「いで川」は流れていて、要所々々に橋代わりの飛び石が並べられていました。丸物百貨店や京都駅・須原通り方面に行くとき、母は飛び石の所をよく通りました。そして、まだ幼かった私が一人でしっかりと渡り切るのを見守っていたものでした。この川は、新幹線の整備の時にほとんどなくなってしまいました。

（4）忠次（忠右衛門）と桜田儀兵衛さんのこと

忠次（忠右衛門）は、私から遡って五代前の先祖にあたります。忠次は課せられた役割や、家業をこなす傍ら、今村家のこれまでの資料や文書・系図等の整理や保管にも力を注いだ人であったことがうかがわれます。非常に厳格な人柄であった一方で、冷静かつ統率力も豊かな人だったようです。お墓も、地蔵山にある今村家の墓の中で一番立派なものになっています。今村家の関係者は敬っていたように思います。

晩年の忠次（忠右衛門）について、家族から聞いている話のなかで強く印象に残っていることがあります。それは、「おじいさんは、目が覚めたらいつも『役場・役場』と言って出て行った」「役場のことばかり考えていた」という、忠次の姿です。この話は祖父から聞いただけでなく、母からもよく聞かされました。

忠次は晩年に、図らずも柳原庄の大変革期と出会います（町村制施行にあたり、紀伊郡に編入され、柳原町となる）。これは想像ですが、忠次の心の中には、引継ぎに向けての責任意識や引き継いで下さる方々への願い、自分が役目を終えて、人々や任務と別れることの淋しさが交錯していたのではないかと思っています。

桜田儀兵衛さんとの関係については、特に、町村引継ぎの時期にはいろいろ交流があったように推測されます。忠次が桜田さんのお宅へ伺ったらフワフワしたお座布団で、暖かなおもてなしをしてくださったとのこと。「桜田儀兵衛さん」は立派な方で、地域にいろいろ尽力され、それを讃えて碑を建てようという話があがり、それが実って高瀬川沿いに碑が建てられたのだと母からよく聞いていました。それから後に（私も大人になってからのことですが）桜田儀兵衛さんの顕彰碑の前で佇んで思いを馳せたことを記憶しています。

私の想像ですが、忠右衛門は、周りの人々に思いを寄せる「桜田さん」のお人柄に惹かれていたのではないかと思います。そして人々のために尽くした方だったからこそ、後世の今村家にも伝わっているのだと思うのです。

○司会　長時間にわたってお話いただき有難うございました。

第三章　幕末の加茂川筋改造と柳原庄

解　題

柳原庄の人びとは、安政三年（一八五六）以後、加茂川筋の御浚い御普請をきっかけに、堤や用水の普請、あるいは水車の取り建てといった、加茂川筋の改造に邁進していく。本章では、それらに関する史料を紹介するとともに、人びとが普請費用の工面に苦心していたことを示す史料も収録した。

近世前期以来、天井川化が進行していた加茂川では、弘化三年（一八四六）から嘉永五年（一八五二）にかけて、洪水が頻発するようになり、とりわけ嘉永五年の大洪水は甚大な被害をもたらした。安政三年の御浚い御普請は、そうした水害に頭を悩ましていた川筋住民の要望に応えたものであり、当該事業に着目した歴史研究は戦前以来ある（最近では、牧知宏「近世後期京都における災害対策と都市行政――安政三年（一八五六）加茂川土砂浚を事例に――」『歴史都市防災論文集』一、立命館大学歴史都市防災研究センター、二〇〇七年など）。今村家文書にも関連史料は多く残されており、本章ではそのうち、浚渫事業の実施以前におこなわれた事前調査〔1698、1685〕、および川浚いの結果、新たに「堤敷」や「川敷」となってしまった潰れ地に関する史料〔123、2001〕を掲載した。

一方、こうした御浚い御普請の関係文書以上に多く残されているのが、同普請以後、次々と実施されるようになる、諸種の加茂川筋改造に関連する史料である。たとえば、まだ御浚い御普請が進行中の安政三年六月には、早くも、七条通以南の加茂川東岸にあった東台用水への水掛かりが悪くなったとして、五条橋東岸に新たに井関を設け、そこから東台用水まで引水したい旨の願い出がなされており、御普請の現場役人だった京都町奉行所与力・平塚表十郎（表次郎〔瓢斎〕カ）らが見分に赴いている〔1736-1・2〕。さらに同年一二月には、東台用水の付け替え普請を願い出、町奉行所の許可を得ないまま着工したことを咎められながらも、翌四年（一八五七）閏五月には竣工した〔1737〕。

それから約半年後の安政五年（一八五八）正月、今度はその東台用水を用いた水車の設置話が持ち上がってくる〔1815～1818〕。地元柳原庄としては早くから設置に対して容認の姿勢をみせていたが、町奉行所や関係領主（妙法院、知恩院、佛光寺、角倉鍋次郎）への許可申請や見分の手続きで手間取ってしまい、そうこうしているうちに安政六年（一八五九）一一月、今度は東台用水からの新規分水工事が進められることになったため、水車についても、あらためてその分水に設置することとなり、結局、当該水車が完成したのは万延元年（一八六〇）四月のことであった〔122〕。水車願人の長沢屋が、着工にいたるまで二年近くも粘り強く待てたのは、それだけ水車業が儲かる見込みのある商売だったからであろう。御浚い御普請の際、水車人が普請人足一〇〇人分の賃銀の提供をかって出たり〔1685〕、堤普請費用について水車人に特別な経費負担が求められた背景にも〔2221-1・2〕、そうした水車業の、川筋からの受益の仕方に対する、地域住民の独特な考え方が横たわっていたに違いない。

このように柳原庄の人びとは、安政三年以後、加茂川筋の改造にせっせと邁進していったが、一方でそのときの費用捻出は、人びとの悩みの種ともなっていた。とりわけ、御浚い御普請後も止まなかった堤切れに対処するため、「村弁」で実施することとなった堤普請については、その経費の工面に相当苦労していたらしく、領主の妙法院へ年貢減免を願い出たり〔1998〕、その妙法院から手当銀米の下付をうける一方〔2108〕、年賦仕法をたてながら、本町通十丁目をはじめとして、諸方面から普請入用銀を村借りしていた様子が知られる〔2231、2383-1・2〕。また今村家文書には、上巻第四章で詳述される銭座跡村・同出村に関連する幕末の勘定帳類が多く残されているが、実はその大半は、本章で収録した慶応元年の勘定帳〔2383-1〕のごとく、堤普請入用の年賦仕法とも関連するものである。幕末の銭座跡村・出村を理解するためには、本章であつかった加茂川筋改造の問題もふまえなければならないことがわかろう。

このほかにも今村家文書には、川筋の絵図〔1751、1756など〕や、借金返済がらみの史料〔2361など〕、あるいは川筋絵図を作成した絵師からの請求書や領収証〔1944など〕など、幕末の加茂川筋改造をめぐるさまざまな史料が多数残されている。それらを一つずつつなぎ合わせていけば、従来着目されてきた安政三年の御浚い御普請のみならず、これまでほとんど知られてこなかった、御浚い御普請「後」の川筋世界の様子を、より生々しく描き出すことが可能になってくるであろう。

第一節　安政三年の加茂川筋御浚い御普請

1698　安政二年（一八五五）九月　川浚一件ニ付手続留

（表紙）
（安政二年）
「卯十一月廿日ゟ
川浚一件ニ付手続留
」

就御尋口上書

大佛柳原庄

一当庄領之内川筋サ（長脱カ）六百五十五間
此町数積り拾町五十五間
一川巾六拾間、深サ平均三尺浚積り
此本坪壱万八千九百六拾坪
一同領之内田地潰れ申候、此反別弐町弐反三畝程
此高三十八石余弐（ママ）升弐合四勺
外ニ
当庄領之内川筋北境ニ而、有巾五十三間四尺程御座候、右ニ付六拾間巾ニ不足仕候、東者建家限り、西ハ町分道石垣限り
同領之内川筋東側ニ而、音羽川より南江七条通迄、建家地御座候、此場所之内六拾間巾ニ所々不足仕候
同領之内川巾六拾間ニ仕候へ者、前書積り書之外ニ堤敷入用ニ御座候、此反別凡壱町七反程之積り御座候
右之通御座候、以上
卯九月廿日　大佛柳原庄

〆
惣間六百五十五間
此町数拾町五十五間
巾三拾間、深サ三尺浚之積
此坪数九千八百廿五坪
右之内ニ、東福寺領一ノ橋境ゟ唐橋通迄、南北四十六間之処、入境ニ付、当方積りニ入候
此坪数（空白）
〆
十二月三日
大黒町大伝江面会ニ而、左ニ承候
先年村々ゟ人足出方之儀ハ、先年教諭所ゟ諸勘定万端引請、尤金子則人足賃銀を相廻し、其融通を以右人足相勤励可申旨ニ御座候、然ル処此度者無其儀候故、所詮右東御役所江申上置候通之人足より出不申旨、則書付ニ而奉申上置候
依而此後者村々之了簡ニ相任せ可被申旨、右大伝ゟ演説在之申事
如此始末ニ付、先日之人足心配ニ不及候事

1685　安政三年（一八五六）正月　川筋用留書

（表紙）
「安政三辰年正月
留書
川筋用ニ附　」

五条橋下
一浚長三百間　（但七条通迄之内歟）平均深弐尺・横廿八間

此坪弐千八百坪
三条橋上ルゟ五条橋下七条通迄
合壱万千弐百拾壱坪七合
浚撰分持運三口分可認
但運賃仕法壱丁之積り
附洲浚堀割切揚荒石撰分持運共壱人ニ付
一七条通ゟ八条通迄　浚長三百四拾間　平均深弐尺・横三十間
此坪三千四百坪
片側間五間ツヽ
一八条通ゟ東洞院通下迄　浚長千四拾間　平均深弐尺・横廿間
此坪七千六百坪
但浚切揚堤之内低場江持運壱坪ニ付
但持運道法壱丁之積
一八条通下　切揚長八拾間　平均横五間・高三尺
此坪弐百坪
一妙法院宮領東縁　堤上置長弐拾三間　平均高三尺・横弐間
此坪廿三坪　間ニ壱坪ツヽ
川中浚川縁切揚右砂を以築立候積り
一同所続下　同長弐百五拾七間　平均高弐尺・間六尺・中敷弐間
此坪百廿八坪五合　間ニ五合坪
同所下築長同断　平均高七尺・横七尺・右同断
此坪三百四十九坪八合

間壱坪三合五勺弐才八五
一八条通下ゟ高瀬川迄　堤上置長三百七拾六間　平均高弐尺・間六尺・中敷弐間・右同断（ママ）
此坪百八拾八坪
間五合坪
同所下築長同断　高弐間・横九尺・右同断
此坪千廿八坪
間弐坪七合三勺壱才五弐
一西縁七条通下　堤上置長八拾間　高三尺・巾弐間・中敷弐間半
此坪八拾坪
間壱坪ツヽ
一同長五百六間　高弐尺・間九尺・中敷弐間半
此坪三百三拾七坪三合
間六合六勺六才三〇四
川中浚川縁切揚右砂を以築立候積り
同所下築長四百弐拾間　高六尺三寸・横壱丈・同断
此坪七百三拾五坪
間ニ壱坪七合五勺
一柳原庄八条通上ル西縁　堤操返シ長百弐拾間　平均高八尺・間六尺・中敷五間
但横弐間操返築
此坪四百八拾坪
内百八拾坪有土引
残坪三百坪
右西側之分

同所東縁
一坪操返シ長百弐拾間　平均高七尺・間四尺・敷弐丈五尺
　　　　　　　　　　　　　　　　　　　右同断
　此坪三百三拾八坪三合
　内百四拾坪有土引
　残而坪弐百三拾四坪三合
　　右東側之分

東堤七条通ゟ八条通迄
一浚三千四百坪
　　内千七百坪
一上置廿三坪
一同百廿八坪五合
一下築三百四拾九坪八合
　合弐千弐百壱坪三合

　八条通ゟ一ノ橋谷川迄
川真百七間之内南東ニ而東福寺領四十六間引
残而六十壱間　間ニ五坪ツヽ
三百五坪
合弐千五百六坪三合
　東堤七条通下ルゟ一ノ橋尻迄、土砂揚り坪積り
西堤七条通ゟ八条通続テ唐橋通迄此惣間数合
四百四拾間

内江
　浚千七百坪△
八十間之分
　上置八拾坪△
五百六間之内
三百六拾間　此分間ニ六坪七合余ツヽ
弐百四拾壱坪余△
下築七百三拾五坪△
八条通ゟ南ニ而切揚坪弐百坪△
合弐千九百五十六坪程

一浚上置下築共
土砂坪五千四百六拾弐坪三合
西　七条通ゟ南江唐橋通迄
東　同所ゟ一ノ橋尻迄之分

加茂川筋之内柳原庄
北境音羽川ゟ北江拾三間登ル
　但シ六尺三寸棹を以
(追筆)「正面通東側ニ而北江五十八間六尺登ル、同所西側ニ而北江六十九間半登ル、但シ六尺三寸棹也」
　此北境ゟ正面通迄　真間ニ而七拾三間
　正面通ゟ南江七条通迄　真間百四拾五間
七条通ゟ八条通迄　真間三百三十間

（追筆）
「但此真間者六尺棹之積り」
八条通ゟ南江唐橋通迄　真間百七間
但川筋真ゟ西寄ニ而唐橋通迄、真ゟ東寄ニ而一ノ橋流ゟ南江四十
六間、東福寺領入組ニ相成候、依之除候也
八条通ゟ一ノ橋流迄六十壱間、但六尺ニ而如此也

卯十二月二日　松尾様江書上申候
就御尋口上書
一加茂川筋之内柳原庄領北境音羽川上ルゟ川下モ唐橋通迄、并此内
七条通ゟ唐橋通迄両側堤際田地共、右御本所并高反別・御年貢共
取調書上ケ候様被　仰渡奉畏候、則取調、左ニ奉申上候
右御本所者妙法院御門跡様御家領
一反数合拾壱町九反拾九歩
川中并両堤際田地共
高合百三拾壱石八斗壱升五合九勺
御年貢三拾壱石六斗弐合
右之通御座候、依此段奉申上候、以上
安政弐卯年十二月二日　大佛柳原庄
庄屋忠右衛門印
同　参次郎　同
十一月晦日
松尾左兵衛様
津田正三郎様

右四ケ村江御見分之上、村々毎ニ川中并両堤際田地共、高反別・御
年貢共取調、早々絵図ニ而差出し可申上様被申渡候事
依早々取調候、前書之通書出候

明和八年卯七月二十五日御奉行様江絵図差上申候
大佛柳原庄北境ゟ南境迄両側堤ゟヨリ（マヽ）田地共
畝歩合八町三反四畝廿四歩
分米合百四拾弐石五斗壱升弐合三勺
妙法院御門跡御領柳原庄北音羽川上ル御領分境ゟ東九条村・東福
寺村境唐橋通朱引迄　南北惣数六百廿五間
北境川幅五十弐間　但シ六尺三寸棹
東側ニ而正面通ゟ北江境迄　五十八間六尺
西側ニ而正面通ゟ北へ境迄　六十九間半
南境唐橋通ニ而西之方東九条村領境ゟ東江堤を打越シ、川中ニ而
東福寺村領境迄　六十九間半
此処ニ而東側一ノ橋尻谷川ゟ南江唐橋通迄四十六間之間、東福寺
領入組、右谷川底ゟ西江拾六間半、西江出境也

十二月廿三日
西御役所様江書付差上候
乍恐口上書
一加茂川筋浚御小屋場御用ニ付、当庄領之内七条通ゟ八条通迄之内、
中程より上寄ニ而凡十四五坪程之荒地等無之哉御尋ニ御座候、此
義右場所辺ニ荒地等無御座候得共、御用之義ニ付、右場所辺ニ而

御差図次第如何様共可仕候、尤地料ニ不及候、就御尋此段奉申上
候、以上
安政弐卯年十二月廿三日　大佛柳原庄
庄屋忠右衛門
年寄平兵衛
御奉行様

四ケ村ゟ願書差上申候
十二月廿三日
一人足出方願書今廿三日奉差上、御預り之上、右書付御手元江差上
有之候事
〆

十二月二日　西御役所様江書付・麁絵図共を以奉伺候
乍恐奉伺口上書
一昨晦日御召出之上、加茂川筋柳原庄領之内八条通表ニ而川幅三
十四間有之候、依堤両側とも百廿間之間幅弐間ツヽ、操返、都合三
十八間ニ被仰渡奉畏候、右被仰渡之趣、右場所堤下地主共へ申聞
候処、右地主之もの共左ニ申聞候、東堤ニ而堤ゟ外へ生出シ候藪
地伐取申候へ者、両向ひ堤敷ゟ敷（ママ）迄三拾八間在之候間、此段恐不
顧奉伺度旨申之候付、麁絵図を以奉入御覧、乍恐奉御伺候、以上
安政弐卯年十二月二日　柳原庄
庄屋忠右衛門
堤下地主
甚右衛門
勘兵衛
権右衛門
御奉行様

（絵図）

乍恐奉願口上書
一当五月廿三日急水ニ而賀茂川筋出水仕候付、有形井手殊之外相埋
り申候、右ニ付而者此比聊茂流水無御座候、則賀茂川筋有形井手
筋少々斗掻浚仕候間、此段御聞済可被成候、依之此節之御普請中
之御手（事）ニ付、右井筋相埋申候ハヽ、其節々元会所江奉申上御差図
を請、村方ゟ掻浚可仕候、尤大業之儀者決而不仕候儀ニ御座候、
何卒右書面通り御聞[redacted]（届）可被成下候様偏奉願上候、以上
安政三辰年五月廿七日　柳原庄
庄屋参次郎
年寄（空白）
御奉行様

御泊り入用割
一廿九貫六百五十七文
此内拾七貫七百九十四文　本郷分
又　拾壱貫八百六十三文　上郷分
〆

六月八日
一茶わん惣数五十之内十弐不足、佐兵衛戻ス
　引残三十八箱共戻ス
〆
六月八日
一釜ふた共、一庄へ戻ス
〆
柳枝麁朶
一百四束　東側ニ有
一廿五束　松明殿ニ有
〆
六月五日　六日
一三人　一弐人
　〆弐十文　幸左衛門
六月八日
一弐人半　運送集人足
　六百廿四文
〆
六月七日
一みりん　五合取　キノ清
〆

乍恐口上書
一私義柳原庄領之内字八形下ト申処ニ蒙　御免を水車賃踏渡世相続
仕難有奉存候、然ル処近来《年》加茂川筋度々之洪水ニ付、度毎ニ水難
困窮仕居候処、此度御上様ゟ右川筋御浚御普請被成下候付、以来
者水難を相遁安堵渡世相続可仕儀与奉存難有仕合ニ奉存候付、乍
恐為冥加ト人足百人分、右壱人ニ付銀三匁と仕、合銀三百匁奉差
上度奉存候、此段口上書を以奉願上候、何卒右願之通御聞済被成
下候様奉願上候、以上

諸借もの夫々
六月八日取調返済候也
不足
一茶わん十弐不足　佐兵衛

123　安政三年（一八五六）一〇月　加茂川筋御普請潰れ坪絵図袋

（袋上書）
「安政三辰年十月
加茂川筋御普請ニ付、当庄領之内堤際田地、堤敷ニ潰れ坪数書并
麁絵図入
　城州愛宕郡
　　大佛柳原庄本郷扣」

2001　安政六年（一八五九）三月
加茂川筋御普請のため柳原庄潰れ地惣坪数覚

覚
（安政三年）
去々辰年五月、加茂川筋御浚御普請ニ附、当庄領之内堤筋御切場御

築立ニ附、堤敷・川敷ニ相成潰地惣坪数、左ニ御座候
合三反六畝余
此地代銀五貫七百匁程
但此銀、村弁ニ而惣村高江割附弁銀仕候
右御年貢米三石七斗余、毎年村弁ニ相成候
右之通御座候、以上
（安政六年）未三月

第二節　東台用水の普請と水車の設置

1736—1・2　安政三年（一八五六）六月　東台用水普請諸事留帳

（表紙）
「安政三辰年六月
柳原庄領東台加茂川掛り用水之儀ニ付、当辰六月廿七日奉願、廿八日場所御見分手続、此度
御公儀様ゟ川筋附浚御普請中之御場所江井関奉願、右書付扣　」

乍恐奉願口上書

一当庄領之内加茂川筋用水掛り、七条通ゟ南ニ而川筋東西ニ相掛ケ、立毛養方相続仕来罷在難有奉存候、然ル処川東台用水之儀、当五月廿三日急水後、水掛り悪敷用水相掛り不申候付、川上松原下ル東縁ニ而在来水筋を堀浚奉願、其筋ゟ此庄迄用水相掛ケ、立毛養方相続仕難有奉存候、然ル処其後天気続キニ而追々水相減シ、今両三日之処少シ茂水掛り不申候、依之養水ニ必至与困窮仕候ニ付、乍恐麁絵図之通、五条下ル東縁ニ而在来水筋之内を堀割、御敷石ゟ凡三拾間余南之方ニ而井関相懸ケ申度、右ニ付当時流水を井関相懸ケ、水掛り之模様を見合せ、五分通り東台用水ニ相懸ケ申度、残り五分之流水者、川下モ七条通ゟ壱町半程南之方ニ樋壱ヶ所有之、川西台之用水ニ相掛ケ申度、右ニ付東西共同領之儀ニ而分水仕、領内養方仕候上、其水末者段々他領江相懸り用水ニ相成申候付、外ニ差支故障筋者一切無御座候、依而奉願上度、然ル処　御普請中御場所江右奉願上候義者深ク奉恐入候得共、小前之者共ゟ歎出申候付、恐不顧此段奉伺候、何卒御慈悲を以右願之通御聞済

被成下候ハヽ、立毛相続村方一同如何斗歟難有仕合ニ可奉存候、
以上
　安政三辰年六月廿七日　　柳原庄
　　　　　　　　　　　　　　庄屋忠右衛門
　　　　　　　　　　　　　　年寄平兵衛
　御役人中様

（絵図）

元会所江
如此書付を以奉願上候処、今廿七日七ツ時分ニ、五条ゟ下モ七条通迄之御場所御役人平塚表十郎様、喜多尾平次様、津田正三郎殿、川筋三条下ル処ニ御出被成、元会所ゟ村役共江茶番付添、右御出役場所江罷出申候処、右御下知左之通、右願ニ付、明廿八日朝明ケ六ツ時ニ見分ニ罷越候間、村方ニ其心得可致旨被　仰渡候事
右ニ付、五条榎下都市町江休足所茶多葉粉盆用意可致旨伝達可致旨、津田正三郎殿ゟ御達被成候事
六月廿五日ゟ願書奉差上、段々御調之上、書付認直し差上、今廿七日夕如此被　仰出ニ相成候事
此願書、元会所江壱通差上奉願候事、然ル処廿七日夕、御会所ゟ茶番附添、村役共川筋三条下ル処ニ、平塚様、喜多尾様并津田正三郎殿御出被成、則御会所御聞済之上、右御場所付江村役共御廻しニ相成罷出候処、尚又夫々御聞糺之上、右願書、御会所表江奉差上候通り相認メ可差出旨被申渡、如此壱通奉差出候事
廿八日朝六ツ過ニ罷出居申候
与力
　平塚表十郎様　今廿八日五ツ時分御出、右願之場所御見分被成、
同心
　喜多尾平次様　右願書、麁絵図之通相違無之候事
雑色
　津田正三郎殿　右堀割并井関之場所間数御改被成候事
然ル処御見分之上被仰渡方左之通　是ゟ元会所江罷帰り、願之通相違無之、依而其段申上候間、村役人とも続而元会所江罷出候様与被申渡候、右者早々御聞済ニ相成候様申上可遣候、如此御申聞ニ依而、続而御会所表江罷出候処、御下知左之通、松村三吾殿ゟ承、今日八ツ時分ニ御奉行様当元会所江御出被成候間、其上無而者御下知ニハ難相成候旨御沙汰ニ依而、其侭一先ツ引取、同日八ツ過比罷出候、然ル処今八ツ時分御元会所江罷出候内、強夕立雨ニ而川筋少し俄水ニ相成候、然ル処今廿八日夕七ツ過時分御元会所ニ而、与力熊倉市太夫様御下知左之通
其方村領用水之儀ニ付、今日見分之上、則　御奉行江申上候処、無拠儀ニ付御聞届被成候、併御場所江右願立候儀ニ付恐入候哉、此段御尋被成候、依而書付之通御答申上候
如此ニ而用水之儀ニ付、御普請中御場所江堀割井関共御聞済ニ相成候事ニ候
今廿八日暮六ツ時分帰村いたし候事
廿九日早朝ゟ右場所江罷越、則井筋掘割巾上口六尺、長弐拾間割堀

揚、今廿九日・晦日両日ニ堀割井関共出来申候事
晦日朝
右出来届可致之処、晦日者自普請所堤出来之日限ニ付、西　御奉行
様御見分被成候付、早朝ゟ七条松明殿江村役共罷出居申候
同日夕、元会所幷御場所附御役人方共書付を以、右井関出来御届奉
申上候、左之通

乍恐御届口上書

一当庄領加茂川懸り東台用水之儀ニ付、御場所江井関相懸ケ申度段
奉願上候処、当六月廿八日御見分被成候、難有奉存候、然ル処然
ル処右堀割井関とも出来仕候ニ付、乍恐此段御届奉申上候、以上
安政三辰年六月晦日　　柳原庄
庄屋忠右衛門
年寄庄右衛門
御役人中様

如此御届書を以元会所江壱通奉差上候、御場所付御役人中様へ壱通
奉差上候、然ル処左ニ被申渡候、明朔日見分ニ罷越候間、朝五時迄
ニ右場所へ村役人共罷越居可申旨被申渡候事、但津田正三郎殿ゟ左
ニ被申渡候事
右五条都市町江御役人中御見分ニ被相越候間、例之休足所茶多葉
粉盆用意夫々調ひ置可申旨伝達可致旨被申渡候、依而町分江其段
申入願置候事、六月晦日晩

七月朔日　今朔日村役人共、六半時分ゟ場所江罷出、夫々見斗榎橋
等都合能取斗置候
今朔日四ツ半時分ニ御役人中様御出被成候
与力
平塚表十郎様
同心
喜多尾平治様
雑色
津田正三郎様
右今朔日御出之上、御敷石際ニ砂溜り在之候儀御尋有之候、此段
御答申上候事
御敷石東之方流水有之、此様子御尋被成候、是又御答申上候事
一然ル処右願之場所御見分被成候処、右願之通少しも相違無之ニ付、
無滞相済申候事
一然ル処御役人中様ゟ左ニ御申渡被成候、右者今日見済ニ候間、其
旨可存旨被仰渡候事
右之通ニ而、此度東台用水之儀、御普請中御場所江井関相掛ケ候儀、
如此始末ニ而用水相掛ケ申候事
右者此度井関之儀、何分御普請中其御場所江如此奉願候儀、不容
易義ニ候、依而手数心配多く候事ニ候、外ニ入用方者左ニ記置候

覚

一今朔日御見分ニ付、昼飯差上候、左之通
御役人
平塚様　　上中通り共壱人前三匁之膳分、下壱人前弐匁

喜多尾様　外ニ酒肴三ツ鉢位ニ而出し申候事
津田御氏
外ニ江戸御普請役壱人御見分之外御用ニ而右場所江御出有之
然ル処都市町ゟ右町役衆、右酒飯之節取扱、依之御役人御帰り後、
弐匁宛膳分五六人分差出し申候也
如此今朔日夫々取斗無滞相済候事

是ゟ元会所江御挨拶ニ罷出申候、左之通
乍恐口上書
一当庄領東台用水之儀ニ付、御場所江井関相懸ケ申度段奉願上候処、
先月廿八日御見分被成下、其後右場所江井関相掛ケ、右出来ニ付、
今日猶又御見分被成下、御蔭を以用水相掛ケ難有奉存候、依而乍
恐此度奉申上候、以上
安政三辰年七月朔日　柳原庄
庄屋忠右衛門
年寄庄右衛門
御役人中様

如此書付を以元会所奉差上候処、松村三吾殿御取次を以差出し候事
猶又同様平塚表十郎様、喜多尾平次様江奉差上候、右三条西橋詰右
橋会所ゟ五六軒北之方御下宿江忠右衛門持参候也
六月廿四日昼後ゟ右用水之方江罷出、廿五日・廿六日・廿七日三日
之間、書付相納り候迄、右掛り同心平川鉄蔵様ゟ用水ニ付、川筋水
之元ゟ水末迄夫々御聞糺之上、書付色々与認メ直し差上申候也、廿
四日ゟ七月朔日迄掛ル

右井関願ニ付、掛り御役人方江御挨拶向、左之通
七月八日ニ御礼ニ御挨拶廻りいたし候事
一百疋　元会所掛り
熊倉市太夫様　与力
一百疋　同断
平川鉄蔵様　同心
一五拾疋　同断
松村三吾様　雑色　右願ニ付取次
一三匁　同断町代
奥田佐兵衛殿　此町代右願ニ付取次、度々且色々
取成しニ付如此也
一当百弐枚　中座
亀吉殿
一同壱枚　茶番
壱人

右井関願付、御場所附御見分掛り御役人方江御挨拶向覚
一百疋　与力
平塚表十郎様　御場所附五条通ゟ七條通迄御普請所
一百疋　同心
御掛りニ而、右御見分被成下候事、
喜多尾平次様　依而如此
一五拾疋　雑色

津田正三郎様

〆

右者此度井関願ニ付、入用方不残七条水車佐右衛門より出銀為致候、尤此儀、佐右衛門義素ゟ承知之儀ニ而、無滞差出し申候事
勿論此外七月朔日出来見分之節、昼飯支度諸賄方とも不残佐右衛門賄ひ之事

然ル処

東台井筋之儀、此度加茂川筋附浚渫、右者御公儀様ゟ御普請ニ付、如何様ニ被仰付哉与内実者村役共儀心配罷在候処、難有御趣意ニ而、何等之御沙汰も無之、尤御場所附御役人中様ゟ　御奉行様江も色々御取成而、井筋之訳御申上被下候趣、則喜多尾平次様ゟ忠右衛門江其段御申聞し被成、忠右衛門急度承り候事、津田正三郎殿ゟも左ニ被申聞候、此井筋之儀者、右御普請ニ付而も不障積りニ候与、其段忠右衛門へ被申聞候事
右井筋之訳者、喜多尾平次様ゟ
御奉行様幷江戸表御役人宮田官太郎様、且御普請役安藤三之丞様、右夫々様江其訳を御申立被下候段、平次様ゟ忠右衛門江承候事
一右ニ付、井筋之儀者実ニ何等之御沙汰も無之候、此儀者村方ニおゐて急度大慶ニ可奉存候もの也

申四月十五日、此下書渡ス

乍恐奉願口上書

一当庄領東台用水之儀者、前々ゟ加茂川筋常水を以相続仕来罷在候《難有奉存》儀《候》ニ御座候、然ル処井関場所之儀ニ付、時々川瀬流レ之模様ニ随ひ、御支配所角倉鍋次郎様御役所江奉願、井関相掛ケ用水引取来候、然ル処当時井関掛ケ場所水掛り悪敷、用水不足仕困り入候付、有来井関者其侭ニ仕置、則有来井関場ゟ凡何間程下モ之方ニ而、用水足シ水ニ井関水掛ケ申度奉願上候、尤三尺斗竹杭土俵関ニ■相仕立可申候《申度候》、勿論加茂川筋水行幷一村限之儀ニ而、外々江聊障り筋者決而無御座候、右場所麁絵図相添、乍恐此段奉願上候、何卒右之段御聞届可被成下候ハヽ、難有仕合ニ可奉存候、以上

万延元年申四月　　大佛柳原庄
　　庄屋
　　年寄

御

1737　安政三年（一八五六）一二月　東台井筋付替普請諸事留帳

「（表紙）安政三辰年加茂川筋御普請後
当庄東台井筋附替ニ附、西御役所川方掛り、辰年十二月十七日ゟ巳五月幷午年六月六日御見分済、右ニ附、願書幷御受書扣
角倉鍋次郎様願書御届方扣
　　役用ニ附忠右衛門手元扣」

一安政三年辰十二月廿九日
東台井筋附替願書　西御役所川方江奉願候処、願書上ケ置被仰渡候事
一同四年巳五月八日
右附替、御下知無之内取掛り候、依之御侘願書差上候処、御前

脇ニ而御糺之上、猶又御侘書上ケ置被仰渡候事
一同五月十七日
右川方江被召出、侘願之趣御聞届ケ被成下、依之右附替場所出
来候ハヽ、早速其趣御届ケ可申上旨、御受書被仰渡候事
一同閏五月十一日西御役所江
右井筋附替之儀、出来方御届ケ申上候事
同十一日之日付を以、東御役所江
右出来方御届申上候事
一同巳閏五月十六日
角倉鍋次郎様御役所江
井筋附替出来之趣御届ケ済
一同五年午六月六日
右井筋附替方出来御見分被成下、右御見分済ニ相成候事
右之通東台井筋如此之始末ニ而皆済ニ被成候事
辰年十二月十七日ゟ西御役所川方様ゟ右御尋筋ニ而、午六月六日
御見分済ニ相成候
辰十二月十七日ゟ翌巳五月十七日迄之間、手数者勿論、廉之心配
誠以不容易訳ニ候、依之委細者別紙ニ手続書残置候

乍恐奉願口上書

一此度加茂川御浚御普請ニ附、当庄領儀茂御仕法通出来仕難有奉存
候、然ル処当庄領東台用水之儀者、前々ゟ加茂川常水を以相続仕
候儀ニ御座候処、在来井手筋者西寄ニ而、干水之節水掛り悪敷、
用水差支困窮仕候儀茂在之候付、此度別紙刎絵図朱引間数之通、
少々東江寄せ井手筋付替申度奉願上候、尤加茂川水行幷一村限所
ニ付、外ニおゐて聊差障筋茂無御座候間、何卒右願之通御聞届被
成下候ハヽ、難有仕合ニ可奉存候、以上
安政三辰年十二月廿九日（改廿五日与相成候也）　大佛柳原庄
庄屋忠右衛門印
年寄庄右衛門印
代佐右衛門

御奉行様

如此願書、此奥刎絵図継足シ、則今廿九日西御役所川方江奉願候処、
願書上ケ置被仰渡候也
如此十二月廿九日書附上置被仰渡被置候、追而十二月廿五日ニ相願
候趣ニ相成候、雑色津田正三郎殿ゟ如此被達候也

乍恐奉願口上書

一当庄領東台用水之儀者、前々ゟ加茂川常水を以、則御支配所之内
ゟ用水相掛ケ相続仕来り難有奉存候、然ル処在来井筋之儀者西寄
ニ而、干水之節水掛り悪敷、用水ニ困窮仕候義茂在之候付、此度
御支配所之内、音羽川上ルゟ北江別紙刎絵図朱引間数之通、
少々東江寄せ井筋附替申度奉願上候、尤加茂川水行差障ニ相成候
儀等決而不仕候間、何卒右願之通御聞届ケ被成下候ハヽ、難有仕合
可奉存候、以上
安政三辰年十二月廿九日　大佛柳原庄

庄屋忠右衛門印
年寄庄右衛門印

角倉鍋次郎様
御役所

如此願書ニ別紙刎絵図継足、則西御役所表相済候上、忠右衛門当御役所江願書出ス、掛り役人性川源蔵殿預り置、尚来春早々奉行所江差出し可申旨被申聞候事

乍恐奉願口上書

一加茂川筋之内当庄領内井手筋付替之儀者、是迄御地頭妙法院宮様江御届ケ申上、音羽川三間上ゟ川上之方者、角倉鍋次郎様江御届申上、井手筋附等仕来候儀ニ御座候附、昨年十二月、是迄有来井手筋音羽川ゟ四拾五間川上、角倉鍋次郎様御支配所ゟ木村宗右衛門様御屋敷裏迄、井手筋附替申度候付、御地頭且角倉鍋次郎様江茂相届候上

御役所様江奉願候処、書付上ケ置候様被　仰渡候儀ニ御座候処、最初右ニ而附替場所取懸り候而茂不苦儀与心得違仕、則取掛り追々付替場所出来寄候処、昨年十月当村内川筋者自普請所ニ被仰付、堤普請水除杭打出、其外川中普請之節者御願申上、御沙汰を請可取掛旨兼而被　仰渡茂御座候儀を此節心付、既未御聞届ケ之被　仰渡茂無之内、付替場所取懸り候段不束之儀与奉恐入候附、早速右付替場所手引仕差扣置申候、乍併兼而被　仰渡茂有之処、右体心得違仕附替取懸り、此節出来之場合ニ相成候段、誠以不行届不念之段重々恐入御侘奉申上候、何卒格別之御憐愍を以、此度之儀者御赦免被成下候様幾重ニ茂奉願上候、御慈悲を以右之段御聞届被成下候ハヽ、如何斗難有仕合ニ可奉存候、以上

安政四巳年五月八日　大佛柳原庄
庄屋忠右衛門印
年寄庄右衛門印

御奉行様

如此御侘願書奉差上候処、御前脇ニ而、熊倉市太夫殿、芝茂左衛門殿御聞糺之上、書付上ケ置被仰渡候事

御受書

一当庄領東台用水之儀者、前々ゟ加茂川筋常水を以相続仕候儀ニ御座候処、有来井手筋者西寄ニ而、干水之節水懸り悪敷候付、此度井手筋東寄江附替之儀奉願上、取懸り追々場所出来寄候、然ル処昨年十月右川筋御普請出来後者、自普請所ニ候共、出願御下知之上可取掛り儀与心附、右附替場所手引いたし、右不束之段御赦免之儀奉願候処、右全等閑故之儀、急度茂可被仰付処、右体追而心付願出候儀茂有之候付、私共御呵被成、以来入念可申、且井筋付替之儀者、他之差支茂無御座候付、御聞届被成候間、猶出来之上御届可申上旨被　仰渡奉畏候、依之御受書奉差上候、以上

安政四巳五月十七日　城州愛宕郡柳原庄
庄屋忠右衛門印
年寄庄右衛門印

御奉行様

代佐右衛門

巳五月十七日西御役所江被召出、御次ニ而与力熊倉市太夫殿、同心芝茂左衛門殿御立会、夫々被仰渡之上、如此受書被仰渡候、右御受書江調印之上、写取奉願、如此写取申候事

乍恐御届口上書

一当庄領之内東台用水井筋者、加茂川筋音羽川ゟ川上、角倉鍋次郎様御支配所之内四拾五間、并是より川下モ木村宗右衛門様御屋敷裏迄、井手筋附替之儀奉願上候処、先月十七日右願之通　御赦被成下難有奉存候、然ル処右附替之儀此節出来仕候付、乍恐此段御届奉申上候、以上

安政四巳年閏五月十一日　大佛柳原庄

庄屋忠右衛門印

年寄庄右衛門印

代佐右衛門

御奉行様

如此出来御届、今十一日西御役所川方江書付差上候、川方熊倉平太夫殿御聞取之上、東御役所江相届ケ候哉、其段御尋在之、然ル処右御届無之ニ付、其段相答候処、早々相届出可申旨被申渡候事

覚

一巳年閏五月十一日出来御届方、左之通

右前書之通御届ケ書奉差上候処、川方ニ而東御役所表江相届ケ候哉御尋在之、右ニ附東御役所江者是迄都而何等之儀茂御届不申候付、下雑色津田正三郎殿元ゟ此始末ニ付手掛りニ候、則今十一日正三郎殿取次ニ而夫々手続御承知、依之右正三郎殿ゟ東川方同心中川滋右衛門様江程克成被下、則十二日右中川滋右衛門様江正三郎殿ゟ談済被成下、十三日夜忠右衛門義、正三郎殿御差図を請候而、右中川滋右衛門様金封壱持参頼出候、都而右不都合之段御含御承知被成下候

一翌十四日ニ則書付表十一日之日付を以御届奉申上候事

則今十四日東川方江差出し候書付歟、昨冬十二月廿九日附替願書刎絵図継合壱通、并巳五月十七日御受書之写壱通、出来届書壱通、都合三通差上候

如此ニ而今十四日東川方江無滞相済候事

乍恐御届口上書

一当庄領東台用水井筋者、加茂川筋音羽川ゟ川上四拾五間之処、井筋附替之儀奉願上候処、去月十七日右願之通　御赦免被成下難有奉存候、然ル処右四拾五間之場所附替之儀出来仕候ニ付、乍恐此段御届奉申上候、以上

安政四巳年閏五月十一日　大佛柳原庄

庄屋忠右衛門印

年寄庄右衛門印

角倉鍋次郎様

御役所

如此閏五月十一日之日附ニ而延引之段相断、同十六日御届ケ書差出
ス

一安政五午年六月六日、右井筋附替之場所出来見分之御沙汰在之、
右者稲荷村鈴松方迄向出候様、松尾様ゟ御達之事

右御見分　　雑色

西与力　本多順之助様　　村上英之助殿
同同心　芝茂左衛門様　　筆　竹内慶助殿
東与力　上田鉄之助様　　中井棟梁方
同同心　中川滋右衛門様　　安田志摩吉殿
　　棹取　半兵衛殿

右之通御見分済

午六月六日
如此御見分済之旨、御地頭表江相届申候事

1815　安政五年（一八五八）正月　長沢屋善助水車取建願書

口上書

一私共儀此度　御領分当庄御領御高之内、加茂川筋正面下ル東寄、当時町名附ニ相成建家地之内ニ而、則当庄御領東台御田地養水有来井筋水掛りを見立、水車壱ケ所取建申度、右ニ付有来井筋音羽川ゟ下モ場所迄八拾七間五尺之間箱樋相掛け、臼数弐拾弐枚ニ相仕立、右水掛り之儀御入魂申度、右者御判物養ひ方用水井筋之儀ニ付、不軽儀者兼而承知仕罷在候、依之都而軽率之儀者不仕候、右ニ付御田地養水井筋之御差支ニ相成候儀者決而不仕候、且干水之節御差支ニ相成候ハヽ、御差図次第何時ニ而も休車可仕候、惣シ而養水井筋之儀ニ付、御村方ゟ御差図之趣違背不仕候、勿論為後証之如何様之書付ニ而も差入置可申候間、右之趣御承知被下度奉頼上候、以上

安政五年午正月　　御境内上七軒町
　　願人　長沢屋善助（印）
同棟梁町
　　請人　本屋善兵衛（印）

右前文之趣、御村方ニ御承知被成下候上者　御本所様御聞済ニ相成候様御取成奉頼上候、以上

　　願人　長沢屋善助（印）
　　請人　本屋善兵衛（印）

柳原庄本郷
　御村役人中
　　御村方中江

1816　安政五年（一八五八）正月　長沢屋善助水車取建請書

御請証文之事

一御領分当庄御領御高之内、加茂川筋正面下ル東台、当時町名附建家地之内ニ而、則当庄御領東台御田地養水井筋水掛りを見立、水車壱ケ所取建申度、右ニ付有来井筋上音羽川ゟ場所迄八拾七間五

尺之間箱樋相掛ケ、臼数弐拾弐連ニ相仕立、水車賃踏渡世仕度、依之井筋養水之儀御入魂申入候処、御村方より私共儀御聞糺之上御承知被成下難有奉存候、然ル上者御ケ条左之通
一御判物養水不軽、依而少茂差障ニ相成候儀者決而仕間敷候事
一右養水井筋を御入魂申候上者、常々其冥加を相心得可申候事
一井筋江水引方之儀ニ付、川西台養水之御差支ニ不相成候様可仕候事
一井筋江水引方之儀ニ付、常々がさつ之儀無之様可仕候事
一旱水之節、御差図次第何時ニ而茂休車可仕候事
一井筋内御入用筋之節、御差図次第何時ニ而も出銀可仕候事
一井筋養水之儀ニ付而者、何事不寄御村方ゟ之御差図違背不仕候事
一為村役米壱石ツヽ、毎年御蔵直シ相場を以出米可仕候事
右之通少茂無相違急度相守可申候、都而軽率之儀無之様可仕候、勿論後年ニ至り代替り、且所模様変り等御座候節者、其段一々申出候上御差図を請可申候、若万一不法心得違之儀等御座候ハヽ、如何様ニ御申聞シ被下候共一言之違背不申候、為後証之御請証文依而如件
安政五年午正月　御境内上七軒町
水車願人　長沢屋善助（印）
同棟梁町
証人　本屋善兵衛（印）
御領分柳原庄本郷
御村役人中
御村方中
一右前書之通、長沢屋善助義当午正月別紙一札差入置、其後　御上江奉願上罷在候処、右願ひ中ニ故障出来、右願方　御地頭様ゟ御差留ニ相成候、然ル処其後右故障済ニ相成候ニ付、善助義素之願通相願度候処、則故障済方之訳ニ付、願人善助義者差支之廉有之、無余儀同人親類長沢屋太三郎願人ニ而、此度相改　御上江奉願上候儀少茂相違無御座候、依而当御村方江差入有之候前書御請証文之表、太三郎義急度承知仕相守可申候、為後日之証印依而如件
安政五年午五月　願人　長沢屋太三郎（印）
請人　長沢屋善助（印）
御領分柳原庄本郷
御村役人中
御村方中

1817
安政五年（一八五八）正月　長沢屋善助水車取建につき一札

別紙一札之事
一本紙御請証文之通、此度私共儀　御領内井筋を見立、水車壱ケ所取建申度段願上候処、夫々御聞糺之上御承知被成下難有奉存候、然ル処御領内ニおゐて井筋養水者御太切之儀ニ而不軽儀ニ候、且近年者渇水続キ、別而一昨辰年川筋御普請後より川筋御改法之趣者、町々之乍私共及承り罷在候折柄、此度右奉願上候付、御村方格別ニ御心配被成下、御手数之段承知仕候儀ニ御座候、右私共当御村領ニ者無縁之乍私共、右前書之通り井筋養水ニ付不容易御心配続中、此度私共願ニ付、段々御厚配被成下候段誠ニ以冥加ニ余り難有仕合ニ奉存候、然ル上者右水車ニ付、後年ニ至り於御村方ニ御手数之段奉察候、依而井筋養水之儀ニ付、都而心得違之儀無

之様、本紙御請証文之通急度相守可申候、若哉心得違不法之儀等御座候ハヽ、如何様ニ御申成シ被下候共一言違背申間敷候、為念別紙一札依而如件

安政五年午正月　御境内上七軒町
水車願人　長沢屋善助（印）
同棟梁町
証人　本屋善兵衛（印）

御領分柳原庄本郷
御村役人中
御村方中

一右前書之通、長沢屋善助義当午正月別紙一札差入置、其後　御上江奉願上罷在候処、右願ひ中ニ故障出来、右願方　御地頭様ゟ御差留ニ相成候、然ル処其後故障済ニ相成候付、善助義素願之通相願度候処、則故障済方之訳ニ付、願人善助義者差支之廉有之、無余儀同人親類長沢屋太三郎願人ニ而、此度相改　御上江奉願上候儀少茂相違無御座候、依之当御村方江差入有之候前書別紙一札之表、太三郎義急度相守承知仕候、為後日之印証依如件

安政五年午五月　願人　長沢屋太三郎（印）
請人　長沢屋善助（印）

御領分柳原庄本郷
御村役人中
御村方中

1818

安政五年（一八五八）正月
長沢屋善助水車取建につき柳原庄上郷・本郷取替書

添書覚

一此度上郷領之内、加茂川筋正面下ル東寄、当時町名附ニ相成建家地之内ニ而、則両郷東台井筋養水之水掛りを見立、願人ハ御境内上七軒町長沢善助与申すもの、右証請人者同棟梁町本屋善兵衛与申もの証請人ニ相立、水車壱ケ所、臼数弐拾弐連、水掛り者有来井筋上音羽川より場所迄八拾七間五尺之間箱樋相掛ケ、右仕立を以水車取建申度旨、右願人より其村方江願出罷在候、都而右願人ゟ申立願差出シ候書面之通少茂相違無之候、然ル上者願人右差入置候印証面之通を若哉心得違ニ而不相守候歟、不法之儀等有之候ハヽ、両郷談を以急度取調之上、都而相滞儀無之様可為致候、為後証之添書依而如件

安政五年午正月　上郷
庄屋　参次郎（印）
年寄　庄右衛門（印）

本郷村役
年番　権右衛門殿
庄屋　忠右衛門殿

122

安政五年（一八五八）三月　水車取建方願書留録

（表紙）
「安政五年午三月
願人長沢屋太三郎

当庄領養水を見立水車取建方願ニ附
御地頭所江願方　御公儀様江願方
右願書留録
柳原庄本郷」

い　御請書　写

私義
一御領分柳原庄両郷東台用水井筋有来之水掛を見立、水車壱ヶ所此度取建申度ニ付、同御領之内加茂川筋正面下東寄ニ而、御尊公様御持前之内字河原田与申処、先年建家地ニ相成候内ニ而、東西七間、南北拾間、此坪数七拾坪之処、右水車敷地構之内ニ拝借仕度段奉願上候処、御聞届被成下難有奉存候、然ル上者為地子米七斗宛、拝借中則当午年より毎年十二月廿日限、屋地子御相場を以無相違御勘定可奉皆済、若万一不納仕候ハヽ、其節如何様共御申聞可被下候、為後日之御請書仍而如件

安政五年午三月　　拝借地
願人　長沢屋太三郎
請人　長沢屋善助
柳原庄上郷当時兼勤
庄屋忠右衛門

山田様

ろ　別紙一札　写

一御領分柳原庄両郷東台用水之水掛りを見立、同庄上郷領之内字河原田与申処、先年建家地ニ相成候場所ニ而御尊公様御持前之内坪数七拾坪、此度拝借仕水車取立申度候付、右拝借方奉願上候処、御聞届被成下拝借仕、依之当三月御請書奉差上置候、然ル処右拝借地七拾坪内江、東西五間、南北七間之水車小屋取建申度、此段　御公儀様江奉願上候願書面之認方、右者小屋取建場所願方之都合ニ寄り、此儀願人所持之表ニ仕候而相願度候付、乍恐此段御差含可被成下候様猶又奉願上候処、右願之通御聞届ケ御差含被成下候段難有仕合奉存候、右者前書之通拝借地ニ相違無御座、為後証之別紙一札依而如件

安政五年午三月　願人　長沢屋太三郎
請人　長沢屋善助
柳原庄上郷当時兼勤
庄屋忠右衛門

山田様

は　乍恐奉願口上書　写

一当庄領之内字東川原田与申所、元来地味悪敷作物等難生立候ニ付、天保四巳年十二月建家地奉願上候処、願之通御聞済被成下難有仕合奉存候、其後建家壱軒相建候処、弘化三午年以来度々之洪水ニ而地形荒損不陸直シ自力茂難出来程之仕合ニ付、水車取立、米麦雑穀賃踏渡世仕候ハヽ、御年貢之助ニも可相成与奉存候ニ付、右地所江此度梁行五間、桁行七間之水車小家壱ヶ所便所取付、何れ茂薄壁を付、屋根瓦葺ニ仕手軽ニ取建、右水車を以米麦雑穀賃踏

渡世仕度、場所麁絵図朱引ニ記奉願上候、尤水車之儀者、柳原庄領在来之井手筋北之方ゟ巾三尺、長サ八拾七間五尺箱樋ニ而引取、猶又南之方ニ而元之井筋江流落候義ニ付、他之差障等一切無御座候、則地境庄内江対談仕、一同何之差支無御座候間　御赦免被成下候ハヽ、難有可奉存候、則麁絵図相添此段奉願上候、以上

安政五午年四月十五日　綾小路高倉東入町
願主　長沢屋太三郎
後見　同　仁兵衛
御境内河原田町
惣代　伊之助
御領分柳原庄
庄屋　忠右衛門
年寄　庄右衛門

御本所様
御役人中様

に　乍恐奉願口上書　写

一妙法院御門跡様御境内大佛柳原庄領之内字東川原田与申処、元来地味悪敷作物難生立候ニ付、天保四巳年十二月百性伊之助与申ものゟ建家地ニ奉願上候処、願之通御聞済被成下難有仕合ニ奉存候、其後右地所私江譲請建家壱軒相立候処、弘化三午年以来度々之洪水ニ而地形荒損不陸直シ自力茂難出来程之仕合ニ付、水車取建米麦雑穀賃踏渡世仕候ハヽ、御年貢助ニも可相成与奉存候ニ付、右地所江此度梁行五間、桁行七間之水車小屋壱ヶ所便所取付、何れ茂薄壁を付、屋根瓦葺ニ仕手軽ニ取建、右水車を以米麦雑穀賃踏渡世仕度、場所之麁絵図朱引ニ記奉願上候、尤水筋之儀者、柳原庄有来之井手筋正面通南之方ニ而元之水引取、猶又流落候儀ニ付、他之差障一切無御座候、則地境庄内江対談仕、一同何之差支無御座候間、地頭表江も申立候処、是又差支無御座候間、御赦免被成下候ハヽ、難有可奉存候、則麁絵図相添此段奉願上候、以上

安政五午年四月廿二日　妙法院御門跡様御家領
大佛河原田町
長沢屋太三郎
大佛柳原庄
惣代伊之助
庄屋忠右衛門
年寄庄右衛門

御奉行様

ほ　乍恐口上書　写

一当庄領之内加茂川筋正面通ゟ南之方東寄ニ而字河原田与申処、先年ゟ建家地ニ相成御座候、右場所ニ而則柳原庄用水有来井筋之水懸りを見立、水車壱ヶ所取建申度旨願人長沢屋太三郎儀願出候ニ付、其段当四月西　御役所様江奉願上候処、右場所当六月十六日御見分被成下候、然ル処右井筋者、則当御支配所内ゟ井筋続ニ付、前以其段御願御届可奉申上筈之処、手落不都合ニ相成、此段御断奉申上候、右願ニ付西　御役所様江奉願上候通、願書写幷麁絵図共左ニ相添奉差上候、書面之通少し茂相違無御座候間、右不都合

之段何卒宜敷御取斗可被成下候様、改而此段奉願上候、以上
安政五年午十月廿六日　願人
長沢屋太三郎
柳原庄
庄屋忠右衛門
年寄庄右衛門
角倉鍋次郎様
御役所

乍恐口上書

大佛御境内上七軒町
願人　長沢屋善助
同御境内棟梁町
証人　本屋善兵衛

一右之者共儀此度　妙法院御門跡様御領之内、加茂川筋正面下ル東寄ニ而水車取建申度、依之則当庄領東台養水井筋之水掛りを入魂仕度旨願出候儀ニ御座候、右ニ付左ニ申聞候、東台用水水掛り者、三　御本所様御入組用水ニ而不軽候、依而入念聞糺之上、都而御差支ニ不相成候様手堅及引合候処、其段篤与承知仕罷在候儀ニ御座候、然ル上者御領用水之御差支無御座与奉存候ニ付、乍恐此段奉伺候、尤外　御本所様方ニも右之趣御聞掛ケニ相成御座候、以上
安政五年午正月廿一日　御領分柳原庄
庄屋利右衛門
年寄平兵衛
知恩院御山内
御役人中様

乍恐奉願口上書

先願人
長沢屋善助

一当御領所江相掛り候用水井筋之水懸りを見立、水車壱ヶ所取建申度段、当午正月書付を以奉願上候処、右御願中ニ故障出来、此節迄其侭延引仕罷在候、然ル処此度相改、願人長沢屋太三郎名前を以素願之通御願申上度、右ニ付外々御本所様江も其段奉願上候処、御聞届ニ相成候間、当　御本所様江も此段御聞届可被成下候様奉願上候、何卒右之趣御聞届被成下候ハヽ、難有可奉存候、以上
安政五年午六月十八日　此度相改願人
長沢屋太三郎
御領分柳原庄
年寄平兵衛
御本所様
御役人中様

午正月廿一日　覚
一佛光寺殿様江茂、知恩院御山内同様ニ書附差上置候事
右佛御殿様江者、忠右衛門ゟ都而取斗差出シ申候事
一同御殿江同様ニ書附差上無滞相済申候事

右同断

〆

十一月拾日

乍恐奉願口上書

一当庄領東台用水之儀者、加茂川常水を以相続仕来、有来井手筋西寄ニ而用水差支候儀茂有之候付、音羽川三間上より四拾弐間之間井手筋付替之儀、去ル辰年十二月廿五日奉願御聞届被成下難有奉存候、然ル処尚又用水不弁利之義茂有之候付、此度右井手其侭ニ仕置、別紙麁絵図朱引ニ記置候通、正面通り下ル所ゟ大佛川原田町建家地江掛ケ凡三拾間之間分水仕、猶又元之井手筋江流水仕度、此段川原田町役連印を以奉願上候、尤加茂川筋水行差支之義幷他之差障無御座候付、何卒右願之通御聞届被成下候ハヽ、難有可奉存候、以上

安政六未年十一月十日　大佛柳原庄

庄屋忠右衛門印

同　権右衛門印

同所川原田町

惣代伊之助印

御奉行様

（絵図）

万延元年申閏三月廿九日

此分水筋堀立出来御見分済ニ相成候事

御受書

一当庄領用水不弁利ニ付、此度加茂川筋正面下ル所より大佛河原田町建家地江掛ケ凡三拾間之間分水引取申度、麁絵図面を以右川原田町連印奉願候処、願之通御聞届被成下、右ニ事寄自侭ニ川中江手入等致間敷、尤出来次第御届可申上旨被仰渡難有奉畏候、然ル上者右被仰渡之趣相違無御座様相守、出来次第早速御届ケ可申上候、若心得違之義御座候ハヽ、此判形之者共如何様共可被為　仰付候、依而御受書奉差上候、以上

安政六未年十一月十四日　大佛柳原庄

庄屋忠右衛門

年寄権右衛門

同所河原田町

惣代猪之助

御奉行様

乍恐奉願口上書

一妙法院御門跡様御境内大佛柳原庄領之内字東川原田与申所、元来地味悪敷作物等難生立候付、天保四巳年十二月百姓伊之助与申者ゟ建家地ニ奉願上候処、右之通御聞届ケ被成下難有仕合ニ奉存候、其後右地所私江譲り請建家壱軒相建候処、弘化三午年以来度々之洪水ニ而地形荒損不陸直シ自力茂難出来程之仕合ニ付、水車取建米麦雑穀賃踏渡世仕候ハヽ、御年貢助ニ茂可相成与奉存候付、右

地所江此度此度(衍)梁行五間、桁行七間之水車小屋壱ケ所便所等付、
何れ茂薄壁を附、屋根瓦葺ニ仕手軽ニ取建、右水車を以米麦賃踏
渡世仕度、場所麁絵図朱引ニ記奉願上候、尤水水(ママ)之義者、柳原庄
在来之井手筋正面通ゟ水引取、猶又南之方ニ而元之井手筋江流落
候ニ付、他之差構等一切無御座候、則地境庄内対談仕、一同何れ
茂差支無御座候間、地頭表江茂申立候処、是又差支無御座候間、
御赦免被成下候ハヽ、難有奉存候、則麁絵図相添此段奉願上候、以
上

安政六未年十一月　妙法院御門跡様御家領
大佛川原田町
長沢屋太三郎
惣代伊之助
同所柳原庄
庄屋忠右衛門
年寄権右衛門

御奉行様

(絵図)

十二月十九日　御受書

一私義大佛柳原庄領之内字東川原田与申所持地面江、加茂川筋大佛
正面下ル処ゟ柳原庄在来井手分筋ニおゐて、水車小屋壱ケ所手軽
ニ取建米麦雑穀賃踏ミ渡世仕度、絵図を以奉願候処、場所御見分
之上、今日被召出、願之通被仰付難有仕合ニ奉存候、然ル上者御
禁制作事不仕、出来仕候ハヽ早速御届可申上候、尤無拠差支等有
之遅成候ハヽ、年々十二月其訳御断可申上候
一右水車小屋取建候上ハ、加茂川筋より水掛り之義ニ付、川中者勿
論、井手在来通りニ而聊たり共自侭取綺申間敷旨被仰渡奉畏候
右被仰渡之趣若違背仕候ハヽ、如何様共可被為　仰付候、依而御
受書奉差上候、以上

安政六未年十二月十九日　大佛川原田町
長沢屋太三郎
惣代　伊之助
大佛柳原庄
庄屋忠右衛門
年寄権右衛門

御奉行様

今十九日西御役所江明ケ六時被召出、御前ニ而被仰付候事、御受書
者御目付方江奉差上候事

御奉行所御聞済ニ相成候趣、則受書写を以御地頭所江茂御届ケ奉申
上候也

乍恐御届口上書

一御領分柳原庄在来井手筋ニ而水車壱ケ所取建申度旨　御公儀様江
奉願候処、昨十九日被召出、願之通被仰付無滞相済、則前書写之
通御受書奉差上候付、乍恐此段御届奉申上候、以上
安政六未年十二月廿日　川原田町

長沢屋太三郎
惣代　伊之助
柳原庄
御預ケ所
庄屋忠右衛門
年寄権右衛門

御本所様
御役人中様

今廿日如此御地頭表江前御受書写ニ書添いたし、則願人太三郎ゟ御地頭江御届差上申候事

水車願人ゟ角倉鍋次郎様御役所江書付を以、午年十月廿六日口上書を以其段願置候、此書附扣前書ニ留置在之候
然ル処水車取建方御免ニ相成候附、其段御届方願人江差図いたし置候
申正月廿三日　　願人　長沢屋多三郎
右角倉鍋次郎様御役所江御届ケ方、右水車願方御免ニ相成候旨、口上ニ而御届ケ出候趣ニ候、則御役人性川源蔵殿御面会申、其段申置候旨願人ゟ申出候、依而此段留置候也

乍恐普請之儀奉願候
御境内河原田町
願人　長沢屋多三郎

（絵図）

一御境内河原田町之内、正面下ル処ニ而私所持之地面江、柳原庄東台井筋之分水筋を相用ひ、新規ニ水車壱ケ所取建仕度旨奉願上候処、格別之御憐愍御聞届ケ被成下難有仕合奉存候、依而朱引絵図之通屋根瓦葺ニ而造作仕度奉願上候、尤御制禁之作事不仕、柳原庄者勿論、其外於隣町茂何之差障茂無御座候、普請出来次第早速御訴可申上候間、万一相違之儀御座候ハヽ、如何様共可被為
仰附候、何卒右願之通　御赦免被成下候ハヽ、難有仕合ニ可奉存候、以上

安政七年申正月廿五日　御境内河原田町
願主　長沢屋多三郎印
物代　三次郎印
御領分柳原庄
庄屋忠右衛門印
年寄権右衛門印
同　庄右衛門印

御本所様
御役人中様

乍恐奉願口上書
一御領分柳原庄両郷東台養水井筋之儀者、有来之通当時町名附正面下ル川原田町之内上下堀詰町裏境ニ有之用水掛ケ来候処、右井筋之内用水引取方不弁理之儀茂御座候附、先年御築立御手入ニ相成、かき揚土居より凡五尺程西之方ニ而、則木村御屋敷裏中程ゟ北江

凡三拾間程之処井筋堀立分水を以用水引取申度候、尤是迄有来井筋者其侭ニ仕置、当庄分水を以右不弁理之儀無之様仕度奉願上候、勿論右ニ事寄外ニ差支相成候儀者決而不仕候間、何卒右願之通御聞済被成下候ハヽ、用水掛ケ方都合能難有仕合ニ可奉存候、以上

安政七申年正月晦日　御領分柳原庄両郷

庄屋忠右衛門

年寄権右衛門

同　庄右衛門

御本所様

御役人中様

今晦日権右衛門を以御勘定所江此願書出ス、朔日右願之趣御免ニ相成候事、其段願人江申聞候事

乍恐奉願上口上書

一一昨年三月御受書奉差上置候通、水車取建場所東西七間、南北拾間、此坪七拾坪之処拝借仕置、其後右取建方奉願候処、此度　御免ニ相成難有仕合ニ奉存候、然ル処此度改而左ニ御願申上度、右拝借地七拾坪之内ニ而東西八間、南(北脱カ)六間、此坪四拾八坪、猶又右地続北之方ニ而当時藤屋徳兵衛家屋敷ゟ西之方ニ而東西三間、南北拾五間、此坪四拾五坪、外ニ此処ニ空地三坪、都合九拾六坪之処、右地料壱坪ニ付銀三拾匁宛之積りを以、此銀弐貫八百八拾匁上納可仕候間、右弐ケ所共沽券状御下ケ可被成下候様、則麁絵図相添此段連印を以奉願上候、右之趣御聞届被成下候ハヽ、難有仕合ニ可奉存候、以上

安政七年申三月　願人　長沢屋多三郎印

証人　長沢屋善助印

御境内河原田町

惣代　三次郎印

右前書弐ケ所共地面之内ニ御領東台井筋之分水筋御座候付、依之奥印仕候、以上

御領分柳原庄

庄屋忠右衛門印

年寄権右衛門印

山田様

御役人中様

（絵図）

三月十一日如此願人ゟ願出候ニ付、願面江奥印いたし遣ス

家屋鋪地面之事

壱ケ所　壱軒役　大佛川原田町之内正面通南側

表口三間　東隣百姓猪之助

裏行拾五間　西者河原地

右家屋敷地面柳原庄百姓重次郎請持所持仕候処、相対を以私江譲請所持ニ相成候処相違無御座候、依而此度新沽券状ニ　御割印奉願候、尤此家屋鋪地面ニ付、親類縁者其外従他所出入差構毛頭無御座候、

以上

弘化二年巳十月　乍惣代

持主　百姓猪之助印

同所本町七丁目

一家惣代　百姓仙太郎印

右之通相違無御座候付奥印仕候

妙法院宮御境内役人

中村左内印

中村文吾印

表書之通相改申候也

大佛御殿役所御判

如此沽券状御下ケニ相成候段、則沽券状持参届ケ在之、依之写取置
候也

乍恐御届口上書

一御境内川原田町之内、正面下ル私所持之地面江、柳原庄井筋之分
水筋を相用ひ、水車建物壱ケ所取建申度旨、当申正月廿五日書面
を以奉願上候処、御免ニ相成難有仕合ニ奉存候、然ル処此節迄ニ
右建物出来仕候付、乍恐此段御届奉申上候、以上

万延元年申四月十二日　御境内河原田町

願人　長沢屋多三郎印

惣代　三次郎印

右前文之通相違無御座候、以上

柳原庄

庄屋忠右衛門印

年寄権右衛門印

上郷

同　庄右衛門印

御本所様

御役人中様

如此出来御届書、今十二日調印いたし置候、此御届書、願人太三郎
代善助事、御地頭表江持参いたし候事

同十四日朝、善助入来、右御届書之趣御聞届ケニ相成、則御奉行所
江勝手ニ届可出旨御沙汰在之候旨申出候事

乍恐御届口上書

一私所持地面ニ水車取建申度旨、去十一月西
御役所様江奉願候処、同十二月十九日願之通御聞届被成下難有奉
存候、然ル処右普請此節出来仕候付、乍恐此段御断奉申上候、以
上

万延元年申四月十五日　大佛川原田町

長沢屋太三郎印

惣代　伊之助印

同柳原庄

庄屋忠右衛門印

年寄権右衛門印

御奉行様

西御役所江今十五日如此出来御届方、願人・惣代右両人ゟ御届出申候事、村方ハ調印之侭出不申候事、書付を以御届申上候趣御聞届被成候、見分被遣候趣被仰渡候事、願人太三郎其趣申出事

乍恐奉願口上書

一御領分柳原庄両郷東台養水引方不弁理之儀御座候付、当分之処則当正月晦日奉願、御免之上、養水不弁理之儀無之様引取罷在候処、双方共都合能弁理ニ相成候附、右願之場所分水筋、当正月奉願候通り此侭御差置被成下度、此度改而奉願上候、右場所者先年御手入之御場所ニ付、自今御差支ニ相成候義者決而不仕候、則分水筋土居切抜候処者、土居敷ニ而低樋伏せ込、樋之上者土砂を以築立、如以前之相仕立可申候間、何卒分水筋此侭御差置可被成下候様、乍恐此段改而奉願上候、以上

万延元年申四月晦日　　御領分柳原庄両郷

庄屋忠右衛門印

見習源次郎印

年寄権右衛門印

上郷

同　庄右衛門印

川原田町惣代参次郎印

御本所様

御役人中様

如此今晦日奉願候処、願之通御聞済ニ相成候事

四月晦日

松尾様ゟ差紙写左之通

川原田町

水車

出来為御見分、来月二日朝五ツ時東西御役人中被相越候間、其段相心得可被申候、以上

申四月廿九日

松尾左兵衛

右所役人中

五月二日

右水車出来御見分、東西御役人中様御出被成候

与力目附　　与力目附

西　上田良蔵様　　東　塩津惣五郎様

同心目附　　同心目附

小寺仲蔵様　　中川嘉平様

同下

雑色松尾小藤次様　　村上英之助様

筆　竹内金次殿

同　慶助殿

中座　岩吉殿

右之御立会御見分済之旨被仰渡候事

申五月二日

此水車、西掛りニ而無滞相済
今二日御見分済之趣、御殿表江届書出ス

六月廿日

正面川原田町水車

右水車壱ヶ所家建方出来為御見分、当　御地頭所より御見分被成候事

右御見分之上、夫々御見改被成候処、相違之儀在之候事

御勘定方　　地方

小畑右兵衛様　　石野兵馬様　　棟梁壱人
木崎杢様　　中村司馬様　　中番壱人

右相違之儀在之ニ付、猶予御調へニ相成候事

奉歎願口上書

一御境内河原田町之内、正面下ル処私所持之地面江、去ル正月奉願上候新規ニ水車壱ヶ所取建申度旨奉願上候処、御聞済被成下難有奉存候、然ル処右建物出来仕候ニ付、御見分之儀奉願上候処、去ル廿日御見分之上、去ル正月差上置候絵図面与相振れ少々模様変りニ相成候付、建物間地御打改ニ相成候ハヽ、間口ニ而少々出張在之有之(衍)不都合之次第奉恐入候、右模様替等義御座候ハヽ、再願茂可仕筈之処不及其儀、且者御見分済候迄休車茂可仕処、其段不案内之私共都而心付不申何共奉恐入候、依而厳敷御取調ニも可相成処、格別之御憐愍を以御赦免被成下候ハヽ、難有奉存候、御蔭を以渡世仕度此段奉願上候、右不都合不調法之段幾重ニ茂御詫奉申上候、尤向後者急度相心得不都合之儀無之様可仕候間、出格之御仁恵を以此度之儀者御赦免被成下候ハヽ、広大之御慈悲如何斗難有仕合ニ可奉存候、以上

万延元年申七月六日　　御境内河原田町

長沢屋多三郎印

右前書之始末相違無御座候、然ル処此度河原田町水車建家之義御見分之上、建家間地御打渡ニ相成候上、取調方甚以不束之至り何共奉恐入候、此段幾重ニ茂御詫奉申上候、右ニ付向後急度相心得不都合之儀無御座候様可仕候、依之御詫奉申上候、以上

河原田町

惣代三次郎印

右前書不都合之段奉恐入候、右ニ付当時御預り所私共義地境等之取調方甚以手落不行届之段奉御詫候、何卒御憐愍を以御赦免可被成下候様乍恐此段奉願上候、以上

同所柳原庄

庄屋忠右衛門印

年寄権右衛門印

御本所様

御役人中様

今六日此御詫願書、願人ゟ御殿表江差上候

同月十日御呼出し被成、則地方中村左内様ゟ御達被成候、右歎願書之趣御聞届ニ成候旨被仰渡候也、猶予願之処者勘考之上可相願旨別段被仰渡候事

乍恐新沽券状之儀奉願口上書

一御境内河原田町之内正面通南側ニ而壱ケ所
　表口三間　　東隣藤屋徳兵衛
　裏行拾五間　西者柳原庄畑地
　　但壱軒役也

右者天保五午年建家奉願上候節、道筋ニ御座候処、其後嘉永五子年十月模様変りニ相成、当時水除三間之場所ニ御座候処、先年百姓重次郎ゟ代銀壱貫三百五拾匁、御年貢弐斗弐升五合、夫代銀六匁ニ相定、私江買受所持ニ相違無御座候

一同所正面下ル河原田町東側ニ而壱ケ所
　表口七間　北隣長沢屋多三郎
　裏行八間　南者河原田町建家地
　　但壱軒役

右同様去ル天保五午年百姓重次郎ゟ建家奉願候後、同人より代銀壱貫六百八拾匁、御年貢弐斗八升、夫代銀六匁ニ相定、私江買受、都合弐ケ所共所持ニ無相違御座候、尤右家屋敷地面ニ付、親類縁者者勿論、近辺地境其外他所より出入差構毛頭無御座候、然ル上者　御本所様江御地子夫代銀其外軒役懸り物出銀等御定之通無滞急度御勤可申上候、依而沽券状御改御裏印奉願上候、追而家建相揃候節者御割印新沽券奉願上度候、何卒此度之義ニ付前文之通御聞済被成下候ハヽ、難有仕合ニ可奉存候、以上

万延元申年八月廿五日　受持主　長沢屋多三郎印
　　　　　　　　　　御境内七軒町
　　　　　　　　　　　一家惣代長沢屋善助印
　　　　　　　　　　　　惣代参次郎印

右奉願候義差支之義決而無御座候付、御聞済被成下候様奉願上候、以上

　　　　　御領分柳原庄
　　　　　　庄屋忠右衛門印
　　　　　　年寄権右衛門印

御本所様
　御役人中様

（絵図）

如此長善ゟ依願ニ調印いたし遣ス

第三節　足を引っ張る加茂川筋普請入用

1998　安政六年（一八五九）三月　村方難渋につき年貢減免願書

（端裏書）
「此願書外ニ添書有り、則野本平兵衛・利右衛門、此両名ゟ知恩院山内事務扱所江差出しニ成ルコト
尤此下タ拵者、都而忠二相仕遣し候コト、此扣也、仍而此壱括り
利右衛門
平兵衛　ゟ
安政六年未三月、知恩院寺中領野本分ゟ川浚後潰れ地貢米等之歎願書扣也」

乍恐奉願口上書

一大佛柳原庄領之内当　御山内御領者加茂川添ニ而、古来より御抱堤被仰付、加茂川筋出水之節者、右御抱堤水除ケを以御田地相続仕来難有奉存候、然ル処右御抱堤江古来ゟ数度川瀬之模様ニ寄り、水突当テ堤切れ込、御田地迄茂度々及大損ニ、其度毎奉願、右堤普請為入用、杭木被下、拝借米被仰付、且普請人足扶持、且又御救米等、其時々損所之模様ニ寄り御手当被為下置候、御蔭を以堤普請修覆等仕、御田地相続仕来難有奉存候儀ニ御座候

一然ル処麁絵図面之通、川添東堤者七条通下ルゟ下モ江大佛瓦町通迄者、則大佛御殿御本所堤与相唱、夫ゟ下モ江者同御領村弁堤与唱来り、手軽キ水除ケ堤有来候、右者前書当　御領御抱堤切れ、御田地迄損所ニ相成候儀者、前書村弁堤を打越シ、当御領御抱堤江水突当テ損所ニ相成候儀ニ御座候、然ル処右瓦町通ゟ下モ手軽キ水除ケ堤之儀、大佛御殿様ゟ年々御助成頂戴、其余村弁を以追々堤江上置腹附仕堤丈夫ニ相仕立、其後年来此堤ニ而水除ケ防方仕、勿論年々水当り損所出来候節者、大佛御殿様江御助成奉願、其余村弁を以修覆普請等仕居候儀者、当時有形チ之通り少茂相違無御座候、依之当御領御抱堤者少茂水障無之、当時者内堤与相成、依而近来御無難ニ御座候、然ル処前書村弁之儀ニ付、当御領私共儀も時々普請入用方割賦出銀方同様ニ相掛り出銀仕来居申候儀ニ御座候

一然ル処加茂川筋近来追々川床高く相成、其上度々大洪水ニ而川添一同甚以難渋困窮仕罷在候処、去々辰年従
御公儀様川浚結構御普請被成下、右堤筋儀も猶又丈夫ニ相成難有奉存候、右御普請ニ付、別紙写之通り被仰付候付、年々村弁ニ相成、依之惣村高江割賦ニ而年々出銀者勿論、右先年御普請ニ付、村限之入用方等多分相掛り、夫々惣村高ニ而出銀仕居申候儀ニ御座候

一然ル処前書始末ニ付、加茂川筋七条下ルゟ下モ当庄領川東西抱水除ケ堤惣間七百間余之処、年々川除修覆入用方并年々村弁もの共、改法を以村高惣割ニ相掛り候、右ニ付、一昨巳年閏五月ゟ昨午八月迄東堤之内損所出来、右ニ付、当時者　御公儀様江其段奉願、普請方ニ相成、此普請入用茂多分ニ相掛り申候、右惣村高之内江込高当御領私共儀も右割賦ニ相洩候儀者難相成候付、毎年時々川筋普請入用割賦者勿論、其外毎年村弁もの共出銀方多分ニ相成候故、御領私共儀年々御田地ゟ之作米之内ゟ御年貢を相納、其余右作方元手入用并前書多分之村高入用出銀仕居候而者、渡世相続難

相成、誠以難渋困窮仕罷在候儀御座候、右者近年ヶ様之模様ニ相成候儀も自然之成行ニ而、川添之煩与奉存候、何分小村高ニ而、此上者不顧恐を
御地頭様江御歎キ奉御縋り候外者無御座、右ニ付、前書始末御憐察被成下候様奉願上候、此儀甚以奉恐入候得共、年々御憐愍を頂戴仕度奉願上候、何卒御慈悲を以右願之通御聞届ケ被成下候ハ、、難渋困窮を相凌、御蔭を以私共渡世相続可仕義与如何斗歟難有仕合ニ可奉存候、以上

安政六未年三月　御領分大佛柳原庄
利右衛門
平兵衛

御本所様

2108 安政六年（一八五九）一二月
銭座村衰微のため加茂川筋堤普請入用銀手当御下げにつき一札

（端裏書）「御書附壱通従
御地頭所当庄本郷江御渡被成候事
昨未年十二月廿九日如此被仰出ニ相成、此書付当申年御渡被成候、依之此受書則未年之受書ニ而、当申十一月十五日御受書差上申候事」

一柳原庄本郷之内加茂川筋堤普請之儀、近来度々有之、入用銀相嵩大借ニ相成候ニ付、此度右借銀仕法相立候ニ付而者、銭座村両組居小屋鋪地之分、高割ニ右入用永々割賦相懸ケ申度旨願出候得共、近来銭座村儀甚以衰微ニ相成、殊ニ前々ゟ右等之引合も無之候故、全新規之事与存割賦銀差出シ不申、然者於其村方致迷惑候ニ付、右様之儀例ニ者不相成候得共、格別之訳ヲ以無拠
御地頭所へ引請、御世話被成遣候、右ニ付、当十二月より右入用銀為手当、毎年十二月銀百目、玄米四石ツ、永々御下ケ被成候、外ニ銀弐貫目当年限被下之候処相違無之候、然る上者銭座村両組敷地之分ゟ為差出来り候国役高懸り人足料村役米幷加茂川筋御普請後地潰れ弁米之割等、当年ゟ以後為差出申間鋪候、為後念一札如件

安政六年未十二月　大佛御殿
御勘定所（印）
柳原庄本郷
庄屋
年寄
中

2201 万延元年（一八六〇）四月
加茂川筋堤普請入用銀借仕法立一件留（抄録）

口上書
一当庄領加茂川筋堤普請入用銀借、村方今度仕法立ニ付、先年私共ゟ取次を以金弐拾両、右入用銀之内江取次調達いたし置候、其比金相場六拾四匁程之相場ニ候、然ル処此度村方仕法立を以御返済ニ付、其段先方江及引合ニ候処、六十四匁之引直シニ而者先方聞入不申、段々引合之上、七拾壱匁五分ニ而引合詰ニ相成候付、右相場之割を以私江御勘定被成下度奉願候、何分御村方より之証文表金出入之証文、其侭先方江相渡し置候、右ニ付何卒其御取斗被

成下度奉願候、以上
万延元年申四月廿一日　華屋市兵衛（印）
華屋清五郎（印）
御村役人中

2231　万延元年（一八六〇）四月
加茂川筋堤普請入用銀借財方仕法割方請取書渡し扣

（表紙）
「万年元年申四月
請取書渡シ扣
」

当領加茂川筋堤普請入用銀借財方六ヶ年之間仕法割方之内五ヶ年分
一合六百三匁壱分
外ニ弐口〆弐百弐拾五匁壱分九厘
〆八百弐拾八匁弐分九厘
右之通皆済
万延元年申四月廿日　柳原庄本郷
村役人
勘兵衛殿

覚
一銀八拾九匁弐分五厘　堤普請入用割
右者丸屋市兵衛分、其許殿弁銀ニ相成、書面之通慥ニ受取、此表
皆済如件
万延元年申四月廿日　柳原庄本郷
村役人（印）
勘兵衛殿

覚
五ヶ年分
一引残過銀五拾五匁九分五厘
右過銀、追而相渡し可申候、以上
万延元年申四月廿日　柳原庄本郷
村役人（印）
勘兵衛殿

当領加茂川筋堤普請入用銀借財方仕法六ヶ年之内割方五ヶ年分
合七百五拾九匁五分
外六拾九匁三分八厘　午四月不足
四拾三匁七分六厘　未四月不足
〆八百七拾弐匁六分四厘
右之通皆済
万延元年申四月廿一日　柳原庄本郷（印）
清五郎殿

当領加茂川筋堤普請入用銀借財方六ヶ年之間仕法割方之内五ヶ年
分
七百七拾弐匁五分
合
四百九拾八匁六分

〆壱貫弐百七拾壱匁壱分
外ニ百八匁四分五厘　午四月不足
八拾匁五分壱り　未四月不参
都合壱貫四百六拾六匁六厘
右之通皆済
万延元年申四月廿一日　柳原庄本郷（印）
市兵衛殿

当領加茂川堤普請入用銀借財方六ヶ年之間仕法割六ヶ年分
合弐貫百五匁八分九厘
右之通皆済
万延元年申四月廿一日　柳原庄本郷（印）
弥兵衛殿

覚
引残り過銀
一百八匁九厘　地代銀利足勘定残り
右過銀、追而相渡し可申候、以上
万延元年申四月廿一日　柳原庄本郷（印）
弥兵衛殿

当領加茂川筋堤普請入用銀借財方六ヶ年之間仕法割方六ヶ年分
合
壱貫八拾八匁弐分八厘　庄右衛門分
八百七拾八匁七分六厘　ぬい分

〆壱貫九百六拾七匁四厘
右之通皆済
万延元年申四月廿一日　柳原庄本郷（印）
庄右衛門殿
おぬい殿

証
当領堤普請入用村借之内
一引残り銀壱貫三百七拾七匁三分六厘
右残銀及返済ニ候迄、利足為手当、其許殿ゟ年々被納候村役米合
七斗壱升五合弐勺、為相任可申候間、年々引落可被申候、為証之
依如件
万延元年申四月廿一日　柳原庄本郷
庄屋忠右衛門印
見習源次郎印
年寄権右衛門印
庄右衛門殿
おぬい殿

当領加茂川筋堤普請入用銀借財方六ヶ年仕法割方之内五ヶ年分
川西野本・池田共
合壱貫弐百八拾壱匁壱分
外ニ四口
〆五百五匁三分七り　割もの

合壱貫七百八拾六匁四分七厘
右之通皆済
万延元年申四月廿一日　柳原庄本郷
利右衛門殿

証文

一銭三拾四貫文　利足月八朱
右者当村方要用ニ付、御町講銭之内、書面之通借用申処実正明白也、然ル処返済之儀者、当申四月ゟ来ル九月中六ヶ月限返済可申候、若不都合之儀御座候ハヽ、村高弁割を以聊無相違元利都合急度皆済可申候、為後証之借用一札依而如件
万延元年申四月　借用村方中
庄屋忠右衛門印
見習源次郎印
年寄権右衛門印
拾町目御町中

預り一札

一銭拾貫文
右者当町内浄心寺祠堂銭、町内江預り之内、書面之通村方江預り申処実正明白也、返済之儀者、御入用之節、り足相添、何時ニ而茂返済可申候、為後証之預り一札依而如件
万延元年申四月　預り村方中
庄屋忠右衛門
見習源次郎
年寄権右衛門
拾町目御町中

覚

池田廻り七畝廿歩
一四匁四分九厘　反ニ付五匁八分四り懸り
此処江壱朱入
右慥ニ致落手候、以上
万延元年申四月廿三日　柳原庄本郷（印）
定次郎殿

受取書之事

一〆高弐百四拾九匁六分也
右書面之通、当庄堤普請入用銀借込之内江、利足銀其許殿取替在之候処、此度相対之上、仕法方六ヶ年賦〆高之内江入ニ相成、依而慥ニ受取申処相違無之候、右受取書依而如件
文久元酉四月廿四日　柳原庄本郷
庄屋忠右衛門（印）
塩小路村
八右衛門殿
（追筆）
「如此受取書相渡し置候也」

覚

引銭不足分
一弐拾四匁壱分壱厘壱毛　　四月廿六日相場七拾弐匁八分四り
　但此金壱歩壱朱卜百六文　　拾弐匁四り
右者昨申年ゟ来ル丑年中六ヶ年賦仕法不残皆済ニ相成、依而受取
書如件
　文久元年酉四月廿七日　柳原庄本郷（印）
　　一文じ屋庄次郎殿

覚
年賦引残り
一弐百廿八匁四分七厘
　外ニ八匁九分壱厘　り足
合弐百三拾七匁三分八厘
　処江金弐両壱歩三朱卜百七拾八文
　　　金九拾六匁三分
　　銭十四匁九分　がへ
右之通年賦銀慥ニ受取皆済如件
　元治元年子十月晦日　柳原庄本郷（印）
　　勘兵衛殿
（追筆）「如此相仕立、十一月四日ニ相渡ス」

改添書
一引残壱貫三百七拾七匁三分六厘
　外ニ百四拾六匁六分六り　出入引違相渡し候分
　又百拾八匁三分五り　右同断ぬい分
　此弐口〆弐百六拾五匁壱り
　都合壱貫六百四拾弐匁三分七り
　此処江五ヶ年割
　　四百拾弐匁四分五り　庄右衛門分
　　三百三十三匁四り　ぬい分
　〆七百四拾五匁四分九り引
　残而八百九拾六匁八分八厘　当借也
　右之通残銀借用相違無之候、以上
　文久三亥年七月　柳原庄本郷
　　　　村役人（印）
　　山形屋庄右衛門殿
（追筆）「如此添書相渡し置候事」

2383 ―― 慶応元年（一八六五）一二月
加茂川筋堤普請入用につき銭座出村分出入勘定帳

　　北組江相渡し候分
慶応元丑年十二月
　柳原庄本郷ニ而取扱申候出入勘定覚
御殿様ゟ御下ケ被成候
一金拾七両弐朱
　外ニ南組新右衛門より下作米右同人ゟ依願取扱申上候
弐石五斗

此分文久弐年戌十月廿二日受書表通り割分ケル、則北組江
九斗弐升弐合六勺壱才
代弐百七拾四匁九分四り
此金弐両三歩ト
四匁六分弐り
代三百三十六文
九拾八匁三分
十三匁七分三り
仕立
右之内金弐歩壱朱ト弐百文
如此源左衛門手元江取入り在之候趣ニ付引之
残而弐両三朱ト百廿七文
〆
合拾九両壱歩壱朱　百三十六文
如此在之、是ゟ出し方左ニ
丑十二月御殿様江利足上納
一金弐両三歩壱朱ト弐百六十六文
拝借金元拾九両、月六朱ツ、
子正月ゟ丑十二月中閏共、廿五ケ月分
〆
東九条村御領町江例年之通渡方三石之内江
弐石分
代五百九拾六匁
弐百九拾八匁替

此内七分五り
四百四拾七匁
此金四両弐歩壱朱ニ而
壱匁四り過
代七十五文
九拾八匁弐分
十三匁九分三り
仕立
但七十五文人足ちんニ用ひ
〆
御預ケ所ゟ弁米
一弐斗壱升壱合弐勺六才
道年貢
一三斗四升八合
〆五斗五升九合弐勺六才
代百六拾六匁六分六り
此内七分五り
百廿四匁九分九り
此金壱両壱歩ト
弐匁弐分四り
代百六十弐文
九拾八匁弐分
十三匁七分
仕立
〆

当丑年加茂川筋御抱堤普請入用方へ　御地頭様ゟ被下もの
外割付壱反ニ付八拾三匁六分六りツ、懸り、御預ケ所七反六畝拾八
歩
一六百四拾匁八分四り
此内七分五り
四百八拾匁六分三り
此金四両三歩壱朱ト三百三文
九拾九匁
十四匁三り　仕立
〆
〆金拾三両壱歩三朱ト七百三十五文
御預ケ所役高
拾五石壱斗壱升壱合三勺
弐貫廿五文之内七分五り
一壱貫五百拾九文
丑二月九日当領字池田大路橋際ニ縊死人在之、御検使之上、死骸
取片付入用割、高壱石ニ付百三拾四文懸り、右役高懸り入用也
壱貫五百五十七文之内七分五り
一壱貫百六拾八文
丑六月二日加茂川筋七条通ゟ壱町程南之方流死人在之、御検使之
上、死骸取片付入用割、石ニ付百三文ツ、懸り
〆
壱貫四百廿壱文之内七分五り
一壱貫七拾文
丑七月盆前定使給弁番人養方割、石ニ付九拾四文懸り
〆
壱貫六百三拾弐文之内七分五り
一壱貫弐百七拾文
丑十二月前同断、石ニ付百十弐文懸り
〆
〆五貫三拾五文
此処江前書七百三十四文加也
合五貫七百六拾九文
代八拾匁七分五り
此金三歩壱朱ト廿弐文
九拾九匁
十四匁　仕立
〆金拾四両壱歩ト廿弐文
前書拾九両壱歩壱朱ト百三拾六文、此内ニ而引〆、残而五両壱
朱ト五十九文、如此始末ニ相成候事
丑十二月
勘定書　出村源左衛門分
当丑年加茂川筋御抱堤普請入用割前同断

弐反十三歩
一百七拾匁九分弐り
　此金壱両弐歩三朱ト
　　三匁八分六り
　　代弐百七十五文
九十九匁
十四匁三り
　仕立
〆
役高三石五斗五升四合三勺江
丑二月九日
一四百七拾七文　前同断
同六月二日
一三百六十七文　同断
同七月盆前
一三百三十五文　同断
同十二月
一四百弐文　同断
前書弐百七十五文此〆江加也
〆壱貫八百六拾四文
　代廿六匁壱分
　此金壱歩ト百文
九十九匁
十四匁
　仕立

〆金壱両三歩三朱ト百文
右前書五両壱朱ト百十四文之内ニ而引〆、残而三両弐朱ト十四
文
　丑十二月
右之通当丑年始末ニ相成候、然ル処兼而先年ゟ及懸会罷在候
一弐貫五百九拾七匁五り
此内七分五り
壱貫九百四拾七匁七分九り
外ニ利足
四百五拾五匁八分弐り
合弐貫四百三匁六分壱り
　如此〆高ニ相成候
右者出村外(分カ)百姓中、去々亥年ゟ五ケ年賦割付を以、年々弐ケ度ツヽ、
利足割相添割出し相懸り有之候、然ルニ此出村者共侭ニ而是迄少し
茂出銀無之故、甚以双方江差支ニ相成候、依而是迄度々及懸ケ会ニ
罷在候事ニ候也
右者出村江督分を御下ケ被成候、督分何時ニ而茂相渡し可申候間、
夫々兼而及懸会罷在候始末を取極メ可被申候様、此段申入候事
右前書始末相分り不申候ハヽ、早々尋出可申候事
　但当十三日帳面差出し可被申旨申入候処、帳面出ス義者延引いた
　し呉候様ト在之候へ共、為念之如此申入置候事
寅正月二十一日　柳原庄本郷

若算違在之候ハヽ、早々申越之事

村役人（印）

是ゟ弐反十三歩源左衛門分
一六百九拾弐匁六分九り
り足百六拾弐匁壱分弐り
合八百五拾四匁八分壱り
〆
右之通是又前同様先年ゟ及懸会罷在候処、其侭ニ相成在之候事
寅正月廿一日

寅二月九日
出村高懸り滞丑年分、則上郷ゟ北組江度々懸会之上、北組ゟ返答
有之候、依手続
上郷ゟ本郷江懸会有之候、依此段本郷ゟ北組江及通達候上、左ニ
右滞り高
此代金三歩三朱ト銭三百廿三文
如此相渡し、其段日細（ママ）之受取書本郷江受取置候事
依前書残金三両弐朱ト十四文之内ニ而引之、残而左ニ
金弐両弐朱ト百三拾九（七）文
〆右丑年之始末ニ候也
（貼紙）「如此丑年分有もの」
此段寅三月十二日
御殿様江本郷ゟ御届申上置候事

〆

2383―2　慶応二年（一八六六）三月

加茂川筋普請入用借財銀年賦出村仕法につき銭座跡南組請書

御受書

一出村御預ケ所昨丑年出入勘定、例之通柳原庄ニ而御取扱被下、則勘定書当正月廿一日御渡被下候通承知仕候、金七両壱朱ト銭三貫五百廿九文、此内金四両ト銭壱貫拾九文引ケ方ニ相成、右出入引ケ残り三両壱朱ト弐貫五百拾文有之候、然ル処兼而先年より承知仕罷在候柳原庄領之内加茂川筋御抱堤普請入用借財銀元利年賦割付方、文久三年亥七月ゟ五ケ年賦を以年々両度ツヽ、出銀ニ而、本郷領惣反別地坪江割付ニ相成、此割出村之内元惣代持平兵衛分七反六畝拾八歩江懸り高四四ニ而合弐貫五百九拾七匁五厘、此内弐分五厘之割を以、南組分六百四拾九匁弐分六厘、外ニ利足百五拾壱匁九分弐り、合八百壱匁壱分八厘、昨丑年十二月如此相滞有之候、右ハ出村仕法之義者兼而先年ゟ度々色々与
御沙汰を奉受罷在、右受書等差上乍置等閑ニ相成候付、前書残金三両壱朱ト弐貫五百拾文、右年賦滞り之内江御引取可被成之処、左ニ願上候、右滞り済方仕法之義者早々取懸り仕法相立皆済可仕候間、右前書残金之儀者　御地頭様拝借江返上可被成下候様願上候義相違無御座候、然ル上者前書滞り銀済方之儀、此上等閑置候得者、如何様共御取扱可被下候、為後日之依而如件

慶応弐年寅三月　　銭座跡南組
支配人印

（追筆）「如此三月十日申遣ス」

2221―Ⅰ・2　慶応三年（一八六七）六月

加茂川筋堤普請入用銀出入和談につき済状

済状一札　下書

一従　御公儀様安政三辰年加茂川筋御浚之節、当庄本郷領之内東西堤筋惣間数五百六拾三間之処御普請被成下候上、右堤筋ニ付跡方御定法之趣被為仰出置候、此惣間数之内、東堤ニ而字河原坂通上ル処ゟ下モ江八拾間余之処、翌巳年閏五月出水ニ而川成悪敷、右御普請跡堤追々欠減シ損所出来、右巳年ゟ当卯年ニ至而拾ヶ年余之間夕川成悪敷侭ニ而年々損所続キ、此場所之内上下モ之間夕ニ年々急場之為防普請此入用銀多分ニ有之候、然ル処前書同様御普請跡西堤筋之内ニ而、一昨丑年、昨寅年続而、弐ヶ所川成悪敷損所出来、是又無余義夫々急場為防此普請入用銀有之、別而時節柄故、多分之入用銀ニ相成候、右者東西共堤普請銀無余義始末ニ而、村方百姓中困窮罷在候、然ルニ前書東堤損所普請入用銀高之内江為助成弐分五り、則水車庄次郎ゟ出銀いたし候旨、此義一昨丑年ニ極り有之候、然ル処元来当庄領ニ水車を以渡世相続有之候、此意味訳を以、西堤筋普請銀入用方へ茂助成銀差出し有之度候、併右助成差出し方ニ付、迷惑ニ不相成候様、右水車ニ仕法工夫方茂可有之事ニ被存候付、右等工夫を以永々当地江之為勤功急度為方ニ可成様、則昨寅十二月村方ゟ庄次郎江及熟談置候処、其後右同人ゟ扱人を以対談之上歎願ニ者、東西之堤江助成方を東堤之当時損所限ニ取縮メ、前書弐分五り助成、外ニ壱分五厘相増、都合四分通り差出し方ニ而対談済ニ可相成様いたし度旨有之候へ共、右ニ而者百姓中ニ承知難相成、依之度々之対談及破談ニ、意味深長段々手縺入組ニ相成候付、前書東堤当時之損所堤内地下夕、権右衛門・平右衛門・忠右衛門、右三人之反別ゟ同所普請入用高之内、壱分通り為助成出銀可有之旨、如此ニ而都合五分之出銀方、残り五分者惣百姓中反別ゟ出銀可致旨、右ニ付百姓中反割出銀之節、此東堤当時之損所普請之割賦ニ限り、前書一分通り助成方茂有之候付、右堤下夕三人之反割者除之可申旨、右等始末を以此度取扱在之候処、双方共納得之上、当時之損所跡普請早々取懸り可申旨和談相調ひ、右書面之通相違無之上者、改而以後之極り置候、然ル上者後々年ニ至迄申分少茂無之候、為後証之済状連印一札依而如件

覚　下書

一去ル寅年当領加茂川筋東西堤之内損所水除杭打建方右入用銀之内江、同年七月十三日其許殿ゟ金子三拾両、村方江借入置候処相違無之候、然ル処近年東西堤普請入用銀多分ニ付、百姓中及困窮罷在候、然ルニ東堤字河原坂通上ルゟ下モ江南北八拾間余之此損場所ニ限り、右堤普請入用高之内江弐分五厘為助成、其許殿ゟ出銀方ニ相成候義者、一昨丑年ニ極り有之候、然ル処西堤江茂助成方有之度旨、昨寅十二月及頼熟談置候処、其後扱人を以数度談答方数度有之候処、折合不申、及当卯六月ニ扱人ゟ則以後之助成出銀方色々仕法立を以取斗取扱在之候処、双方納得和談済ニ相成、依之前書三拾金（両）者、則昨寅年東西堤水除杭打建修復入用銀之内へ為

助成差出し被申候義相違無之候、為証之依而如件

慶応三卯年六月十七日　　柳原庄本郷

村方中判

水車

庄次郎殿

（後略）

第四章　賤民集落と非人小屋

解　題

1　銭座跡村

近世後期の柳原庄の庄域には、現在の「崇仁地区」を構成する三つの賤民集落（穢多、かわた村）が隣接して存在していた。六条村、銭座跡村（銭座跡村出村を含む）、大西組の三村である。この三村のうち、今村家の文書群に登場するのは、圧倒的に銭座跡村と同村の出村である。六条村については、柳原庄内ではあるものの、支配関係が相違するために、村内の具体的な状況を伺わせる史料は絵図以外に存在しない。支配関係の相違は、本書の巻頭に掲載した安永四年（一七七五）二月の彩色絵図「大仏柳原庄田畑際目之図」〔51〕で、地目や土地割りが示されず、六条村が村名と惣坪数しか記載されていないことにも反映している（なおこの絵図は、妙法院にも同じ内容のものが所蔵されている。今村家の絵図は、二〇〇一年の大阪人権博物館の「絵図に描かれた被差別民」展でも展示され、同図録に写真が掲載されている）。

残存するのは銭座跡村関係のうち、文政年間の後期に銭座跡村の東方向への建屋の建設から始まる出村関係の史料がほとんどと言ってよい。その点からすれば、編集において、銭座跡村と銭座跡村出村を分けずに一つにまとめる判断もありえた。しかし、享保一七年（一七三二）に始まる銭座跡村の開発の記録や、奈良屋儀兵衛の土地の集積を示す証文類が多少残っているので、銭座跡村出村に比較すれば史料数は少ないが、銭座跡村の節をたてた次第である。

銭座跡村の開発に関する史料が、「柳原庄元銭座跡一件之写」〔1631〕である。この史料は、明治一三年（一八八〇）七月二〇日に戸長役場に提出された写であるが、内容的に銭座跡村の歴史を考える上で外すことのできない史料であるので、ここに収録した。

奈良屋儀兵衛による土地の集積は、嘉永五年（一八五二）の〔1708～1718〕などにみられるが、ほとんどが笹屋源左衛門よりの譲渡である。銭座跡村開発から約八〇年が経過し、銭座跡村における新興富豪の第三世代の登場を示しているのであろう。

もう一つ注目されるのが、二度にわたって発生した年貢の直納の動きである。一度目が寛政九年（一七九七）六月の「申合一札之事」〔1971〕で、天部村年寄源左衛門・六条村年寄与惣吉と柳原庄本郷の百姓中の争論となる。二度目が、前述の「柳原庄元銭座跡一件之写」〔1631〕に筆録されている文化元年（一八〇四）九月一一日の「奉差上済証文之事」である。この時は、千代原村半左右衛門と東塩小路村平右衛門が取曖人となって落着をみたようである。いずれも直納は実現しなかったと考えられるが、この直納の動きにたいして、「御望奉申上口上書」〔1810〕によれば、手錠宿預・六ケ国追放・所払などのほか、銭座跡村の本願寺派の西光寺が牢死し、西光寺と大谷派浄楽寺はともに「取上」となり、寺院ではなく「会所」とされるなど、非常に厳しい処分が下されていることが注目される。

2　銭座跡村出村

今村家の賤民集落関係の史料でもっとも数が豊富なのは、銭座跡村出村関係である。しかもその内容は、年貢の高関係、土地所有の移動や家作・居小屋の建添関係が大半である。また、冊子に筆録されている個々の史料には、本節に置くより他に分立させた方が適当なものもあるが、冊子全体としては銭座跡村出村が主体となっているような場合は、本節に収録している。

『柳原町史』によれば、銭座跡村の東方向への進出は天保七年（一八三六）一二月からであるが、文政九年（一八二六）二月の「為取替一札」〔2282〕などによれば、笹屋伊兵衛・伊賀屋吉兵衛・八幡屋平兵衛・笹屋五三郎・花屋伝兵衛らによって、「字中川原・同三条領」の土地が買得されだしていた。彼らの土地買得は、文久元年（一八六一）六月の「奉願上口上書」〔2278〕では、銭座跡村北組の伊勢屋理助によって「文政九戌年二月出村取建候ニ付、平兵衛弁ニ外四人願人ゟ右地面譲り呉候様申来り候」などと表現されており、単なる農地としての取得ではなかったと考えられる。同年三月の一札〔2310〕には、笹屋伊兵衛・伊賀屋吉兵衛などが「出村建添地願人」として登場していることからも間違いないと思われる。この文政九年の出村取建築地の買得については、「当時出村ニ相成候場所、文政九戌年元地取絵図」〔2396〕が対応している。この後も天保四年一一月の「売渡一札之事」〔2302〕などにみられるように、「出村居小屋地」としての売買がおこなわれてゆき、その頃の出村における居小屋の状況は、「大仏柳原庄荒畑地此度建家地願場所杭木相渡裏絵図」〔61〕に示されている。

銭座跡村の東方向に進出したのが出村であるが、そのもっとも東側に形成されたのが革干場であった。革干場の成立については、文久元年（一八六一）七月の「乍恐書附を以奉願上候」〔2287-1〕をはじめとして、十数点の史料を収録した。とくに文久元年五月「乍恐書附を以奉願上候」〔2289〕の指図や、「干場麁絵図面」〔2286〕に地割りの状況が示されている。

ほかに注目されるのは、諸種の一紙文書が仮綴された「文久弐年戌四月十六日より銭座跡村弁出村端書」〔2394〕に含まれる、牛角の売買や牛肉渡世に関する史料である。

牛肉関係の史料については、明治四年一〇月二日の「乍恐口上書」〔1642〕がある。これは、銭座跡村の奈良屋宗七と大和屋利吉が、明治四年一〇月より翌五年二月まで、加茂川筋正面下ルと七条通下ルの小屋にて牛肉煮売渡世を願い出たものである。一方〔2394‐62〕は、メモのような下書きにすぎないが、それ以前の幕末期にも、明らかにこの地域で「牛肉渡世扱之もの」が活動していたことを示している。京都における食肉としての牛肉の早い事例であろう。

3　大西組（小稲荷）

先に触れた「大仏柳原庄田畑際目之図」には、六条村のほかにもう一箇所、地目・土地割りが記載されていない地区がある。それが大西組（小稲荷）である。同絵図には、天部領と惣坪数が記載されているだけで、大西組という表記も小稲荷という地名表記もなされていない。大西組の開発は、文化一一年（一八一四）より六条村の革干場として天部村から借用していた「天部村領字小稲荷と申畑地」に、天保一四年（一八四三）一一月に六条村より建家の願いが出されたことに始まる（『京都の部落史』第五巻、三一五・三五四頁）。ただし、大西組という地域の表記は近代以降に成立したもので、今村家文書の前近代の史料には見いだせない。

現在も使用されている小稲荷という表記も、今村家文書の前近代の史料にはほとんど見いだすことができない。かろうじて元治元年（一八六四）二月に高瀬川筋の小舟入り口に男の生首が流れ着いた一件で、地名が字小稲荷と表記されていることくらいである〔1290〕。

一方、今村家の近世の文書群には、嘉永四年（一八五一）頃より「鯉形」という表記が登場してくる。この表記が「こいなり」と呼称されていたことは、銭座跡村の建添小屋の譲り一札〔1717〕などに「字こいなり」とひらがな表記されていることから、間違いないと考えられる。本節では、この「こいなり」と天保一四年に開発が本格化した「小稲荷」を同じ地域と仮定して、「鯉形」「こいなり」と字名が表記される文書・記録をまとめて収録した。そのほとんどが、銭座跡村の建添地の譲り状や買得などに関する内容である。

ただし、以上の仮定に疑問がないわけではない。たとえば、「当庄本郷之内銭座鯉形建添地分沽券状写幷村法一札」〔2392〕に筆録された「買券状之事」と「乍恐普請御願」では、「鯉形」が天部領とは表記されず「柳原庄領之内字鯉形」とされ、売買の対象となった元銭座村居小屋建添地についてもその位置を「西者高瀬川綱道限」としていることからすると、少なくともこの「鯉形」は高瀬川の東側ということにならざるを得ない。

4　七条裏等非人小屋

地元の崇仁地区でごく普通に「水車」「七条裏」と呼称すると、加茂川に架かる七条橋の西詰めにある松明殿の南側にあった「非人小屋」の跡地を意味する。現在は、改良住宅の駐車場に整備されている小屋頭の屋敷跡には、小屋頭宅の庭の築山の跡だと伝承される一角がそのまま現存している。

本節では、数は少ないが七条裏の非人小屋に関する史料をまとめた。この非人小屋は、元治元年（一八六四）七月の火災で焼失するが、翌年には小屋頭の平三郎によって再建が開始されている。〔1919〕より〔1921〕の一括された三点が再建に関する史料である。そのうち、〔1920〕の小屋の麁絵図は、先に触れた「大仏柳原庄田畑際目之図」とともに、大阪人権博物館の「絵図に描かれた被差別民」展でも展示され、同図録に写真が掲載されている。この絵図に示された小屋の配置は、現在の改良住宅が建設される前に調査された住宅とまったく同じ配置になっていたことが、一九八八年から八九年にかけてなされた調査の報告書『崇仁地区住宅調査報告書』（京都市文化観光局）によって判明する。残りの史料は、小屋頭六助から才次郎、才次郎から平三郎への小屋の名跡相続である。

なお、今村家文書の近世史料を読むときに、「水車」「七条裏」という史料上の表記を、単純に現在地元でなされる呼称と同じに理解することはできない。この点、注意が必要である。たとえば、「七条裏」と表記される場所は、非人小屋があった場所の呼称に限定されない。元治元年（一八六四）の「農作耕作方日記」〔1305〕には、松明殿の南にあったネギ畑が「川西七条裏上之町ねき植付、十五日植ル」と記される一方で、「川東七条裏」の表記も登場している。「水車」に関しては、柳原庄内で加茂川や高瀬川の水流を引き込んだ水車が、町人身分の者たちによる賃踏によって各所に展開していた。万延元年（一八六〇）二月の「（東台井筋）両水車約定之旨御届ケ書」〔1835〕は、新規に水車の取り掛けを願った長沢屋多三郎と、すでに水車渡世をおこなっていた坂本屋おつねの間に交わされる井筋の利用に関する約定であるが、坂本屋おつねの肩書きは「七条裏水車」となっている。しかし、この「七条裏水車」は加茂川の東側の「東台之井筋」の水車である。

第一節　銭座跡村

1975　享保一七年（一七三二）三月　柳原庄内元銭座屋敷跡荒地、穢多居小屋地として天部・六条村年寄へ下されにつき証文

（端裏書）「享保十七年子三月廿三日証文写」

証文

一御領分柳原庄之内元銭座屋敷跡荒地弐町三反半之所、今度穢多居小屋地ニ被成度段、御奉行所江被仰入無御別条相済、右地面天部村年寄源左衛門・六条村年寄与惣兵衛両人之者江差遣之処、然ル処先達而居小屋地仕度、願人共ゟ為地代銀子四貫五百目差出シ置候故、今度両人之者江地面被下候上者、地代銀四貫五百目先達而之願人共へ御慈悲を以而被差返候ニ付、右為地代銀子四貫五百目源左衛門・与惣兵衛ゟ差出シ請取之候処実正也、両人之者江者、其方ゟ受取証文可差遣之候、受取証文仍如件

享保十七年子三月廿三日　山下監物印

松井主殿印

柳原庄

重右衛門殿

1632　寛政元年（一七八九）八月　居小屋地出口道幅につき願書

御願奉申上候口上書　写

一私共居小屋出口之道幅、壱間宛ニ御座候処、近来土崩落候故歟余程狭ク相見へ申候、依之荷物持通候節、又牛馬抔牽通之砌、除方

無御座候故、不得止事田地之内へ踏込ミ、作物等損候様も相成、気毒奉存候ニ付、此度左右壱間之処御改被下置、別ニ新加之道間寸、都合壱間半之道幅ニ御成被下候様奉願上候、勿論新道之処古道割合之通、道年貢年々無相違相納可申、尤右道筋之内如何様之義出来候共、私共ゟ相弁可申候間、何卒右御願之通御聞届被下候様一統奉願上候、以上

元銭座跡

寛政元年酉八月六日　北組年寄　源左衛門印

南組年寄　与三吉印

御本所様

御役人中様

2324　寛政元年（一七八九）八月　小屋建につき一札

奉差上候一札

一私儀近来勝手ニ付農作仕候処、折々俄雨等ニ而甚困り申候ニ付、此度私地面之内ニ而間口五間、奥行三間之墾小屋建申度候趣御願申上候処、御聞届被下、早速御見分之上、願之通被仰付忝奉存候、然ル上者右小屋堀込柱筵囲ニ仕、建家ケ間敷候儀決而仕間敷候、勿論火之用心等之儀、猶更入念可申候、依而奉差上候一札如件

元銭座北ノ町

いせや

寛政元年酉八月　理兵衛（印）

同組頭

大和屋

平兵衛（印）

御本所様

御役人中様

2033　寛政六年（一七九四）五月　銭座村穢多打擲一件につき一札

差上申一札

一　当村之内高瀬川筋銭座村前綱道ニ而、城州紀伊郡竹田村百姓吉三郎と申者を銭座村穢多共打擲いたし疵付候ニ付、其節私共儀も早速罷越、倶々介抱もいたし遣申候、然処右者吉三郎儀、同村百姓彦左衛門下人長八与申者両人共、一昨十八日京都江小便取ニ参り、同夕七時頃高瀬川筋五条橋下ニ而、舟頭卯之助舟ニ乗帰り候節、銭座村前綱道ニ同村穢多半兵衛倅伊之助と申十三才・同藤八同居甥市松与申十四才ニ成もの、両人共遊ひ居石を投合ひ候節、怪我ニ吉三郎頭ニ中り候付、舟ゟ上り追かけ候節、銭座村穢多喜三郎儀参り合セ、子供之事ニ候間了簡いたし遣候様及挨拶候得共無聞入、夫より口論ニ相成追々穢多共罷出、右喜兵衛幷吉兵衛・源四郎・利兵衛・弥吉・半兵衛・三之助等打寄り、吉三郎を打擲いたし疵付相悩候儀ニ付、其外穢多共立寄候得共、口論ニ携之儀者勿論、打擲等いたし候儀無之由、一件之もの共御吟味之上承知仕奉驚候、併当村領之内ニ御座候得者、右躰之儀有之候ハヽ、早速御訴も可申上処、竹田村ゟ御訴申上候ニ付、心取違仕御訴も不申上候段不調法奉恐入候、御赦免奉願上候、尤外ニ怪敷風聞等一切及承不申候、若外ニ子細有之右之及始末候儀を乍存隠置、重而露顕仕候ハヽ、此判形之もの如何様共可被為仰付候、為後日之奉差上一札、仍而如件

寛政六年寅五月廿日

大仏柳原庄
庄屋　忠左衛門
惣代　茂左衛門

御奉行様

1971　寛政九年（一七九七）六月　直納願一件につき申合一札

申合一札之事

一此度居小屋地之者共ゟ御殿江直納相願候ニ付、前役重右衛門殿倅城之進右企ニ荷担之様粗致承知候、且郷内書物等之有無幷百姓持高年貢之五斗四迄彼方へ内通いたし、郷内一統及難儀候処、御両人御苦労之段奉察候、然ル所弥直納ニ相成候様子ニ相聴候ニ付、左候得者村法難相立候故、御両人共役儀ニ替御苦労思召被下候段、郷内一統忝奉存候、然ル上者私共も村法相立候様ニ御糺相願、各々方之勤功相立候申合、何方迄も願御地頭表を可仕候、且又右城之進儀当郷内向後着合不申候、万一御殿ゟ跡役被仰付候共、一統不心得之旨申立御請申間敷候、仍而申合一札如件

但、役米売払候事得与相糺候上、村法之通相任可申候

柳原庄本郷
年寄　勘三郎（印）
頭百姓茂左衛門（印）
同　平右衛門（印）
同　甚右衛門（印）
同　京兵衛（印）
同　権右衛門（印）

寛政九年巳六月

同　利右衛門（印）
政右衛門（印）
七兵衛（印）
長右衛門（印）
次郎助（印）
七兵衛（印）
七兵衛（印）
庄右衛門
久兵衛（印）
仁兵衛（印）
喜兵衛（印）
伊左衛門（印）
新右衛門（印）
喜惣兵衛（印）
八右衛門（印）
孫左衛門（印）
次郎助（印）
吉右衛門（印）
甚右衛門（印）
長五郎（印）

庄屋忠左衛門殿
同　清左衛門殿

1810　年未詳（寛政年間カ）　直納願一件につき口上書

御望奉申上口上書

五月廿二日

御制禁を□□幷直納願候事
手錠宿預　年寄源左衛門
同断
六ケ国追放　組頭伊右衛門
但シ五十杖打
天部村・六条村年寄江引渡し
組頭善七
手錠宿　同　理兵衛
平　嘉右衛門
御□御用ニわかさへ貸附□
所払　平　勘兵衛
伊右衛門妻
たか
西光寺
牢死
浄楽寺
両寺共取上候而会所
同月廿七日　北組
組頭　佐兵衛
平　半兵衛
同　六兵衛
同　平兵衛
同　藤五郎
善七倅
同　善八
南組
平　八郎兵衛
同　儀兵衛
五拾杖擲払
六月廿三日先月廿二日ゟ御預之者共
年寄　源左衛門
組頭　善七
同　理兵衛
平　嘉右衛門

1976　寛政一〇年(一七九八)七月
元銭座跡居小屋地絵図・開発地代銀証文写相渡しにつき一札

(端裏書)「元重右衛門倅
寛政十年午七月廿二日　相手　今西主膳」

一札之事

一此度村方書物之儀ニ付及争論候処、元銭座跡居小屋地絵面壱枚幷右開発地代銀証文写壱通相渡申候、外ニ書物致吟味候得共無之候、此後外ニ書物等被及見聞候ハヽ、如何様共可被致候、其時一言之申分無之候、依而如件

前庄屋重右衛門倅
寛政十年　今西主膳（印）
午七月廿二日
大仏下池田町
証人　年寄藤助（印）

柳原庄本郷村方中

1977　寛政一〇年（一七九八）七月

今西主膳元銭座跡開発一件書物出入内済につき済状

（端裏書）「（朱筆）「村用書類之義ニ而及訴訟事件」

元重右衛門倅

相手　今西主膳」

寛政十年午七月廿五日添状控

乍恐済状

一大仏柳原庄之内元銭座跡開発一件書物之儀ニ付、今西主膳殿と及出入、去巳十一月十三日主膳相手取御願申上、同廿三日双方被召合対決之上、御聞懸ケニ相成候故内済仕度候付、追々御猶予之儀双方連印を以御願申上、段々及対談候処、主膳方ニ持伝候開発地面絵図壱枚幷主膳方ニ有之候開発之節地代銀証文之写壱通、右両通主膳ゟ相渡対談相調相済候付、双方連印仕済状奉指上候、御慈悲ニ右之段御聞届被成下候ハヽ、難有可奉存候、以上

寛政十年午七月廿五日

大仏柳原庄

百姓茂左衛門（印）

同　平右衛門（印）

同　権右衛門（印）

同　忠左衛門（印）

付添人利右衛門（印）

柳原高倉西江入ル

今西主膳（印）

年寄小兵衛（印）

御奉行所

1978　寛政一〇年（一七九八）一一月

居小屋地書物出入につき御届書

（端裏書）「（朱筆）「寛政十年午十一月書類ニ付、　柳原庄本郷

今西城之進ト出入之件々」　（印）　百姓中」

上

一当村前重右衛門退役被仰付候以前山下監物様・中村帯刀様御在役之節、居小屋地書物等所持請取置候様被仰渡、則忠左衛門ゟ及対談候処、彼等家附事ニ申取（ママ）相渡不申候ニ付、右之段御届奉申上置候、然ル処寛政六寅年当村東九条村出入出来候処、西九条村・東福寺村取噯ニ入候砌、高瀬川筋浚之儀ハ先例有之候旨相手方ゟ申立候ニ付、当村方ニ先例無之与申証拠等有之候哉与取噯方ゟ相尋□□、明和七寅年東九条村ゟ百姓罷越、始而右川筋堀浚候例無之候故、其段申遣候処、村役建之進（ママ）ゟ百姓方了簡違之旨断書状来、当村方帳簞司（ママ）江納有之候処、差掛り右書状無之候故、則噯人東福寺村年寄清左衛門を相頼ミ城之進（ママ）方へ遣候処、柳原ゟ借ニ来候得者無之旨可申候得共、東福寺村之儀ニ候得ハ貸遣候由申候、都而村方附属之書物類、彼方壱人役之節之分差押置可申所存ニ而、村風ニ不難相叶、依之立退一統相願申度存念候処、流場少々所持仕候得者、乍聊御高所持居申候ニ付、以来郷中不附合御座候間、出作百姓ニ仕置、右之段御届奉申上候、以上

寛政拾年

午十一月

柳原本郷百姓

惣代　茂左衛門（印）

同　平右衛門（印）

同　三右衛門（印）
同　八右衛門（印）
年寄　勘三郎（印）

御本所様
御代官中様

1710　天保三年（一八三二）五月　譲り渡申田地之事

譲り渡申田地之事
妙法院殿御領分柳原庄之内
字八条之上壱ヶ所
本帳弐畝弐拾歩　高　四斗五升五合
取　三斗壱升五合弐勺
字同所　壱ヶ所
本帳壱反弐拾歩　高　壱石八斗壱升三合
取　壱石弐斗四升七合八勺四才
村役米合　壱斗三升六合八才
此四方　東者理助地限り、西者孫左衛門・利助地限り
南者銭座限り、北者久兵衛地限り
右弐ヶ所田地我等所持来候得共、此度要用ニ付代金三拾九両慥ニ請取、其許江譲り渡申処、実正明白也、然ル上者此田地ニ付自今已後申分少も無之候、尤他ゟ何之構妨毛頭無御座候、若違乱申者有之候ハヽ、此印形之者罷出急度埒明、其元殿江少も御難儀相掛申間敷候、為後日之田地売券状依而如件

田地譲り主

天保三年
辰五月
伊勢屋利助（印）
庄屋　忠右衛門（印）
頭百姓　甚右衛門（印）
同　平右衛門（印）

源左衛門殿

（裏書）
「嘉永五年子正月廿四日
表面之通源左衛門所持罷在候処、此度奈良屋儀兵衛方へ銀三貫目ニ而譲り渡相成候事」

1708　嘉永五年（一八五二）正月　柳原庄本郷字八条之表田地譲渡につき口上書

（端裏書）
「嘉永五年子正月十九日出ス　銭座源左衛門ゟ奈良儀へ譲候」

口上書

一御領分柳原庄本郷之内
字　八条之表弐ヶ所
本帳　弐畝廿歩　高合弐石弐斗六升八合
壱反廿歩　取合壱石五斗六升三合四才
御年貢
口米　合　壱石七斗三升三勺九才
村役米
右之田地私義所持罷在候処、此度勝手ニ付親類共立会之上、同所奈良屋儀兵衛与申者江譲渡申度、右為銀子三貫目請取申筈ニ相対仕候、右ニ付前文之通御年貢并口米・村役米共、且其外高掛り出

銀、都而当御村法之趣申聞候処、同人承知仕罷在候付、右儀兵衛義当御村方ニ御差支無御座候哉、御差支も無御座候者譲渡申度、何卒御定例之通御取計可被成下候様、右書面之通少茂相違無御座候付、双方連印を以此段奉願上候、以上

嘉永五子年正月十九日

元銭座跡北組

譲主

願人　笹屋源左衛門（印）

親類惣代

笹屋庄左衛門（印）

譲請主

願人　奈良屋儀兵衛（印）

本郷

御役人中様

1712　柳原庄本郷字八条之表田地譲渡につき一札

嘉永五年（一八五二）正月

（端裏書）「源左衛門ゟ」

一札

一御領分柳原庄本郷之内

字八条之表弐ケ所

本帳　弐畝廿歩　高合弐石弐斗六升八合

壱反廿歩　取合壱石五斗六升三合四才

御年貢

口米　合　壱石七斗三升三勺九才

村役米

右之田地私所持罷在候処、此度勝手ニ付同所奈良屋儀兵衛方江譲渡申候ニ付、今日証文切替仕候迄、右田地ニ付諸役高掛り御割賦、其外不寄何事ニ切替迄之分者、御取集御沙汰之節無相違急度承知仕、其割賦通差出可申候、為後念請書仍如件

嘉永五年子正月

廿四日

御領内

元銭座跡北組

笹や源左衛門（印）

親類惣代

笹や庄左衛門（印）

本郷

御役人中様

1718　柳原庄本郷字八条之表田地譲り請けにつき一札

嘉永五年（一八五二）正月

（端裏書）「嘉永五子年正月廿四日銭座奈らや義（ママ）兵衛ゟ取之　村法一札」

一札

一御領分柳原庄本郷之内

字八条之表弐ケ所

本帳　弐畝弐拾歩　高合弐石弐斗六升八合

壱反弐拾歩　取合壱石五斗六升三合四才

御年貢

口米　合壱石七斗三升三勺九才

村役米

右之田地、此度笹屋源左衛門殿ゟ私江譲請申候ニ付、当御村法之趣
相守可申候、御村法御ヶ条
左之通
一当御村方前々より御定之通相守可申候
一御年貢之儀者、毎年其年之御相場を以十一月廿八日銀納、御蔵附
十二月廿日迄村役米共皆納可仕候
一御地頭様御用幷御村用諸役人足共、不寄何時差出可申候
一加茂川筋出水之節者、早速防人足ニ罷出可申候
一御抱堤御普請之節者、人足ニ罷出可申候
一御抱堤御普請諸入用割賦、反割を以一同割会（ママ）ニ不相洩割合之通差
出可申候
一田地之内江竹木類勝手儘一切植可申間鋪候
一田地悪水抜常々相浚可申候
一田地四方際目有来候通相守、地隣之差障ニ相成候儀等一切仕申間
鋪候
一田地之内有来昨（ママ）方立毛之外成儀一切不仕候、若哉品変昨方等仕候
ハヽ、前以其段相願出御差図を請可申候
一御村方臨時諸入用高掛り御割賦、不寄何時差出可申候
右前条之通常々相心得急度相守可申候、此田地ニ付不寄何事ニ御村
役人ゟ之御差図ニ違背仕間鋪候、若万一右御ヶ条之通一ヶ条ニ而も
不相守不法之儀等御座候ハヽ、御村方御定法之通可被為仰聞候、其
時一言之御断申上間鋪候、為後日之御村法一札依而如件

嘉永五年子正月廿四日

御領内
元銭座跡北組下
奈良屋儀兵衛（印）
伜　繁蔵（印）

本郷御役人中様

1709　嘉永五年（一八五二）正月　譲り渡申田地之事

（端裏書）「源左衛門ゟ儀兵衛江譲り渡ス証文之控」

譲り渡申田地之事

一妙法院殿様御領分柳原庄之内
字八条之上壱ヶ所
本帳　弐畝弐拾歩　高四斗五升五合
取三斗壱升五合弐勺
字同所　壱ヶ所
本帳　壱反弐拾歩　高壱石八斗一升三合
取壱石弐斗四升七合八勺四才
御年貢
口米　合壱石七斗三升三勺九才
村役米
此田地四方、東者三右衛門地限、西者平兵衛・利
助地限、北者市兵衛地限、南者銭座跡鋪地限
右之田地我等所持来候得共此度要用ニ付、銀子三貫目慥ニ請取、
其許殿江譲り渡申処実正也、然ル上者此田地ニ付自今以後申分少茂
無之候、尤他ゟ何之構妨毛頭無御座候、若違乱申者有之候ハヽ、
此印形之者罷出急度埒明、其許殿江少茂御難懸ケ申間敷候、為後

日之田地譲り券状依而如件

嘉永五年子正月

田地譲り主
笹屋源左衛門（印）
親類惣代
笹屋庄右衛門（印）
奈良屋儀兵衛殿

右前文之通相違無之候、以上

庄屋忠右衛門
年寄甚兵衛

2108　安政六年（一八五九）一二月　近来銭座村衰微のため、加茂川筋堤普請入用銀手当御下げにつき一札

（端裏書）「御書附壱通従御地頭所当庄本郷江御渡被成候事
昨未年十二月廿九日如此被仰出ニ相成、此書付当申年御渡被成候、依之此受書則未年之受書ニ而当申十一月十五日御受書差上申候事」

一柳原庄本郷之内加茂川筋堤普請之儀、近来度々有之入用銀相嵩大借ニ相成候ニ付、此度右借銀仕法相立候ニ付而者、銭座村両組居小屋鋪地之分、高割ニ右入用永々割賦相懸ケ申度旨願出候得共、近来銭座村儀甚以衰微ニ相成、殊ニ前々ゟ右等之引合も無之候故、全新規之事与存割賦銀差出シ不申、然者於其村方致迷惑候ニ付、右様之儀例ニ者不相成候得共、格別之訳ヲ以無拠御地頭所へ引請、御世話被成遣候、右ニ付当十二月より右入用銀為手当、毎年十二月銀百目・玄米四石ツ、永々御下ケ被成候、外ニ銀弐貫目当年限被下之候処相違無之候、然る上者銭座村両組敷地之分ゟ為差出来り候国役高懸り人足料村役米幷加茂川筋御普請後地潰れ弁米之割等、当年ゟ以後為差出申間鋪候、為後念一札如件

安政六年未十二月

大仏御殿
御勘定所（印）

柳原庄本郷
庄屋
年寄中

2312　万延元年（一八六〇）一一月　金子借用出入につき口上書

（端裏書）「口上書
銭座跡北組
支配人源左衛門
（貼紙）「十二月朔日及沙汰
十一月廿三日出候　源左衛門」」

奉願口上書

一元私後見亡仁右衛門義要用有之、去嘉永二酉年閏四月当所金屋為七ゟ金拾五両借用仕、尤利足之儀ハ月々晦日毎ニ可差入約束ニ者候得共、何程与申義者相互之相対ニ而、別段証文面ニも無之候処、其後右為七儀私所持敷地御年貢代銀自儘ニ自分方へ取込候ニ付、如何之儀与早速及引合候処、右御年貢代銀之儀者亡甚右衛門江貸置候金子之為利足可請取筈之旨申之ニ付、猶更不得其意難相済次第ニ付、当所組頭清兵衛・三右衛門江も右不当之申方等及示談候処、右両人ゟ為七江引合呉候得共、矢張前同様為利足御年貢代銀可請取筈之由、強情ニ申張一円取敢不申、左候而者亡仁右衛門幷

私之存意ニ相振れ候付、先達而ゟも右等之始末御糺被下度ニ而、御村役中様迄御歎願可申上与奉存居候内、此度不存寄為七儀、右証札面を以御願申上候付、私御呼出しニ相成迷惑至極奉存候、乍併素々仁右衛門義金子借請候儀者相違も無之、猶更返済相滞有之儀無申分義ニも候得者、右元金并利足之儀も相応之利足相添、何時ニ而も都合勘定相立返済可致間、去ル嘉永二酉年四月以来十弐ケ年之間、無謂取込居候私所持敷地、右御年貢代銀ニ是又相答之利足を加へ、速ニ勘定相立渡し呉候様、右金屋為七江御利解被下候様奉願上候、依之別紙勘定帳入御覧候間、前条之始末御賢察之上何卒右之趣御聞届被成下候ハ、難有可奉存候、以上

元銭座跡北組

万延元申年十一月　　支配人源左衛門（印）

御村役人中様

2275　文久元年（一八六一）一二月　川向余田地不納米御用捨願いにつき口上書

御願申上口上書

一先年川向余田地ニ付、少々相違有之不納相成候、此段可然申出候処、格別御勘弁ヲ以年五升宛崩済被仰渡候付忝奉存、則嘉永四年亥年ゟ昨申年迄十ケ年間無滞上納仕候、然ル処私シ不如意付去冬已来右田地、是亦御苦労ニ預り他家江譲り申候仕合ニ御座候儀故、最早私シ義も及老年何角行届キ兼候付、誠以申上兼候へ共、今年ゟ右五升宛之儀御憐愍ニ而御用捨被成下度段、乍恐奉願上候、何卒御賢察之上願之通り御聞済被成下候ハ、、難有仕合ニ可奉存候、

以上

文久元年
酉十二月　　願人
元銭座村北組
伊勢屋理助（印）

大仏柳原庄本郷
御役人中様

1631　明治一三年（一八八〇）七月　柳原庄元銭座跡一件之写

（表紙）
「文化元年子九月十一日　　千代原村
取噯人　　庄屋　半左衛門
東塩小路村
年寄　平右衛門

柳原庄元銭座跡一件之写」

（表紙見返）
「記

一享保十七壬子年正月之証文壱通
一享保十七壬子年二月之証文壱通
一享保十七壬子年十一月之証文壱通
一寛政元酉年八月六日之願書壱通

此四点共証文之文面而已別紙ニ仮写ニ相認メ、学校内戸長役場江相渡し置候也

但、文化元子年訴訟出入件之文面ハ更ニ除之置たル事、右等始末ニ付、後々之心得迄ニ此条相記置もの也

明治十三庚辰年七月廿日、忠二郎此始末ニ扱置候也

当時戸長役場詰、則戸長桜田義、総代多田長兵衛此弐名
　　左之旨承知之事」
此度大仏御殿御代官伊丹上総助様被被(ママ)仰付、塩小路村年寄平右衛
門・千代原村庄屋半左衛門両人、柳原庄本郷幷元銭座跡源左衛門・
与惣兵衛、去ル辰年ゟ出入有之、双方内済可致候様、右両人江取曖
之儀申付候間、相済候様被被(ママ)仰付候故奉承知、則両郷江取曖出来致
候故、済証文奉差上候事
(挿入紙)「文化元子年九月事済
　　取曖人　　千代原村
　　　　　　　庄屋　半左衛門
　　　　　　東塩小路村
　　　　　　　年寄　平右衛門
右者当庄本郷ト銭座跡ト公事及出入候処、此曖を以事済
享保十七年壬子年銭座跡開発ニ付、証文願書之写シ四点分、此帳
面たり候事
〆
外ニ寛政元酉年八月六日
　同所より新加道願ニ成り、此写シたり
〆」

　　奉差上証文之事
一妙法院御門跡様御領分柳原庄之内、元銭座跡永々亡所ニ而御減少
仕候段、御公儀様江被為遊御願御吟味之上御願之通相済、私共両
人居小屋地ニ被為下置難有仕合ニ奉存候、右場所御定杭之通坪数
七千八拾六坪余之処、御門跡様御役人中様ゟ御渡被為成下難有、
慥ニ奉請取候事
一御公儀様常々被為仰附候御法度筋急度相守、御公用筋是迄御定之
通無違背相勤、穢多家業之外、障りニ成候儀堅不仕、新規成儀一
切仕間敷候事
一右場所御年貢御定之通三拾石、外ニ為村役三石、都合三拾三石毎
年御境内屋地子御相場を以、柳原庄御役人衆迄急度相納、勿論臨
時之時者出役御座候共被為仰付次第御請可申上候事
一右場所ニ小屋建候節者、柳原庄御役人衆迄御断可申上候、且又小
屋建候砌、右場所北東之面幷ニ西面者瓦坂通迄、高瀬川橋台迄之
間、御定杭之内弐間通除之、小屋建高く不仕、勿論樹木高く植申
間敷、御田地差障り不申様ニ可仕候、万一差障りニ相成候儀御座
候ハヽ、何時ニ不寄御下知次第相改可申候事
一御田地したみ抜、私共構之内通り候分滞無之様常々浚江可申候事
一御門跡様御威光を以他村之出入ケ間敷儀、一切仕間敷候事
一不依何事御下知違背仕間敷候事
右条々被為仰付候通奉畏、急度相守可申候、御用之節者勿論、右
被為仰付等相背候ハヽ、被下置候地面御取上ケ可被遊候、其時一言
之御断申上間鋪候、為後日奉差上証文、仍而如件
　　享保十七壬子年二月
　　　　　　　　　　天部村年寄
　　　　　　　　　　　　源左衛門印
　　　　　　　　　　六条村年寄
　　　　　　　　　　　　与惣兵衛印
御本所様

御役人中様

右御請証文ハ御殿有之、元銭座ニ控
ハ無之、此方共両人本紙拝見仕候事

奉差上済証文之事

一柳原庄高内居小屋地分御年貢直納相願候ニ付、居小屋地ゟ柳原庄江可相納御国役弁村役米、其外貸地道年貢・人足代等、都而差押、村役等相勤かたく候故、無拠右不納之断、寛政九巳年御合給百姓中ゟ天部村年寄源左衛門・六条村年寄与惣吉両人を相手取及公訴、御吟味御聞掛ニ相成候処、右一件双方差支ニ不相成様被遊度旨、従当御殿被仰立候ニ付、先ツ御調を奉請事済之上否哉可申上旨、於西御役所被仰渡、則右之趣御請書差上、其後御家領百姓ゟ御願申上置候処、此度御召之上双方我意を不立、下ニ而事済仕候様被仰付、則千代原村半左衛門・東塩小路村平右衛門江取嗳被仰付被下、右両人之衆厚取嗳被呉、是迄不納之分不残勘定相立相済、御国役弁道年貢・人足代等先規之通、以来年々柳原庄江相納、且村役米之儀者前庄屋役不埒ニ而、三石之内弐石六斗、居小家地江売渡、不心得ニ而買取候儀、御請書通りニ相振レ候故、銀壱貫四百目、此度柳原庄ゟ居小屋地江差戻シ、是又先規之通以来柳原庄江三石宛毎年可相納旨対談相整ひ、双方事済仕難有奉存候、依之双方連印仕済証文奉差上候、以上

文化元子年

九月十一日

柳原庄本郷
庄屋　忠右衛門印
同　清左衛門印
頭百姓茂左衛門印
同　平右衛門印
同　甚右衛門印
同　権右衛門印
同　善右衛門印
居小屋地北組
年寄　源左衛門印
同　南組
年寄　与惣吉印
千代原村
庄屋　半左衛門印
取嗳人
東塩小路村
年寄　平右衛門印

御本所様
御代官中様

一札之事

一当村御高之内元銭座跡居小屋地出入之儀ニ付、御両人方之御苦労ニ御挨拶を以、双方隠便ニ下ニ而事済仕、郷内一統忝奉存候、然ル処右道年貢相場之儀御蔵直シニ而取立遣シ候共、畢竟借地之儀ニ而下作も同様之儀ニ候へ共、村法之差支ニも相成間敷旨被仰聞被下候故、任其意ニ来ル極月ゟ勘定之節、当村方ゟ蔵直ニ而取立遣シ可申候、為念一札仍而如件

文化元年
子九月十一日

柳原庄
庄屋　忠左衛門印
同　清左衛門印
百姓総代
茂左衛門印

千代原村庄屋半左衛門殿
東塩小路村年寄平右衛門殿

右之通ニ而相済申候、則本紙者千代原村半左衛門殿方江相渡し預ケ置申候事

元銭座跡北組支配人源左衛門　組頭善七　組頭新右衛門
理兵衛　嘉兵衛
治兵衛　六郎兵衛
弥兵衛
彦四郎
南組支配人与三吉

奉差上証文之事

一妙法院御門跡様御領柳原庄之内、元銭座跡地永々亡所ニ而、御高減少仕候段、依御願御吟味之上御願之通相済、私共居小屋地ニ被下之、右場所杭木御打、則場所坪数七千八十六坪余之処、妙法院御門跡様御役人中ゟ御渡シ被為成下難有仕合奉存候、然ル上者御門跡様御役人中江私共両人御請合証文奉差上候通、御公儀様常々被仰付候御法度相守、御門跡様ゟ之御下知不依何事相背申間敷候、被仰付候御年貢無相違急度相納、勿論臨時之出役御座候共、御領分並ニ御請可申上候、其外御公用之筋之儀是迄定之通無違背相勤、穢多家業之外障りニ成候儀堅不仕、新規成儀一切仕間敷候、右奉申上候義相背候ハヽ、如何様共可被仰付候、仍而奉差上証文如件

享保十七年子正月　天部村年寄
源左衛門
六条村年寄
与三兵衛

御本所様
御役人中様

奉差上証文

一御領分柳原庄之内八条之上、私共支配所居小屋地之道筋、此度御願申上候処、御許容被成下、則御見分之上御田地之内、百姓中ゟ借り地被為仰付難有仕合奉存候、七条新屋鋪尻ゟ居小屋地場所迄道幅壱間ニ百九拾七間弐尺五寸五分并瓦坂道場所ゟ本堤迄道幅壱間ニ四拾五間壱尺四寸、右坪数合弐百四拾弐坪六分三厘、但シ六尺三寸棹、右之御年貢米柳原御役人与相対仕候事

一右道筋ニおゐて如何様之儀出来仕候共、入用銀私共ゟ相勤可申候事

一村内之者出入、又者村内江用事有之往来仕候者、道筋左右之作物踏荒シ不申、御田地妨ニ相成候儀一切不仕候様相守、組下之者共急度可申付置候御事

右之通被為仰付、急度相守違背仕間鋪候、委細者柳原御役人中江証文差出置候通ニ御座候、若違背仕候ハヽ、何時ニ而も道筋御取上

ケ可被遊候、其時一言之御断申上間敷候、為後日奉差上証文仍而
如件

享保十七年
壬子十一月　　天部邑年寄
源左衛門
六条村年寄
与三兵衛

妙法院御門跡様
御役人中様

右三通之証文之写、此度論相済元銭座ニ者控も無之候故、千代原村
半左衛門・塩小路村平右衛門両人ゟ御殿様御代官伊丹上総之介様江
御願申上、右控江御下ケ被成下、銭座江相渡申候事

乍恐御請書覚

一御請書之写三通、御下ケ被成下、慥ニ難有奉受取候、以上

文化元子八月廿六日　元銭座跡
支配人　源左衛門
同　南組
与三兵衛

御本所様
御役人中様

右之通請取書取之、御殿様御代官伊丹上総之助様江奉差上候事

220　年未詳四月

昨辰年分出村御年貢、御殿へ御上納につき書状

（上書）
「下郷
忠右衛門様　銭座南組
支配人
四月三日　」

乍憚以使御尋上候、然者昨辰年之分出村御年貢、御殿江御上納仕後、引合御勘定過分、其元様へ御下ケニ相成候様承り候処、未タ其儘御座候哉、今日至迄何之沙汰も無之為ニ相成候哉、依而引合御勘定書委敷御認、此ものへ御遣し被下度御頼候

1672　年未詳　銭座跡敷地諸事覚帳

銭座跡敷地分惣坪数之事

右居小屋開発之節、享保拾七年壬子二月
天部村年寄
源左衛門
六条村年寄
与惣兵衛

右両人ゟ都而開発ニ付証文類并願書類奉差上在之候故、享保十七壬子年二月証文差上在之候、此表ニ坪数七千八拾六坪余与在之候、然ル処其後享保廿年乙卯五月十二日絵図面を以、北組・南組支配人両人支配之場所分ケ此表坪数

惣坪数七千三拾六坪八分四厘八毛

外ニ南之八条通東西ノ水抜、則御定杭之内也

幅三尺ニ東西七拾七間弐尺
此坪数三拾五坪七分
合七千七拾弐坪五分四厘八毛
然ル処両人之支配分ケ、七千三拾六坪八分四厘八毛
此内北組七分五厘
五千弐百七拾七坪六分三厘六毛
又南組弐分五厘
千七百五拾九坪弐分壱厘弐毛
〆
合七千七拾弐坪五分四厘八毛
右場所ゟ出もの
道年貢米
弐石三斗三合八勺三才　北組ゟ
七斗六升七合九勺五才　南組ゟ
〆三石七升壱合七勺八才
村役米
三石
人足料　十三匁がへ、此三貫文代三拾九匁
三貫文
但百匁米見込を以三斗九升
三斗七升壱合四勺五才　北組
壱斗弐升三合八勺弐才　南組
弁米
右人足料弁米共
〆八斗八升五合弐勺七才

又壱斗壱升四合七勺三才
御国役銀手当ニ
外ニ銀百匁普請料
但百匁米ニ見込平均壱石
合八石七升壱合七勺八才
反別弐町八畝拾九歩
此役高
三拾五石四斗六升七合七勺
此役江
八石七升壱合七勺八才割ニ付
役高壱石ニ付
弐斗弐升七合五勺六才余ツ、
〆
惣坪七千七拾弐坪（付箋で抹消）「半余」
此坪江八石七升壱合七勺八才
割付壱坪ニ付、壱合壱勺四才余
御家領柳原庄本郷御高之内、元田地字八条之上与申処ケ所、数弐拾
九ケ所
右役高
三拾五石四斗六升七合七才
此反別弐町八畝拾九歩
此場所享保廿年乙卯五月南組支配人絵図面を以支配之地坪分ケ在
之候
此絵図之表惣坪数

合七千七拾弐坪五分四厘八毛
此内三拾五坪七分引之
但此分南八条通際東西水抜、此巾三尺東西七十七間弐尺
残而七千三拾六坪八分四厘八毛
此分割
七分五り北組分
五千弐百七拾七坪六分三厘六毛
弐分五り南組分
千七百五拾九坪弐分壱り弐毛
〆
前書惣坪
合七千七拾弐坪五分四厘八毛
此場所ゟ入用出方
弐石三斗三合八勺三才　北組ゟ
七斗六升七合九勺五才　南組ゟ
〆三石七升壱合七勺八才道年貢
三石村役米
銭三貫文人足料
此代銀三拾九匁　十三匁がへ
但百匁米ニ而
此米三斗九升
〆
弁米
三斗七升壱合四勺五才北組

同断
壱斗弐升三合八勺弐才南組
御国役米
壱斗壱升四合七勺三才
〆壱石
外ニ年々
銀百匁　堤普請料
但百匁米見込を以、此米壱石
合八石七升壱合七勺八才
此分
七千七拾弐坪ニ割付
但壱坪ニ付壱合壱勺四才余
外ニ銀弐貫目
右先年普請料被下候
反別弐町八畝拾九歩　敷地南組分
此役高
三拾五石四斗六升七合七勺
此役高ゟ
八石七升壱合七勺八才割ニ付
高壱石ニ付
弐斗弐升七合五勺六才余ニ当ル
〆
反別九反七畝壱歩本郷分
此役高

拾八石六斗六升五合六勺
同所六畝拾八歩上郷分
此役高
四石壱斗壱升九合
合壱町三畝拾九歩
此役高
弐拾弐石七斗八升四合六勺
但高壱石ニ付前書敷地分之割を以此米
五石壱斗八升四合八勺六才余
〆
本郷役高
三拾五石四斗六升七合七勺
拾八石六斗六升五合六勺
合五拾四石壱斗三升三合三勺
三拾五石四斗六升七合七勺
此高三十五石四斗七升を以左之高を割
拾八石六斗六升五合六勺
此高拾八石六斗七升ニ詰而割
如此本郷分役高ニ而分割を見て
分割五分弐厘七毛八余
詰而五分弐厘八毛ニ相成候事
如此役高ニ而平均右之通相成候事
〆但本郷分丈ケニ而之事
敷地出もの高

八石七升壱合七勺八才
此処五分弐厘八毛を以平均四石弐斗六升壱合八勺九才余
〆
銭座跡敷地両組より年々三拾石ツヽ、相納申候
右敷地両組共惣地坪数七千七拾弐坪五分四ノ八毛
此坪江割壱坪ニ付、四合弐勺四才余
明和四年亥十一月廿八日
前書ニ付表ニ在之候銭座役米三石之義者、則銭座跡ゟ三拾石ツヽ、相
納居候、此拾分一を以三石ツヽ、村役米与極り候旨記之在之候事
当時出村ゟ納り方、五百四拾四坪四分六厘
外ニ五坪壱分四ノ空地在之
〆五百四拾九坪六分
此分六合盛壱坪ニ付
此米三石弐斗九升七合六勺
又四拾七坪半
三合盛壱坪ニ付
此米壱斗四升弐合五勺
合三石四斗四升令壱勺
如此源左衛門分也
惣坪五百九拾七坪壱分
御預ケ所北組分
七百九拾五坪七分七り
又三坪半加て
又七拾壱坪三分六ノ空地

〆八百七拾坪六分三ノ
　壱坪ニ付六合盛ニ而
合五石弐斗弐升七合八勺
　　三合七勺八才
又三百壱坪三分六ノ　畑分
　此分壱坪ニ付三合盛
合九斗四合八才
〆六石壱斗弐升弐升八勺八才
　　七合八勺六才

坪数北組分
　合千百七拾壱坪九分九ノ
　弐百四拾壱坪三分七ノ
　九拾七坪弐分五ノ空地
〆三百三拾八坪六分弐ノ
　六合盛
弐石三升壱合七勺弐才
三百六拾坪壱分壱厘畑分
　三合盛
壱石八升三勺三才
〆三石壱斗壱升弐合五才
坪数南組分
　六百九拾八坪七分三ノ
三口〆拾弐石六斗八升壱才

2298　年未詳　元銭座村北組商人仲使花屋伝兵衛、髪結笹屋五三郎一家渡世取調書

元銭座村北組
　村借家
　　大和屋利吉
　右方江同居
　　花屋伝兵衛
　　娘　きし
右之者義、商人仲使渡世致罷在候
同所北組
　高田屋平治郎借家
　髪結渡世
　　笹屋五三郎
　家内五六人程
右之者義、当時髪結渡世致罷在候、亡父五三郎存命中湯屋渡世ニ御座候得共、伜才二郎事五三郎右髪結渡世ニ御座候

第二節　銭座跡村出村

2323　文化八年(一八一一)一〇月

字三条領請作地面にて成物熟シ小屋建につき一札

奉差上候一札

字三条領

一私共前々より農作仕候処、折々俄雨寺(等カ)ニ而甚々困入申候ニ付、此度私請作地面之内ニ而間口三間、奥行五間之間ニ成物熟シ小屋建申度候趣御願申上候処、早速願之通御聞届被成下忝奉存候、然ル上者堀込柱ニ而、尤縄からミニ仕候、勿論火之用心等之儀、猶更入念可申候、依而奉差上候一札如件

文化八年

未十月

元銭座跡北組

新右衛門（印）

御本所様

御役人中様

2325　文化一二年(一八一五)八月

字三条領請作地面にて干物取入小屋建につき奉差上候一札

奉差上候一札

字三条領

一私共前々ゟ農作仕候処、折々俄雨等之節甚々困り入申候ニ付、此度私請作地面之内ニ而間口弐間半、奥行弐間之間ニ干物取入候小屋建申度候趣御願申上候所、早速願之通御聞届被成下忝奉存候、然上者堀込柱ニ而、尤縄からミニ仕候、勿論火之用心等之儀、猶更入念可申候、依而奉差上候一札如件

文化十二年亥八月

元銭座跡

与兵衛（印）

組頭

理兵衛（印）

御本所様

御役人中様

2282　文政九年(一八二六)二月

字中川原・三条領田地買得につき為取替一札

為取替一札

一其元殿所持来り字中川原、同三条領田地此度我々買得致候処、右本紙沽券状面之通、相互ニ勝手ニ付其元殿持田地御年貢米高之内弐石丈相減、我々買得候田地之御年貢米江相加へ増申候義、応対之上相究申候処、実正明白也、然ル上者已後御年貢米高多少増減之異儀毛頭無之候、万一右弐石之増減多少之故障有之候節者、右連印之我々共罷出其埒明、其元殿へ少茂御難相懸申間敷候、為後日之御年貢米増減証札依而如件

文政九年戌二月

笹屋伊兵衛印

伊賀屋吉兵衛印

八幡屋平兵衛印

笹屋五三郎印

花屋伝兵衛印

伊勢屋理助殿

2283　文政九年（一八二六）二月　金子預り一札之事

（端裏書）
「金三拾両預り一札写」

預り一札之事

一金子三拾両也

右之金子慥ニ受取預り申処実正也、右返済之義者其元殿御入用之節、何時ニ而も利息相添速ニ返済可申候、為後日之連印一札依而如件

文政九年

戌二月

預り主　笹屋伊兵衛印

同　伊賀屋吉兵衛印

同　八幡屋平兵衛印

同　笹屋五三郎印

伊勢屋理助殿

2310　文政九年（一八二六）三月　居小屋建添につき一札

（端裏書）
「文政九戌年三月　居小屋建添願人」

一札

一御年貢上納之義者、御定之通毎年極月廿日限皆済可仕候、其外臨時入用高掛り等不納仕間敷候、御村法之趣少茂違背申間敷候、為後日之一札如件

文政九年戌三月

笹屋伊兵衛（印）

伊賀屋吉兵衛（印）

（印）（付箋）「戌七月ゟ印形相改候、此段御断申上候」

八幡屋平兵衛（印）

笹屋五三郎（印）

花屋伝兵衛（印）

庄屋忠右衛門殿

頭百姓権右衛門殿

同　平右衛門殿

同　甚右衛門殿

添一札之事

右前書之通少茂相違無御座候、然ル処前書名前連印之者共、天保二卯年後地所其儘相対を以引退、一昨年迄私父亡平兵衛壱人ニ相成、依之惣代相勤来候処、昨春相果申候、則私義名跡相続仕候ニ付、左ニ奉申上置候、右出村建添地所ニ付、当御村方都而是迄定例仕来之通急度相守可申候、若違背仕候節者如何様共御申聞可被成候、其時一言違背仕間敷候、為後日添一札依而如件

出村建添地願人五人之内

亡平兵衛伜

安政五年午十月

八幡屋吉蔵（印）

親類惣代

大和屋伝五郎（印）
北組支配人
源左衛門（印）
南組支配人
武松（印）
御村役人中様

1663　文政九年（一八二六）御領分当庄領之内銭座出村一件

（表紙）「文政九戌年ゟ
御領分当庄領之内
銭座出村一件
大仏柳原庄本郷
今村控」

銭座出村地面分ケ
源左衛門
字三条領
一弐反拾六畝
高三石五斗五升四合三勺
取壱石七斗五升壱合三勺四才
此口米　三升五合令三才
村役米　弐斗壱升三合弐勺六才
合壱石九斗九升九合六勺三才
右六百拾六坪ニ割壱坪ニ付
三合弐勺五才宛
同所
吉蔵分
一〆七反六畝卅八歩
高拾五石壱斗壱升壱合三勺
取三石弐斗令弐合弐勺九才
此口米　六升四合五才
村役米　九斗令六合六勺八才
合四石壱斗七升三合令弐才
弐千弐百九拾八坪ニ割
壱坪ニ付壱合八勺弐才宛
上郷領之内
一〆六畝卅八歩
高四石壱斗壱升九合
取壱石三斗五升令七勺五才
此口米　弐升七合令弐才
合壱石三斗七升七合七勺七才
百九拾八坪ニ割
壱坪ニ付六合九勺六才宛
出村小居屋建場所
東西三拾壱間
南北七拾間
惣坪数
弐千百七拾坪
天保三辰年正月廿二日御公儀様ゟ御見分済
東九条村江三石宛対談済
天保二丑年六月右願人共ゟ一札差入、又添一札柳原庄より差入一札在之

九条村御領町ゟ柳原庄江一札壱通、此本紙庄左衛門方ニ在之

2335―28　天保二年（一八三一）四月　出村人足料につき一札写

（表紙）
「天保弐年卯四月
元銭座出村ニ付千人之人足料三ケ村江可相渡旨証文相渡し在之
候、右写」

一札之事

一当村笹屋源三郎・同五三郎幷我等共申談、新規建家相目論見、其村之差支ニ相成候ニ付差留之義御願被、去ル亥年七月廿七日東御役所様ニ而対決之上、御聞掛ニ相成、双方厚御利解被成下難有奉恐入、御猶予御願申上置、右引合中源三郎・五三郎共追々病死仕候得共、相残候我等共ゟ猶又段々及懸合、此度左之通申堅メ対談相調候事

一右地所之義者東西三拾壱間、南北七拾五間、此坪数弐千三百弐拾五坪ニ候得共、此度対談之上右間数東西之内北之方ニ而五間通相減、其余者我等共存意之通新規建家可仕義御得心被下、同職之者茂相増候義ニ付、其村為助成壱ケ年ニ人足千人宛定、此代銭百拾九貫文を毎年六月・十一月と両度ニ割合、廿五日限急度相渡し可申、勿論建家地奉願蒙御免候ハヽ、縦令建家出来不仕候共、其年ゟ毎年無滞出銭急度相渡可申候、聊ニ而茂相違仕候ハヽ速ニ新規建家相止メ可申候事

一前々ゟ差出来候人足弐百九人之義者、別段之義ニ付新規之千人ニ相混シ不申様可仕候事

右之通対談相調出入下済仕候義ニ付、以来急度相守少シ茂心得違之義無之様可仕候、万一聊ニ而茂相違仕候ハヽ、如何様共御取計可被成候、為後日之一札依而如件

天保弐年卯四月

元銭座跡
笹屋伊兵衛
花屋伝兵衛
八幡屋平兵衛
伊賀屋吉兵衛

右之趣致承知候、自然建家願人共差支有之、人躰相変り候共右場所ニ建家仕候ハヽ、本文助成之儀者我等共急度請合、年々無滞相渡し可申候、尤我等共品変り又者退役等仕候ハヽ、後役之者江申伝、聊相滞義等決而為致申間鋪候、為念致奥印置候、以上

元銭座跡北組
支配人源左衛門
組頭　孫兵衛
同　善七
南組
支配人与吉
組頭　喜兵衛
同　喜右衛門

天部村
六条村
川崎村
右年寄中
組頭

小頭
　衆中

2335―29　天保二年（一八三一）四月　元銭座跡新規建家出入につき済状写

（表紙）
「天保弐年卯四月
東御役所江添状奉差上、右済状写」

乍恐添状

一元銭座跡笹屋源三郎外七人相手取、新規建家出入之義御願申上、去ル文政十亥年七月廿七日対決之上、御聞懸ケ相成厚御利解被成下難有奉恐入候、追々御猶予奉願対談中、右源三郎并相手之内笹屋五三郎共病死仕候付、其余相手之もの共江段々及掛合、此度右建家地所東西三拾壱間南北七拾五間、此坪数弐千三百廿五坪ニ候得共、相対之上東西之内北之方ニ而五間通相減シ、其余相手方申立通ニ仕、右ニ付同職之者茂相増候儀ニ付、私共村分為助成壱ケ年ニ人足千人宛与定、此代銭百拾九貫文を毎年六月十一月両度ニ割合、廿五日限急度可相渡、勿論建家地奉願蒙御免候ハヽ、縦令建家出来不仕候共、其年ゟ毎年無滞出銭相渡し可申、聊ニ而茂相違仕候ハヽ、速ニ新規建家相止メ可申趣申之、支配人ゟも丈夫ニ受合相頼候付私共得心之上、右之趣一札取之出入事済仕候付、乍恐連印済状奉差上候、然ル上者以来互ニ何之申分等無御座候間、何卒御慈悲ニ右済状之趣御聞届被成下候ハヽ、難有可奉存候、以上

天保弐卯年四月　天部村
穢多年寄
儀兵衛
同断
利右衛門
同断
直次郎
六条村
同断
為次郎
同断
為之助
同組頭惣代
甚兵衛
同
平六
川崎村
小頭惣代
新右衛門
同
与兵衛
元銭座跡
穢多
笹屋伊兵衛
花屋伝兵衛
八幡屋平兵衛
伊賀屋吉兵衛
同断北組

穢多
支配人源左衛門
代善七
同南組
元支配人
六条村ニ罷在候
与吉
北組
付添　嘉二八
南組
同断　喜兵衛

2301

天保四年（一八三三）三月　出村居小家地譲渡につき一札

一札之事

一柳原庄領之内字三条領元銭座出村北組北之通北側
壱ケ所　持主　笹屋吉兵衛
表口　三間壱尺　東　河内屋才蔵
裏行　七間　西　大和屋伊三郎
此坪弐拾弐坪〇五厘
御年貢弐斗八升六合六勺五才

右出村居小屋地之義者、代銀六百六拾壱匁五分之処、此度先分之借用半納ニ而譲渡し申候処実正也、則右半納銀三百三拾匁〇七分五厘上納被致候得者、何時ニ而茂御割印沽券状御願申上候、其許殿江御下ニ相成可申候、為其相渡置候一札依而如件

天保四年巳三月　出村惣代
平兵衛印
親類
伝五郎印
同
為吉印

元平兵衛存命之節ハ一判ニ御座候得共、死後ニ出候間、加印ニ相成候

笹屋吉兵衛殿

2304

天保四年（一八三三）五月　出村居小屋地譲渡につき一札

一札之事

一柳原庄領之内字三条領元銭座北組中之道東側角
壱ケ所　笹屋利助持
表口　四間　南隣空地
裏行　六間　北者道筋
此坪弐拾四坪也　東ハ溝筋限
御年貢三斗壱升弐合

右出村居小屋地之義者、代銀七百弐十匁之所、此度先分借用之代銀判納ニ而譲り渡し申候処実正也、則右判納三百六拾匁上納被致候節、何時ニ而も御割印沽券状御願申上候而、其許殿へ御下ニ相成可申候、為後日之相渡し置候一札依而如件

出村惣代
天保四年巳五月　平兵衛印

親類
伝五郎印
同
為吉印
元平兵衛一判ニ御座候得共、死後ニ寄而加印ニ相成候
笹屋吉兵衛殿

2302　天保四年（一八三三）一二月　出村居小家地家屋敷売渡一札

売渡一札之事
一家屋敷壱ヶ所　元銭座出村北組北之町北側
表口　三間　大和屋伊三郎持
裏行　七間　東隣　笹屋吉兵衛持
此坪弐拾壱坪　西隣　大和屋利助持
御年貢弐斗七升三合
右出村居小屋地之義者、代銀六百三拾匁之処、此度金子七両慥受取、其許江譲り渡し候事実正明白也、則右残金上納致し候得者、何時ニ而茂御割印沽券状御願申上候而、其許殿江御下ニ相成可申候、為其相渡置候一札依而如件
願人
天保四年巳十二月　伊兵衛印
同
平兵衛印
大和屋伊三郎殿

2393—2　天保六年（一八三五）九月　出村南組居小屋地譲り請けにつき沽券状

沽券状之事
一柳原庄領之内字三条領元銭座出村南組南之通南側
壱ヶ所
表口四間半壱尺六寸弐歩五厘
裏行三間半
此坪拾六坪弐分五厘
御年貢弐斗壱升六合壱勺弐才五毛
右出村居小屋地之内、此度願人ゟ地代銀六百六拾五匁ニ而譲り請、私所持ニ相違無御座候、依之御割印奉願上候、然上者右居小屋地ニ付従他出入差構毛頭無御座候、御年貢上納之義者、御本所様御定之通銀納ニ而毎年十月晦日限、支配人幷願人方江無相違上納可仕候、以上
伊賀屋
天保六未年九月　持主　新八
右之通相違無御座候ニ付、宜御取次奉願上候、以上
本文之趣相調候処、相違無御座候ニ付奥印仕、御割印奉願上候、以上
支配人　与吉
助役　喜右衛門
組頭　喜兵衛
出村願人平兵衛

柳原庄
庄屋　庄左衛門
（裏書）「伊賀屋新八」

2393—1　天保七年（一八三六）二月
出村北組居小屋地譲り請けにつき沽券状

沽券状之事
一柳原庄領之内字三条領元銭座出村北組西之通東側
壱ケ所
表口拾弐間半
裏行三間半
此坪拾三坪七分五厘
御年貢五斗六升八合七勺五才

右出村居小屋地之内、此度願人一統立会之上、地代銀壱貫七百五拾目ニ而譲り請、私所持ニ相違無御座候、依之御割印奉願上候、然ル上者右居小屋地ニ付従他出入差構毛頭無御座候、御年貢上納之義者、御本所様御定之通銀納ニ而毎年十月晦日限、支配人幷願人方江無相違上納可仕候、以上

天保七申年二月
持主　八幡屋
平兵衛

右之通相違無御座候ニ付、御取次奉願候、以上
本文之趣相調候処、相違無御座候ニ付奥印仕、御割印奉願上候、
以上
支配人　源左衛門

後見　仁右衛門
助役　善七
組頭　利三兵衛
願人惣代伴兵衛

柳原庄
庄屋　庄左衛門
（裏書）「八幡屋平兵衛」

2393—3　天保一二年（一八四一）八月
出村南組居小屋地譲り請けにつき沽券状

沽券状之事
一柳原庄領之内字三条領元銭座出村南組南之通北側角
壱ケ所
表口三間半
裏行五間
此坪拾七坪半
御年貢弐斗弐升七合五夕

右出村居小屋地之内、此度願人ゟ地代銀七百目ニ而譲り請、私シ所持ニ相違無御座候、依之御割印奉願上候、然上者右居小屋地ニ付従他出入差構毛頭無御座候、御年貢上納之義者、御本所様御定之通銀納ニ而毎年十月晦日限り、支配人幷願人方江相違なく上納可仕候、以上

天保十二丑年八月
持主　伊賀屋
長左衛門

右之通相違無御座候ニ付、宜御取次奉願候、以上
右本文趣相調候処、相違無御座候ニ付奥印仕、御割印奉願上候、
以上

支配人　与三右衛門
助役　喜右衛門
組頭惣代新右衛門
出村願人惣代
平兵衛

柳原庄
庄屋　庄左衛門

（裏書）
「伊賀屋長左衛門」

2335—10　嘉永二年（一八四九）二月　出村居小屋地譲渡につき一札

文久弐年戌十月調写
一札之事
一柳原領之内字三条領元銭座出村北組中之通東側
壱ヶ所
表口三間　南隣大和屋徳次郎
裏行六間　北隣笹屋利助
此坪拾八坪　東者溝筋限
御年貢弐斗三升四合
右出村居小屋地之義者、地代限五百四拾匁之処、此度勘弁を以半納ニ而譲り渡申処実正也、右半納銀弐百七拾匁何時ニ而茂持参之節、御割印沽券状相下ケり（ママ）可申候、為其相渡置候一札依而如件

嘉永二年酉二月
出村願人惣代
平兵衛印
笹屋五三郎殿

2335—12　嘉永二年（一八四九）二月　出村居小屋地譲渡につき一札

文久弐年戌十月調写
一札之事
一柳原庄領之内字三条領元銭座出村北組東之通西側角
壱ヶ所
表口四間　南者空地
裏行五間半　北者道限
此坪弐拾弐坪　西者溝限
御年貢弐斗八升六合
右出村居小屋地之義者、地代銀代八百八拾匁之所、此度勘弁を以半納ニ而譲り渡申所実正也、則右半納銀四百四拾匁何時ニ而茂持参之節、御割印沽券状相下ケ可申候、為其相渡置一札依而如件

嘉永弐酉年二月
出村願人惣代
平兵衛印
花屋伝兵衛殿
同　伝四郎殿

2326　嘉永四年（一八五一）七月　革張渡世心得違につき口上書

口上書
一乍恐御本所様御領所之内字八条之上、御畝高御本帳之通奉蒙御蔭

相続仕難有仕合ニ奉存候、然処元来私義先々代利兵衛事、天明・寛政之頃農作仕、秋五月作方取入之節、俄雨等ニ而毎度困候故、取入墾小屋并干場を則立毛所へ取建申度、勿論堀込柱縄搦ニ而、間口五間奥行三間之墾小屋取建作方相続仕度段、当御村役人様迄願出、右願之通御差含被為下、其後難有相続仕候、然処私共組下是又先代笹屋三右衛門与申、此者同組内ゟ荒革を引請革張搓拵を渡世ニ仕候ものニ而、前文小屋并干場秋五月作方取入墾相済、明小屋地を借請右拵を仕度、其段頼出候趣ニ而、私先々代利兵衛明地之間を内々合貸遣候、然処其後利兵衛義勝手ニ付、農作相止申其儘貸置、其後両方共ニ代替りニ相成、当時私共迄前後共全御上御支配所奉蒙御慈悲を、是迄相続仕候段難有仕合ニ奉存候、然処先年右小屋場所之儀ニ而不都合之儀御座候故、昨戌十月十日ニ一札奉差上置候通、自然御差支ニ相成候ハヽ、御沙汰次第何時ニ而茂右場所取払、以前之通立毛所ニ急度相改可申旨奉申上置候儀ニ御座候、然処当亥六月二日四ツ時御本所様ゟ当御村役人様并居村支配人、私共迄御召被出、右小屋建物場所之儀ニ付、当御村役人様江御咎之御沙汰有之、猶私共江者小屋取払候様、早々取払之段届出候様被仰渡畏奉恐入候故者、元来先々代ニ右小屋場所之儀前文之通、農作干場而已堀込柱縄搦ニ仕候旨願上候儀御座候、其外成儀者是全私共之内入魂心得違仕居候、右等之儀立毛所ニ而難成義者乍恐奉承知候、右者是迄不法并内々入魂会(ママ)ニ而、右等之始末是又私共先々代ゟ心得違ニ而、此段御上様江者勿論、当御村役人様へ何共申上様茂無御座候、此義ニ付如何様共被仰聞被為下候様奉願上候、右者全私共先々代ゟ之心得違不法越度ゟ、此度当村役人様江御咎之御沙汰、何共申上様も無御座候、此段奉恐入候、自今以後右地所ニ付、内入魂会者一切不仕、品替り之儀等仕候ハヽ、其段御届申、御支配所御差図急度相守可申候、為後日之御詫口上一札依而如件

嘉永四年亥七月

元銭座跡北組
地主
伊勢屋利助（印）
同所
地所借主
笹屋三右衛門（印）

柳原庄本郷
御役人中様

2327　嘉永四年（一八五一）一二月　賃搓革類張干出拵渡世願一件留

（表紙）「奉願口上書
元銭座村北組下
願人　笹屋三右衛門」

奉願口上書

一当庄御領之内字八条之表田地壱ヶ所三畝三歩、高五斗弐升六合九勺弐才、納米合三斗壱升七合弐勺弐才、右之田地元銭座跡伊勢屋利介所持罷在候処、此度私義樽代を以利介ゟ譲り請申候、然ル所此地湿地ニ而作物生立不申候故、寛政年中ニ当時利介ゟ先々代理兵衛所持ニ而、同人農作仕候節秋五月作方取入為干墾場、此地江土砂を盛上テ地形少々高ク仕、尤片脇ニ作物取入為小屋堀込柱縄

搦之小屋壱ケ所出来置候、此儀寛政年中ニ理兵衛ゟ当御村方江願上右之通仕置、農作相続罷在候、然ル所其後理兵衛勝手ニ而農作相止申候共、右干𤰃場小屋共其儘ニ而、其後当時利介先代江理兵衛ゟ譲り請置、当時利介続而所持罷在候を、前文之通此度樽代を以私江譲り請所持仕候、然ル処私義挊渡世義者居村ニ相用ひ候革類荒革を引請、右荒革を搓テ張挊を渡世ニ仕居候、右ニ而此度譲り請申候地形、其儘此地ニ而革干張出挊渡世仕度義を奉願上度奉存候、尤片脇ニ御座候堀込柱縄搦之小屋壱ケ所、此儀者何卒乍恐日々革類余人ゟ引請申候ニ而為取入置相用申度候故、修覆仕度奉存候、尤右革類代呂物取置小屋建物ニ事寄り、人身住居等決而不仕候、右ニ而此地四方地隣之儀者東者銭座へ借地道筋、南者銭座跡敷地ニ而、其段及掛会何之差支も無御座候、西者源左衛門所持地ニ而、其段及掛会何之差支も無御座候、北者治郎兵衛殿所持立毛地ニ而、其段頼出候処、同人殿ゟ被申候ニ者、於地境立毛地之差障ニ不相成候様、常々入念不法之儀無之候ハヽ、何之差支も無之候、自然後々ニ至差障ニ相成義等在之候節者、其段相改可申候様、此儀願人三右衛門ニ相心得居申候ハヽ、何之差支も無之候旨答ニ御座候、然上者四方地隣ニ何之差支も無御座候、且又此度私義此地江出挊渡世を仕度段、当御村方江願出候ニ付、住居所敷地ニおゐて何之差支も無御座候間、当御村方ニ御差支者如何奉存候、右前文ニ奉申上候通、此地江出挊渡世仕度奉願上候、右ニ而此度私ゟ願之儀者地所ニおゐて農作業体之外成儀ニ而、当御村法ニ相背、尤私共居小屋地ゟ外江革類等持出挊仕度儀、法外之願方此段深ク奉恐入候、然ル処乍恐私義元来当御村方御高之内、元銭座跡居小屋地ニ住居を仕候義ニ而、何卒此度者御陰を以、右地ニ而出挊渡世を仕度奉存候、尤右願意前文之通法外之儀を相願、御村方江御苦労奉掛候間、為冥加之後々ニ至迄御村用之儀者、如何様之儀ニ而も被為仰聞被下度、急度相勤可申候間、何卒前文願之通出挊渡世御免ニ相成候様、乍憚格別之御取計可被成下候様、縋り願度連印を以奉願上候、以上

元銭座跡北組下

嘉永四年　　　　　願人　笹屋三右衛門（印）

亥十二月　　　　　連印　笹屋吉兵衛（印）

本郷

御役人中様

御尋ニ付口上書

一当庄御領之内字八条之上、田地弐ケ所所持罷在候、地隣を私共組下笹屋三右衛門と申者所持仕居候、然ル処右同人所持地ニ而此度賃搓革類張干出挊渡世仕度段、御領所江願出候ニ付、私共地隣ニ差支有無御尋被成候、此儀前以三右衛門ゟ其段申出候ニ付、碇与及対談置候儀ニ御座候、然ル上者此儀ニ付少茂差支無御座候、右御尋ニ付此段申上候、以上

嘉永五年子正月廿四日　　　西之方地隣

笹屋源左衛門（印）

然ル処此度私義勝手ニ付、所持地所弐ケ所共、奈良屋儀兵衛方江譲り渡申候ニ付、前文之趣申伝置候、以上

同

奈良屋儀兵衛（印）

然ル処此度私義、前文之通譲り請申候ニ付、申伝之趣承知仕候、
然上者差支之儀少茂無御座候、以上

御尋ニ付口上書

一当庄御領之内字八条之上与申田地を私共組下笹屋三右衛門与申者所持仕居候所、此度右地ニ而賃搓革類干張出拵渡世仕度段、右願人三右衛門より御領所江願出候ニ付、右地東者借地道筋、南者居小屋敷地境ニ相成候、右ニ付願人願方幷地境等之差支有無御尋被成候、此儀前を以則私共組下之者共儀ニ而、其段申出候付、其之趣相調置候上者、書面之通少茂差支無御座候、依而此段申上候、以上

嘉永五年正月廿六日　御領内元銭座跡北組
支配人　源左衛門（印）
組頭　理助（印）

本郷
御役人中様

乍憚口上書

一御領分柳原庄領之内字八条之表田地壱ケ所私所持、百姓渡世罷在候、然ル処私五月昨（ママ）方取入之節、干搓場ニ毎度困り候ニ付、右所持地所之内ニ而、坪百六拾六坪程之処、干搓場ニ仕度旨去々戌年十月其段御村方江願出罷在候処、同村若狭屋栄蔵義、右私（衍カ）私五月干搓場相済候ハヽ、其明地之間を貸呉候様頼出候ニ付、其様子相尋候処、栄蔵義元来革渡世仕罷在候ニ而、明地之間借受革□メ同虫払等を借受候地ニ而仕度旨申之候ニ付、去々戌年十月其段連印を以奉願上候、然ル処私ゟ右栄蔵へ貸地之儀ニ付故障ニ相成候、此義元来地隣江夫々へ対談不行届キより段々故障ニ而、去々年ゟ御村役殿者不及申ニ、乍恐御地頭様御役人中様迄御心配を奉掛ケ候段、重々奉恐入候、右ニ付当二月十一日・同廿四日両度御村役人ゟ御利解承候通り、元来私所持地所貸地ゟ差障出来ニ而、去々年来ゟ段々御上様迄御心配奉掛ケ候段、御領分百姓身分ニ而百姓業体外体江貸地仕候、夫ゟ長々故障ニ而御村法ニ相背ケ候、尤御村役人ゟ御地頭様江対し、御村役人示方不行届キニ相成候趣承候、御尤之御儀ニ奉存候、全者前文之通私共心得違ニ而長々故障故、御村法通り如何様ニ被為仰聞候共、一言之申上様も無御座候、乍恐奉蒙御陰を御太切之御知行所之内を所持仕、其無心得其所ゟ故障出来候を、前文之通御座候上者、急度御村法通り御達ニも可相成筈之処、格別之御取計を以、其故障筋埒明ケ可仕候様被為仰聞難有仕合ニ可奉存候、然上者早々其故障筋急度埒明可申上候、若此上等閑不埒明候ハヽ、其時如何様共被為仰聞可被下候様奉願上候、尤右地所ニ付当御村法之趣者兼而承知仕候、則去々右願之節其段連印を以一札奉差上置候、且又去冬御免状ニ付当御村法連印一札之趣、是又承知仕罷在候儀ニ御座候、已後御村法相背候ハヽ、地面御取上ケ可被成候、其時一言違背不仕候、為念口上書奉差上候、以上

元銭座跡
嘉永五子年二月廿八日　南組地主　百姓新右衛門（印）

柳原庄本郷
御村役人中様

御尋ニ付口上書　本紙差出し之節此下書差戻し可被申候事
一当庄御領之内字八条之上田地私所持罷在候、地隣を私共組下笹屋三右衛門と申者所持仕居候、然ル処右同人所持地ニ而此度賃搓革類張干出拵渡世仕度段、御領所江願出候ニ付、私共地隣ニ差支有無之儀御尋被成候、此義前を以願人三右衛門ゟ其段申出候ニ付、碇与及対談ニ置候儀ニ御座候、然上者此儀ニ付少茂差支無御座候、右御尋ニ付此段申上候、以上

西之方地隣
笹屋源左衛門
嘉永五年子二月廿一日
本郷
――様

御尋ニ付口上書　本紙差出し候節此下書差戻し可被申候事
一当庄御領之内字八条之上と申田地を、私共組下笹屋三右衛門と申者所持仕居候処、此度右地ニ而賃搓革類干張出拵渡世仕度段、右願人三右衛門ゟ御御領所江願出候付、右地東者借地道筋、南者居小屋鋪地境ニ相成候、右ニ付願人私方幷地境等之差支有無御尋被成候、此儀前を以則私共組下之者共儀ニ而、其段申出候ニ付、其趣相調置候上者、書面之通少茂差支無御座候、依而此段申上候、以上

御領内元銭座跡北組
支配人　源左衛門
嘉――
組頭　――
――
本郷
御役人中様

御尋ニ付口上書
一当庄御領之内字八条之上田地私所持罷在候、地隣を同所元銭座跡北組下笹屋三右衛門と申者所持仕居候、然ル処右同人所持地ニ而此度革類賃搓張干出拵渡世仕度段、当御村方江願出候ニ付、右地隣ニ差支有無御尋被成候、此儀前を以願人三右衛門ゟ其段地隣私江申出候ニ付、碇与及対談ニ置申候上者、此儀ニ付少茂差支無御座候、此段御尋ニ付申上候、以上

北之方地隣
八百屋治兵衛
嘉永五年子正月二十一日
本郷
御役人中様

1713
嘉永五年(一八五二)正月
柳原庄本郷字三条領田地所持につき一札

(端裏書)
「源左衛門ゟ」

一札

一御領分柳原庄本郷之内
字三条領合三ケ所

本帳　弐反廿六歩　高合三石五斗五升四合三勺
取合壱石七斗五升壱合三勺四才
御年貢
口米　合　壱石九斗五升九合六勺三才
村役米

右之通私義所持ニ相違無御座候付、御年貢之儀者書面之通無相違、納方是迄之通急度皆済可仕候、幷ニ御地頭様御用御村用等都而是迄之通相勤可申候、其外御領内諸入用御割賦等一同之割合ニ不相洩急度承知仕御取集、御沙汰之節急度差出可申候、右田地ニ付諸事御差図之趣相守可申候、為後日之請書一札仍而如件

嘉永五年子正月廿四日
御領内
元銭座北組出村建添地
持主　源左衛門（印）
組頭　庄右衛門（印）

本郷
御役人中様

2386　嘉永七年（一八五四）閏七月　出村北組居小屋沽券状

（端裏書）
「熊のや助右衛門」

沽券状之事

一柳原庄領之内字三条領元銭座出村北組西之通東側
壱ケ処
表口弐間半
裏行三間半
此坪八坪七分五厘
御年貢壱斗壱升三合七勺五才

右居小屋我等所持ニ御座候処、此度親類一家之者供（ママ）立会之上、代銀五百七拾七匁五分ニ相定、銀子不残請取沽券状相添永代売渡申所実正也、尤此居小屋ニ付親類縁者、其外他所ゟ出入差構毛頭無御座候、然ル上者御本所様江御年貢幷ニ諸懸り物出銀等、御定之通無滞相勤可有之候、為後日居小屋売券状依而如件

嘉永七寅年閏七月
升屋
売主　治郎兵衛
升屋
一家惣代徳松
熊野屋助右衛門殿

右之通相違無御座候ニ付奥印仕候、以上
支配人源左衛門
組頭惣代伊兵衛
出村惣代平兵衛

2281　安政四年（一八五七）二月　出村北組非常講・六条村和田久殿講落札にて元金皆済につき一札

（端裏書）
「出村平兵衛伜吉蔵印」

一札

一元金五両三歩也　幷ニ沽券状相渡し可申候
右者先年以応対ヲ金拾五両別証文之内入残金也、猶亦此度父親平

兵衛死去候付、以相対ヲ当村北組非常講壱人幷ニ六条村和田久殿構金壱人加入有之候ゆへ、何時ニ而も両方之内落札次第直様皆済可致候、其時自他之申分毛頭無之候、為念之積金書入一札依而如件

安政四年　　　　　　出村
巳二月　　　　　　八幡屋吉蔵印
伊勢屋理助殿

2335—5　安政四年（一八五七）一一月　出村長屋御渡しにつき一札

奉差上一札之事
元銭座跡出村南之方家屋敷壱ヶ所
但此坪八拾七坪半、長家数拾軒、先（ママ）
御旦那様ゟ御建被遊、亡平兵衛江支配御任ニ相成在之候処、此度右借家御入用之由ニ付、長屋御渡し奉申上候、御改之上御受取被遊可被下候、為後日之一札依而如件

返済主
安政四年巳十一月　　八幡屋吉蔵印
山城屋吉右衛門印
大和屋利助印
大和屋伝五郎印
三上八十三郎殿
同隠居実山様

建家売券状之事
一建家壱ヶ所　　但地所共
代金六拾両也　　長屋数拾軒
右者亡父左馬大允其村出村ニ被建置候処、此度相改其許江売渡し申候而、代金如高慥ニ受取申候処実正顕然也、然ル処上者此建家ニ付外ゟ違乱申出候者決而無之候、万一如何敷義有之候ハヽ、拙者方ゟ致埒明、其許江聊難渋ケ間敷相掛ケ申間敷候、為後証之売渡し証文依而如件

元隠居売主
安政四年　　　　三上主税印
巳十二月　　主税倅売主
同　八十三郎印
証人
元銭座跡　　高屋吉兵衛印
大和屋
伝五郎殿

2335—8　安政五年（一八五八）一〇月
公事出入のため出村一切出さずにつき口上書

（表紙）「口上書
八幡屋喜蔵」
（表紙見返）「願人共
笹屋伊兵衛

伊賀屋吉兵衛
華屋伝兵衛
笹屋五三郎
八幡屋平兵衛
〆五人　」

口上書

一当御領内字三条領、其他共江私共出村建出し之儀ハ、元来私共亡父其外前書名前之文者共組合、文政九戌年ゟ奉願罷在候儀ニ御座候、然ル処天保弐卯年迄七ケ年余之間、私共組村与公事及出入、右同年落着、其後建出し当時之模様ニ御座候、然ル処私亡父平兵衛儀、昨年相果候付、其後当時右場所取調中ニ御座候、右ニ付此度御尋被成左ニ申上候、右ニ付私亡父平兵衛存命中ニ地所其儘乍差置、名前之もの共不残引退キ置候、依而則存命ニ而茂出村之儀ニ付而者一切不出申候、勿論昨年亡父相果候後、何等之訳申出候もの茂一切無御座候、依而此段申上候、以上

安政五年午十月廿日

出村願人之内
亡平兵衛倅
八幡屋吉蔵（印）
親類惣代
大和屋伝五郎（印）

御村役人中様

2319 安政五年（一八五八）一〇月　惣代平兵衛跡相続につき一札

一札

一御領分柳原庄上郷領之内合三ケ所
字作右衛門島之内
高四石壱斗壱升九合
合六畝拾八歩
取壱石三斗五升七勺五才

右之通文政九戌年出村願人之内、伝兵衛・吉兵衛・伊兵衛右三人江譲り受置、其後出村建出し内ニ相成候ニ相違無御座候、然ル処前書三人之者共儀、天保二卯年後地所其儘差置、願人之表引退キ、昨春迄私亡父平兵衛壱人ニ相成、依之惣代相勤居申候処相果申候、私義名跡相続仕候ニ付、左に申上置候御年貢之儀者、嘉永五子年ゟ直納被仰、其後年々直納仕候、右六畝拾八歩此高役諸夫役之儀者、上郷御定例仕来是迄之通急度致承知仕候、依而此段奉申上置候、以上

安政五年午十月

出村建添地願人之内
亡平兵衛倅
八幡屋吉蔵（印）
組頭惣代
大和屋伝五郎（印）
北組支配人
源左衛門（印）
南組支配人
武松（印）

上郷当時御預り所
御役人中様

2365—21　安政五年（一八五八）一〇月
東九条村下水懸り田地湿気料・借地料につき一札留帳

（表紙）
「御領分柳原庄領之内江、天保二卯年六月ゟ私共出村建添ニ付、願
人共連印ニ而東九条村江差入置候一札写壱通
右出村建添ニ付、当御村方ゟ東九条村江種々御扱被下候上、私共
一札江当御村方ゟ添一札御差添被下候一札写壱通
右願人共連印之内、天保二卯年後、追々勝手儘ニ願人之表引退代
替り、当時私共両人ニ相成、此段改而申上候
出村願人共　」

一札

一元銭座村之儀者先年建物有来候処、村内追々人数相増暮し方甚混雑仕、万事不都合ニ相成候、依之当村東之方空地有之候、此所江新規建出し仕度候儀、御地頭様江御願罷出候処、御見分之上於隣村ニ差構等之義無之候得者、可被為遊御聞済候段被仰聞候、依之早速其御村方様江及御懸合申候所、右建出し出来候而者御村方様御田地之差障等ニ相成、尚又村内之悪水等御村方泊筋ニ懸り候得者、弥御田地作物等万事差構ニ相成候義被仰立候段、重々御尤至極ニ奉存候、然ル処又々柳原庄御村役人様厚御扱被成下候故、押而右之趣御頼申段々御熟談之上、是迄有来之下水ニ而者甚悪水之流滞も有之事ニ御座候故、右下水両辺破□落し、惣而下水通取開、尤下水通両辺ニ土堅メ之板を入、所々杭ニ而〆、尚又右泊筋上下ニ古来卦樋（ママ）有之候処、是又取直し横幅之広サ古来三尺有之候処、猶又壱尺通切開キ、都合四尺高サ壱尺五寸余ニ相仕立、悪水滞少し茂無之様底樋ニ卦置可申候

仕法左之通

一新規建物惣而南之方者杉垣ニ可仕候
東西三拾壱間
南北七拾間
南之方者御領分地境目ゟ内分江東西突通シ、八間余者永代空地ニ致置、作地ニ為致置可申候事、右下水之儀者尤御田地一円御年貢地ニ御座候由承知仕候、依之此度下水破キ落し、御年貢年分計江壱石五斗者下水両辺借地料幷湿気料壱石五斗、都合三石無相違柳原庄御村役江相納可申候、右御定之通承知仕候、尤年々銀納ニ而十月晦日迄ニ無相違急度相納可申候

一此度新規建出し願之儀、於御村方様御一統御得心被下忝奉存候、尤右前文御諸定之通永年異変無御座候、若後々右納物等之義ニ付彼是申者有之候得者、従村支配人急度申聞、彼是与申間敷候様取計ひ可仕候、尤此度新規建物出来仕候上者、御村方様御田地等ニ少し茂差構ニ相成候儀者仕間敷候、且南境掘切溝杉垣仕、右書付通り相改可申候、為後日差入申一札依而如件

天保二卯年六月

元銭座村
笹屋小源治印
笹屋伊兵衛同
八幡屋兵兵衛同
花屋伝兵衛同
伊賀屋吉兵衛印
笹屋五三郎同

河内屋兵助同
伊賀屋新兵衛同

東九条御領所
庄屋
吉右衛門様
年寄
彦右衛門様
同
清兵衛様
同
勘兵衛様
御村方衆中様

右前文御諸定通毛頭相違無之候、当時名前連印之者、且支配人相更り候共永々相伝、後々支配人相引請万事少し茂違背可仕儀無御座候、以上

元銭座村北組
支配人　源左衛門印
同所
支配人　与吉印

前書写之通、則天保弐卯年六月連印を以東九条村御領町江差入候義相違無御座候、依之□年分都合三石ツヽ永年出米柳原庄江可差出儀者、天保二卯年ゟ相定メ之儀ニ而書面趣兼而承知仕候、然ル処右願人連印之者共内追々願人之表引退、且代替り候ニ付此度改而当時之私共ゟ此段奉申上置候、以上

安政五年午十月
笹屋小源治（印）
八幡屋吉蔵（印）

右前書之通少し茂相違無御座候、以上

北組支配人
源左衛門（印）
南組支配人
武松（印）

（貼紙）「私身内右小源治義奉願置候処、同人相果申候ニ付、地所如元私方江引取罷在候ニ付、私義承知仕候、依此段奉申上候、以上」

一札

一柳原所領之内元銭座跡穢多村之儀者、先年ゟ建物有来候処、同所東続ニ空地有之候ニ付、此度空地江建物建出し之儀を銭座跡之者共ゟ当村江願出候故、其儘御地頭様江御願奉申上候処、則当村を御召出シ有之候ニ付罷出候処、隣村田地水掛り等差構ニ相成候義ニ而も無之哉御尋有之、何分隣村地続江及掛合故障無之様万事精々取曖可致旨被為仰付候ニ付、依之其御村方江御評談申入候処、新規建出し出来候得者田地水懸り等ニ甚迷惑ニ相成候由ニ而、御承知も難相成趣ニ御座候処、段々御懇談申有来り之下水両辺切開ケ悪水之滞無之様、此度之儀者右銭座跡之者共ゟ普請為致可申候、以来諸普請杭之儀者其御村方江御引請被成下候御約定懇談相調ひ申候、尤御年貢地ニ御座候得者、下水懸り田地湿気料幷借地料等、右銭座跡之者共ゟ差入置候一札之相定通異変為致申間敷候、且両辺借地料壱石五斗幷湿気料壱石五斗、都合三石右銭座跡之者共ゟ

当村方江請取、其御村方江無相違相渡し可申候、勿論限月延引不相成様御約定通為相納可申候、万一不納ニ相成候ハヽ、当村方ゟ相弁、其御村方江聊御心配相掛ヶ申間敷候、為後日差入申添一札依而如件

天保二卯年六月

大仏柳原庄
庄屋　庄左衛門印
同　忠右衛門印
頭百姓惣代
甚右衛門印

東九条村御領町
庄屋　吉右衛門殿
年寄　彦右衛門殿
同　清兵衛殿
同　勘兵衛殿
御村方衆中江

右前文諸定通聊茂相違無之候、当時名前之者共若退役致し候共、後役之者江急度為引請可申候、依而如件

柳原庄
庄屋　庄左衛門印
同　忠右衛門印
頭百姓惣代
甚右衛門印

右前書写之通、天保二卯年六月私共一札之表江当御村方ゟ御添一札御差添、則九条村御領町江御差入ニ相成、右出村建出し濫觴ゟ永年当御村之御手数御恩義者兼而承知仕候、然ル処右永年三石ツ、出米之儀急度差出し少し茂御迷惑筋相懸ヶ申間敷候、為念当時之私共ゟ此段奉申上置候、以上

安政五年午十月
笹屋小源治（印）
八幡屋吉蔵（印）

右前書之通相違無御座候、以上

北組支配人
源左衛門（印）
南組支配人
武松（印）

柳原庄
御村役人中

（貼紙）「私身内右小源治義奉願置候処、同人相果申候ニ付、此地所如元私方江引取罷在候ニ付、私義承知仕候、依此段奉申上候、以上」

2370

安政五年（一八五八）一〇月　出村仕法立につき口上書

口上書

当庄御領之内江私共出村地所之儀ニ付、此度者色々与御手厚く御扱被下、仕法相立テ難有奉存候、依而場所々々持前無相違調印可仕筈之処、源左衛門江引会（ママ）筋御座候ニ付、右引会済迄御延引被下度願上候処、右者御聞糺之上色々御利解被下、先右書付表調印之上引会可申旨段々御申聞被下候得共、押而調印延引奉願上度候、右之通少茂相違無御座候、以上

安政五年午十月

願人
八幡屋平兵衛（印）
親類惣代
大和屋伝五郎（印）

御村役中様

2398　安政五年（一八五八）一〇月　出村建出し地差戻につき口上書

（袋上書）「安政五年午十月
当庄領之内字三条領、其外共
ケ所之銭座出村建添地主ゟ
源左衛門・吉蔵口上書都合四通
右両人地所取調方被仰付、依之
扱置候」

（表紙）「口上書
亡平兵衛伜
八幡屋吉蔵
（付箋）「安政五午年十月十三日ゟ廿五日迄ニ
如此書付差入候、此通り双方共ニ控書
在之候筈也」」

口上書

一柳原庄領之内字三条領、其外共ケ所々々本帳八反三畝六歩之処江、先々年出村建出し之儀者、私父亡平兵衛其外四人之者共組合、又此処ゟ西之方地続源左衛門所持本帳弐反拾六歩、則源左衛門身内笹屋小源治江引受候而、双方方地所打合之前書出村建出し奉願置有之候処、小源治死去故如元地所源左衛門江引取有之候ニ付、其節私亡平兵衛茂相対之上、右弐反拾六歩引請置、其後出村惣躰取計仕、年来諸勘定等も相立申儘昨年相果申候ニ付、右弐反拾六歩之地所差戻し可申旨、源左衛門ゟ引会（ママ）有之候ニ付、地所ハ差戻し可申候、然ル処右地所亡平兵衛江引請置候後、出村惣躰江相懸り候御公儀其外都而当り前諸入用、是迄出銀分且引請之弐反拾六歩之内、屋建地代銀其外惣物成等事実ニ諸勘定相立候上、過銀ニ相成候ハヽ、吉蔵ゟ出銀可仕候、且不足ニ相成候ハヽ、源左衛門ゟ右不足分出銀ニ相成候旨、御扱被下難有承知仕候、右之通決算ニ相成候上者少し茂申分無御座候、依此段奉申上置候、以上

安政五午年十月十三日

亡平兵衛伜
八幡屋吉蔵（印）
親類惣代
大和屋伝五郎（印）

御村役人中様

2399　安政五年（一八五八）一〇月　出村建添地諸入用方借財割賦につき御請書

（表紙）「御請書
吉蔵」

口上書写

一出村建添地弐反拾六歩之場所、此度諸勘定ニ付元来私身内小源治義、則出村建出し願人之表平兵衛外四人之者共組合ニ御座候、然ル処右小源治卅ケ年以前相果候後、天保四巳年迄私先代源左衛門

義、小源治跡方引取万事始末取計罷在候儀ニ御座候、然ル処先代源左衛門義、天保四巳年相果、当年迄廿六ケ年相立申候、右前書之通元願人之表組会（ママ）之儀ニ御座候故、先源左衛門存命中天保四巳年迄者、公事中七ケ年、其余共都而入用諸勘定之儀者立会之上、万事取計仕置候儀与承知仕候、依而出村ニ付万事惣体之入用方借財ニ候得者、願人中当り前之立会惣連印可有之義与承知仕候ニ付、小源治幷先代源左衛門連印之借財者難遁、割賦急度承知仕候、右願人乍組会内も印形無之、且外願人組合手元勝手之借財者、私義其割賦承知不仕候、依而此段吉蔵江御申聞置可被下候様、右此度御扱被下候ニ付、為念此段奉願上置候、以上

安政五年午十月　源左衛門印

利介印

御村役人中様

右前書写之通、源左衛門ゟ申上候ニ付、右書付之趣御申聞被下書面之趣承知仕候、以上

安政五年午十月　建添地之内

亡平兵衛倅

八幡屋吉蔵（印）

親類惣代

大和屋伝五郎（印）

同

大和屋利助（印）

御村役人中様

書添口上書

私義茂立会勘定之上、亡父平兵衛印形無之分ハ、同前ニ承知不仕候、此段源左衛門江御申聞置可被下候、以上

十月廿五日　吉蔵

利助

（貼紙）

「

一今廿五日左ニ申出候、此度御扱被下候書付写御渡被下、私共一同打寄り書面之趣一々拝見承知仕候、先日ゟ彼是惣前之儀申立候段御断可申上旨申出、則此度御扱之双方連印之書付少茂申分無御座旨申立候事

但此添書文段則吉蔵ゟ如此書入呉候様申出、下書持参致し付、如此書込遣し置候事

〆眼前ニ而書入遣候」

2400　安政五年（一八五八）一〇月

出村建出し地差戻一件につき口上書

（表紙）

「口上書

亡平兵衛倅

八幡屋吉蔵」

口上書

一柳原庄之内字三条領弐反拾六歩源左衛門方ニ所持之処、先年出村建出し願之節、同人身内笹屋小源治江右地所相任せ、同所東地続私父亡平兵衛外四人共打合、右建出し奉願候、然ル処其後右小源治死去ニ付、地所如元源左衛門江引取置有之候、右ニ付私父亡平

兵衛義及相対、弐反拾六歩引請置候、然ル処引請後年来其仕分ケ諸勘定も不相立儘、昨年相果申候ニ付、源左衛門ゟ右地所差戻し可申候様申聞候ニ付、私義色々懸念之儀御座候故、色々与手元取調居申候得共、何等之書類等も出不申候ニ付、右地所者差戻候義相違無御座候得共、若自今右弐反拾六歩ニ付約定印証等出候節者、早々差出可申候間、其御扱被下度奉願上候、若哉何等之書付等も無御座上者、対源左衛門甚以不都合之訳ニ相違無御座、重々越度依而急度相嗜可申候、右者此度御扱被下候ニ付、此段奉申上置候、以上

安政五午年十月

亡平兵衛伜
八幡屋吉蔵（印）
親類惣代
大和屋伝五郎（印）

御村役人中様

2401　安政五年（一八五八）一〇月　出村建出し地差戻一件につき口上書

（表紙）
「口上書
元支配人源左衛門
（付箋）
「安政五午年十月十三日廿五日迄
如此書付差入候付、此通り双方ニ控
在之候筈也」
」

口上書

一柳原庄領之内字三条領其外共ケ所々々、本帳壱町三畝拾九歩之処江先々年出村建出し之儀者、則私身内笹屋小源治幷八幡屋平兵衛其外共申合奉願、当時之出村ニ御座候、然ル処右壱町三畝拾九歩之内西之方にて、弐反拾六歩者私義先々代ゟ所持有之候ニ付、前書私身内小源治江相任、右建出し願人ニ組合奉願置候処、右小源治義其後相果候ニ付、亡小源治江相任せ置候地所、如元私江引取置候処、其後平兵衛ゟ相対有之、依而弐反拾六歩其儘平兵衛江相任せ置候、則御年貢諸役共私ゟ相納来候儀ニ御座候、然ル処右地所相任せ置候後、年来都而諸勘定無之儘、昨年平兵衛茂相果申候ニ付、右私方所持地弐反拾六歩差戻し可申旨及引会（ママ）候処、右地所者差戻可申候得共申分有之旨、吉蔵ゟ申立候ニ付御聞糺之上、左ニ御取計被下候、右出村惣躰江相懸り候、御公儀都而当り前諸入用方是迄出銀之分諸勘定、且又右弐反拾六歩之内屋建地代銀其外物物成等、事実ニ諸勘定相仕立候上、不足ニ相成候ハヽ、私ゟ不足銀差出可申候、且又過分ニ相成候ハヽ、吉蔵出銀可仕候旨御扱被下承知仕候、依而此段奉申上置候、以上

安政五午年十月十三日

元支配人
源左衛門（印）
組頭
利助（印）

御村役人中様

2402—2　安政五年（一八五八）一〇月　出村建添地諸入用方借財割賦につき口上書

（表紙）
「口上書

源左衛門」

口上書

一出村建添地弐反拾六歩之場所、此度諸勘定ニ付元来私身内小源治義、則出村建出し願人之表平兵衛外四人之者共組合ニ御座候、然ル処右小源治義卅ケ年以前相果候後、天保四巳年迄私先代源左衛門義、小源治跡方引取万事始末取計罷在候義ニ御座候、然ル処先代源左衛門茂天保四巳年相果、当年迄廿六ケ年相立申候、右前書之通元願人之表組会之義ニ御座候故、先源左衛門存命中天保四巳年迄者、公事中七ケ年其余共都而入用諸勘定之儀者、立会之上万事取計仕置候義与承知仕候、依而出村ニ付万事惣躰之入用方借財ニ候得者、願人中当り前立会惣連印可有之之義与承知仕候ニ付、小源治幷先代源左衛門連印之借財者難遁、割賦急度承知仕候、右願人乍組合内茂印形無之、且外願人組合手元勝手之借財者私義其割賦承知不仕候、依而此段吉蔵江御申聞置可被下候様、右此度御扱被下候ニ付、為念此段奉願上置候、以上

安政五年午十月　源左衛門（印）

利介（印）

御村役人中様

2111　安政七年（一八六〇）三月　柳原庄高掛りにつき口上書

（朱筆端裏書）
「安政七申年三月銭座出村ゟ高懸り事件ニ付、右同村ゟ御地頭所へ出ス願書、地頭ゟ下ル事」

乍恐奉歎願差上候口上書

一此度柳原之庄高掛り被仰付候ニ付、私共是迄右高懸り不納仕候段甚々奉恐入候、夫ニ付当度茂右一条被仰付候処、何分柳原庄屋今村忠右衛門殿へ茂懸合申度候、其上ニ而高掛り御上納仕度候間、乍恐爰廿日之御宥予被成下候ハヽ、無此上も仕合ニ奉存候、依之一統連印奉差上候、何卒御慈悲ヲ以此段御聞届被為成下候ハヽ、是亦難有仕合ニ可奉存候、以上

安政七申年三月　元銭座出村

惣代　平兵衛（印）

親類惣代　伝五郎（印）

同　為吉（印）

同村北組支配人

源左衛門（印）

組頭　利助（印）

同南組支配人見習

武松（印）

組頭　新右衛門（印）

御本所様

御役人中様

2311　万延元年（一八六〇）一一月　八幡屋吉蔵家集銭出入につき返答書

（朱筆端裏書）
「壱

（墨書貼紙）
「天保九戌年ゟ拾八ケ年之間弐反十三歩ゟ

安政弐卯年迄入用為手当年々五両ツヽ、

合金九拾両」

（墨書貼紙）
「受銭之儀ニ付如此ニ

源左衛門ゟ出候

万延元

申十一月廿三日」

」

乍憚返答書

一当所八幡屋吉蔵死跡相続人倅才蔵幼年ニ付、母たミ并大和屋伝五郎、此外ゟ私相手取奉願候、最早約定通不相守集銭之義を村役人中様江願出候ニ付、私御呼出シ御糺之程奉畏、依之右之者共申立方相違之廉々、左ニ御返答申上候

此儀元来右集〆銭之儀、壱ケ月之内上十五日者、右才蔵方江取集、末十五日者私方江可取集抔与申儀、最初ゟ約定も無之義ニ而、勿論才蔵先々代平兵衛存命中、私亡父源左衛門此外申談之上、平兵衛を出村之願人惣代為致置候処、其比出村之儀建家も無数、且右出村ニ者私所持之地所弐反拾六分（ママ）有之、追々家建相建揃候迄之処、右弐反拾六歩之廉を以入用方為手当与、天保九戌年ゟ安政二卯年迄〆拾八ケ年之間、年々金五両宛合九拾両遣シ来候処、私義不勝手ニ付右渡シ方延引相成候も有之、折柄平兵衛申聞候ニ者、追々出村一体ニ家数出来候ニ付、則敷地古来ゟ村法役銭三文銭取集方相始メ、其内半月分右金五両之代りニ相渡シ呉候様、猶此上家数建揃候ハ者、猶又極り方相改可申旨申之相頼ニ付、半月分宛安政三辰年ゟ未七月迄〆四拾三ケ月、壱ケ月ニ四貫文程宛合凡銭百七拾弐貫文程遣シ置候、然ル処其後何等之極り茂相改不申儘、先代平兵衛相果申候、然ル処近年支配方町入用相増、年々不足ニ相成候ニ付、其段談之上差留置候を不聞入、其後平兵衛死跡吉蔵代ニ相成候而茂自儘取集居候義与申、何共相済難義ニ御座候、然ルニ先年御村役人中様段々御扱被下候上、右之地所差戻シ候ニ付而者、安政五年御地頭様江御願申上相改、右地所面杭打御見分被成下候、然処前ニ申上候役銭之義、吉蔵方江取込候ニ付而者、私町内諸入用除銭も無之年々不足ニ相成候ニ付、猶又北組談之上、昨未年七月ゟ不残私組下町箱江取集罷在候義ニ御座候、右役銭之義者私受持弐反十六歩ニ付取上ケ候物ニ而者決而無御座、前書奉申上候通組下町入用之義、則乍組違茂右等之訳能乍承知、先年地所之始末ゟ種々無唱（謂カ）義を色々与申立、彼等取工（ママ）事を当御村方江願出候段、甚タ以難相済不埒之義ニ御座候、勿論前書申上候通少シ茂相違無御座候間、乍憚右願出シ連印之者共江書面之趣申聞、以来右等無唱義等願出不申様、当御支配所ゟ御申付可被下候様奉願上候、何卒右之趣御聞届ケ被成下候ハ者、難有仕合ニ可奉存候、以上

元銭座村北組

万延元申年十一月　支配人源左衛門（印）

組頭惣代

理助（印）

御村役人中様

2397 ーー 万延元年（一八六〇）一一月　出村年貢直納一件、および加茂川筋御抱堤普請入用借財仕法一件につき御受書

（表紙）「乍恐御受書

（付箋）「此御受書伺之上如此、受書当申十一月三日出村ゟ当村方江本受書取之、其写ニ前後文段書添、当村方ゟ御地頭所江奉差上候事

申十一月十五日

同懸り其段相伺申上候、右受書之表如此ニ而納り済」

柳原庄本郷控」

御受書

当時元銭座跡ゟ

出村分

御家領柳原庄之内

合壱町三畝拾九歩

役高弐拾弐石七斗八升四合六勺

右内分ケ

九反七畝壱歩本郷之内支配所

役高拾九石弐斗三合三勺

〆

六畝拾八歩上郷之内支配所

役高四石壱斗壱升九合

〆

右御家領柳原庄両郷御取ケ御物成内ニ御座候処、文政度ニ同庄本郷御物成内元銭座跡之者共受持願人奉願御免之上、則当庄江茂規定相立置、居小屋建出シ仕来、当時出村与相唱居申候、然ル処当庄古例ニ而嘉永四亥年十二月御免合願之通被仰附候付、依之取ケ之百姓共ゟ是又古例を以村法証文受判、則当時出村願人共義茂同様受判取之置御座候、然ル処嘉永五子年十二月右出村願人共江御年貢米御上納方直納被仰附候、其後右居小屋地之者共義諸事ニ心得違仕、当庄本郷高役御地頭様御用者勿論、村役高用不寄何事ニ差支之事共数々在之、前書村法証文受判之廉々不相守甚不締ニ付、色々与申聞候得共都而等閑ニ相成諸事ニ差支、近来甚困り入罷在候、然ル処同庄本郷内少茂川筋御抱堤普請入用借財仕法幷自今相続方取極り、此儀一領惣高反別内江割賦、右仕法方ニ付一領村高内元銭座跡幷出村共一昨午年四月ゟ奉願候処、色々与御調之上御手厚御扱、夫々御仕法被成下、則出村之儀者前書定例村法証文表廉々之儀茂御座候ニ付、此度出村願人共、且南組年寄組頭幷柳原庄村役人双方共、当月三日御召出之上左ニ被仰出候

一当柳原庄高之内出村義御年貢米上納方、先年直納被仰附置候、然ル処此度依御改ニ直納是迄通り、其外自今出村限り諸願筋者柳原庄迄申出、同庄ニ而下調添判取次を以可相願候、尤嘉永四亥年十二月被仰附置候節、柳原庄村法証文受判之通急度可相守旨被仰出、其段御受書被仰附候、依之出村之者共ゟ左ニ受書取置候写を以、左ニ奉申上候

御受書

柳原庄本郷御村高之内

元銭座跡ゟ出村地所

受持主

元年寄源左衛門印

一字三条領元弐ケ所

弐反拾三歩

役高三石五斗五升四合三勺

〆

同庄本郷御村高之内元

銭座跡ゟ出村地所受持主

元五人之内惣代

八幡屋亡兵兵衛

一字中河原其外共七ケ所

七反六畝拾八歩

役高拾五石壱斗壱升壱合三勺　倅才蔵印

〆

右才蔵幼年ニ付親類付添

大和屋伝五郎印

同庄上郷分当時本郷江

御預り所之内地所受持主

一字作右衛門島元三ヶ所之内　元三人之内惣代

合六畝拾八歩　八幡屋亡兵兵衛

役高四石壱斗壱升九合　倅才蔵印

〆

一此度御地頭様ゟ双方被仰附候通り奉承知罷在候、然ル処当時私共出村義者元ゟ当庄本郷御役高反別内ニ而、一昨午年当御村方ゟ御改ニ相成候通り少茂相違無御座候、然ル処御年貢米御上納方者嘉永五子年十二月直納被仰附置候、其外ニ付出村限り前書御村高内ニ而、当庄御支配受候義者、嘉永四亥年十二月御高内定例御免状毎々村法証文表御請判仕在候通り、且者出村取建ニ付都而規定表并一昨午年御改之節、一札差入置候通り、夫々印証之通り少茂相違無御座候、依而此度御地頭様ゟ御改ニ而右印証表通り、夫々共受持役高反別江相懸り候諸夫役出銀共無相違差出シ可申候者勿論、自今出村限諸願筋在之候節者、柳原庄江申出御下調御添判取次を以可願旨被仰附奉承知候上者、永代急度相守可申候、尤当庄御高内御定例其外共御極ニ相成候義者、諸事不相洩御受判可仕候、若万一及後年ニ聊相違之義御座候ハヽ、如何様共御申聞可被下候、其時一言違背申間鋪候、為後証之御受判依而如件

万延元年申十一月三日

元銭座跡ゟ出村北組

受持主

元年寄　源左衛門印

組頭　利助印

同所南組其外ゟ出村元五人之内

受持主当時惣代

八幡屋亡平兵衛

倅　才蔵印

右才蔵幼年ニ付親類付添

大和屋伝五郎印

八幡屋亡平兵衛親類付添

大和屋利助印

同所南組

年寄　与左衛門印

組頭　新右衛門印

御家領柳原庄本郷

御村役人中様

右前書写之通受書当庄本郷江取置候上者、両郷元支配所限り定例村法通り支配可仕候、勿論自今右居小屋地ゟ御願筋申出候節者、厳重ニ下調添判を以、支配限り私共村方ゟ取次一々可奉申上候、右者前書近来村法猥ニ相成、甚以不取締ニ付当庄本郷ゟ願之通、御定式御改被成下奉蒙御蔭を、村法相立都而当村方ニ而御用向者勿論、并高役用懸り無差支可相成義与難有仕合ニ奉存候、依之御受書奉差上候、

以上

万延元年申十一月十五日

御家領柳原庄本郷

庄屋　忠右衛門（印）

見習　源次郎（印）

年寄　権右衛門（印）

上郷

年寄　庄右衛門（印）

御本所様

御役人中様

2294―3　万延元年（一八六〇）一二月　出村年貢不足のため銀子拝借願につき口上書

乍恐奉歎口上書

一柳原庄領之内出村当申年御年貢御上納方ニ付、惣代手元甚以不足困り入候付、何卒来ル酉年五月廿五日迄、銀子弐百五拾匁拝借方奉願上ニ格別之御慈悲を以、右願之通被為仰附被成下候ハヽ、難有仕合ニ可奉存候、右連印を以此段奉願上候、以上

万延元年申十二月廿四日

元銭座跡出村

願人惣代　平兵衛

親類惣代　伝五郎

同　利助

前文之通何卒御憐憫御聞届可被成下候様、此段添判を以奉願上候、以上

柳原庄本郷

庄屋忠右衛門

見習　源次郎

御本所様

御役人中様

2307　文久元年（一八六一）二月　出村地面貸附一条御尋につき口上

乍恐口上

一此度出村地面之義ニ付、平兵衛江貸附一条御尋ニ預り難有奉存候、去文政八酉ノ年ニ金四拾両貸附置申候、然処寅年地面弐ケ所坪数合六拾丈受取候得共沽券状者無之、右ハ無利息金子者置捨ニ相成候、勿論御年貢之義者毎年無滞上納仕候、右之通乍恐書附以奉申上候

文久元年

戌二月

高田屋

半次郎（印）

柳原御庄屋様

2292　文久元年（一八六一）五月　革干場所持主来歴につき聞書

（端裏書）「二月廿七日出候」

乍憚聞書之写

北指物所

花屋伝兵衛

中指物所

丹波屋太吉

南指物所

丹波屋与吉　当時跡形無之

右者花屋伝兵衛持革干場所之義者、中奥槌松与申者持場所ニ□、其後河内屋兵助・奈良屋儀兵衛右両人へ譲り受申候、丹波屋太吉之持場所は大和屋喜蔵持ニ相成申候、当時御願申上候処ハ丹波屋与吉分江願済ニ相成申候処、右与吉早世致し候故、未タ先年ゟ畑地之儘ニ成行候間、宜敷御賢察被成下候様、且ハ当時源左衛門与出村平兵衛之違乱ニ付、弥々弐反拾六歩源左衛門持ニ御定之義ニ付、御本所様より境目定杭之御印ニ者、従是東革干場所与御書附被為遊御掟ニ相成申候段、乍恐書印置申上候、右ハ此辺之義と御察被下度、色々御執計願敷候、以上

文久元年五月日

願人□　——印

証人　——印

——

——

2293　文久元年(一八六一)五月　革干場元願人書付につき申上書

乍憚書附を奉申上候

元願人　花屋伝兵衛

同　丹波屋太吉

同　丹波屋与吉

右之三人之者共へ元願人之義ニ候得者、御被申越之願面之控等逐一ニ調申候得共、聊之書附無之由申候故、且右願人之内当時丹波屋太吉壱人、此由荒々存居申候間、今朝ニも尋申候処、書附之事ハ願人之内ニ無之由申入、猶年号月日之義を尋合候処、凡三拾四五年程与申居候、依之ニ而委(ママ)敷義者年月も過候得者、無覚存候抔与申居候故ニ、誠ニ以迷惑千万ニ奉存候間、何卒御役人様江右之段御入魂之上、宜敷御執成可被下候、実ニ此辺ゟ外ニ手掛り等も無御座候間、何卒〳〵御勘考之上只管御願奉申上候、右御聞済被下度、此段宜敷御推慮被下度□□、以上

(文久元年)酉五月廿八日　出村　平兵衛

柳原御支配所

御役人中様

2289　文久元年(一八六一)五月　新規革干場所のため畑地譲渡につき願書

革干場之図

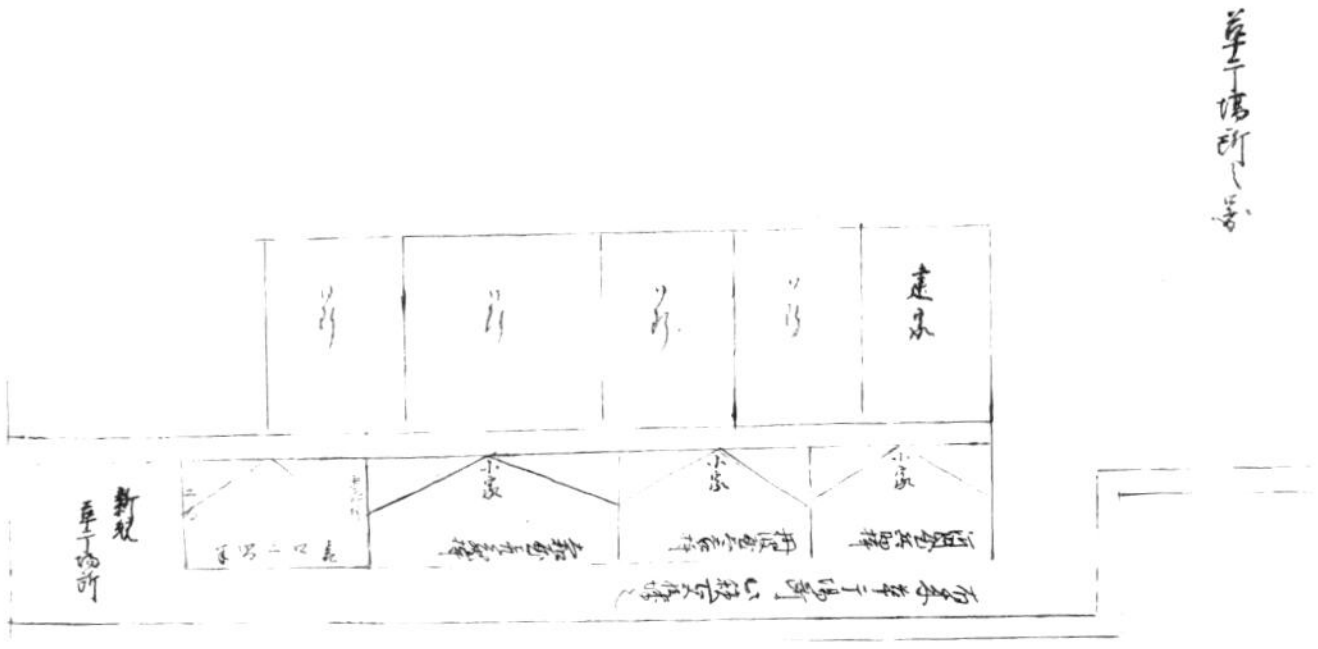

乍恐書附を以奉願上候

一右革干場所墨引之分、有来候儘写取、引続之朱引之義者新規ニ仕度候間、古来ゟ建家地ニ罷有候処、近年中絶致候義を御取立被為仰聞候様只管奉願候、依之持出地畑地弐畝余、大和屋新七幷親類山本屋善兵衛、右両人江則代銀九百目ニ而譲り渡シ、此段別紙地沽券相添申候間、奥印願申上候、右ハ両用共格別之召思を以御聞済被成下候様可奉願上候、以上

願人
出村惣代

文久元年酉五月日　　平兵衛（印）

同
大和屋新七（印）

本郷
御役人中様

2295　文久元年（一八六一）六月　出村北組東之通西側地所売渡につき願書

（包紙上書）「上
元銭座村
出村平兵衛」

（表紙）「（貼紙）「酉六月十一日持参預り置」
上
元銭座村出村
平兵衛」

乍恐書附を以奉願上候

出村北組之内東之通西側

一表口　八間壱矩　東者道筋限り
裏行　五間半　西者溝筋限り
南者道筋限り
北者空地

此積四拾五坪三分七厘五毛
御年貢五斗八升九合八勺七才□

右之地所此度間地相改申候上、願人大和屋新七へ売渡シ、則代銀壱貫弐百廿五匁壱分弐り五毛、右銀請取申上候内、御上納銀半通り六百拾弐匁六分六ノ奉上納候間、何卒右願人大和屋新七へ御割

印沽券御下ケニ相成候得者、如何計難有仕合与可奉存候、以上

出村

（文久元年）酉六月九日　平兵衛（印）

御本所様御懸り

御役人中様

2278　文久元年（一八六一）六月

利足・振替年貢不納出入につき口上書

奉願上口上書

一元銭座出村惣代平兵衛請持居候地性（ママ）之儀者、元来私親共ゟ代々請持来り候地性ニ御座候処、文政九戌年二月出村取建候ニ付、平兵衛幷ニ外四人願人ゟ右地面譲り呉候様申来り候へ共、右地性之儀者私先祖ゟ請持居申候事故相断り申候へ共、右五人之願人ゟ段々□□相頼申候ニ付、無拠銀高相定其内金子三拾両不足ニ而、則別紙証文利足付定ニ而取置御座候、此分入込候訳合御座候へ共、一昨年迄ニ度々ニ元金丈請取相済申候、併利足不納相成御座候、凡三十二三ケ年之間（八朱立凡）金高九拾五匁壱歩余相滞り迷惑奉存候、猶亦振替年貢として私方へ年々弐石宛相渡し可申約定仕、相互ニ一札為取替譲り渡シ申候儀ニ御座候、則戌亥両年者持参ニて相済申候、次子年者内入聊不足儘請取置申候、然ル処丑年已来年々之相滞候付催促仕候処、内分当時家建も無少（ママ）ク、追々建揃候者差入可申候間、暫ク用捨いたし呉候様相断候故、無是非差控江罷在候内、右出村人足料ニ付、天部・六条・五ケ村ゟ武辺公事出来候内、差控へ不計延引仕、右一件落着之後彼是年月相立、其内願人追々病死仕、平兵衛一人ト相成申候故、段々催促仕候処、何分当時手支之儀ニ候得者、今少し家建出来候迄見合呉候様、平兵衛引請趣段々相断申候故、亦候差控へ居申候、然者私弟新四郎居宅取建申度、右平兵衛江申談承知之上、則出村北之通北側、表口三間、裏行七間、此坪廿壱坪居小屋取建申候、此御年貢弐斗七升三合、右午年ゟ酉年迄四ケ年之間、平兵衛方江無滞相納申候、然ル于私方ニハ前以約定在之候振替年貢弐石ツヽ、幷ニ右三拾金之利足滞り差入呉不申甚迷惑仕、就而ハ私シ手元追々不如意難渋仕候故、是又平兵衛江打明相談之上、新四郎居宅御年貢不納仕候儀御座候、就夫右地代銀之儀者、前以申上候別紙証文三拾両之内ニ而差入、其後少々ツヽ入金被致、度々漸元金丈相済候儀ニ御座候、猶亦年々之振替年貢分滞り銀高金九拾五両弐朱余ニ相成申候、別紙勘定書差上申候、其後段々及掛合ニ相頼候へ共、又々何角与申延シ村講金落札次第勘定可致抔与一向取敢不申候ニ付困入、無拠用捨いたし居申候内、追々年月過立、然ル処平兵衛不計病気ニ取合病中ニ咄合参り候処、申居ニハ仮令私相果候共、何角倅吉蔵ニ申為聞置候間安心致呉候由慥ニ申居候故、又々控へ罷在候内、親平兵衛終ニ養生不叶病死仕候、忌明も相過候上、倅吉蔵江右始末懸合仕候、吉蔵儀も父平兵衛ゟ兼而及聞居申候訳柄ニ候得者、其後午年十一月村内講落札之節、前文申上候金三拾両手残り吉蔵ゟ差入、元金皆済相成候、就而者新四郎居宅地代金も右差引ニ而是又相済御座候上ハ、沽券状相渡し呉可申上候処、平兵衛方ニ者御殿様江御上納金調達難相成、暫ク用捨いたし呉ト相頼候而、猶又追々家建相揃候節者、御本所様江奉願上直様相渡シ可申約定ニ御座候、乍去

前書申上候振替弐石宛之分、出村家建追々出来候事故、差入呉可申候ニ兎角申延等閑ニ捨置候、誠ニ迷惑難渋仕催促致候へ共、何之頓着も不仕候ニ付、一昨未年十一月御地頭様江不得止事出願奉申上候、依之吉蔵幷ニ親類御召出之上、済方儀対談可致旨被為仰渡候処、則吉蔵病気ニ取合、依而縁者為吉幷ニ伝五郎両人対談罷出、元来之始末も存不申ながら、誠ニ不法不実之儀申御理解之程も不持意、支配人方江参り理不尽而已申募り、新四郎居宅沽券状も其元殿ゟ講金ヲ以可願出筈抔与申候ニ付、則親平兵衛存生中ニ仮沽券状取置候事ヲ《ヲして》不知申募間、御殿様ニ而右仮沽券状差上御見セ被遊候処大ニ巧点仕、左様候時者本沽券状奉願上相渡し可申旨ヲ申出候、併シ年々弐石宛之儀永代ニ而者無之候抔と是亦為所望一札之意も不相分ヲ不法申出、支配人源左衛門ゟも色々及利解ニ懸合被呉候而、彼是与対談仕候内、最早月迫ニ付且亦吉蔵病気事故、何分春迄之御猶予致し呉与申候、私も乍迷惑存、御本所様ニ恐多奉存、御猶予致し遣候、其来至春ニ吉蔵病気弥々養生不相叶病死仕候、先忌明過右親類両人罷越、今暫ク又御猶予頼申候故、私存候ニ者右慥成請書有之候儀ニ候得者、譬何時ニ而茂御願出候節者明白之儀ニ候故与奉存、一先此度破談ニ而御本所様乍恐御願下ケ奉出願候上、亦々時節見合以折（ママ）改再歎願可仕候様ト存、右申候折柄当御村方出村御支配為被仰付候趣、是幸ニ奉存候、御繁用中とも不憚不得止事出願仕候、何卒右始末等御賢察被成下候而、右滞金幷ニ沽券状速ニ相渡可申候様御申付被成下、厳敷御取計被遊可被下候様、此段偏ニ奉御願上候、以上

文久元年

酉六月　　　　元銭座北組

伊勢屋

願人　理助（印）

大仏柳原庄本郷

御役人中様

2287—3　文久元年（一八六一）六月　出村革干場願につき御断書

（表紙）

「（貼紙）当庄之内銭座出村東境ニ革干場在之、右場所元願方取調候処、願人手元ニ何等之書類茂無之故、此度改而右之模様取（ママ）御地頭表江伺ひ之上取扱置候、右ニ付元願人ゟ受書取之置候、右書類者願人共ゟ当村方江都而書而取之、猶写を以当村方ゟ御地頭表江其段御届書差出ス

此三通写を以御届ケ奉申上候事

文久元酉年六月廿九日」

「（貼紙）酉六月十二日銭座ゟ預り

此三通共御領表江伺済、但此通り写を以当村方ゟ村役連印を以差出し可申旨御達被成事

酉六月十七日」

「（貼紙）出村革干場元願ニ付願書控無之断書」

御断書

一当出村東地続空地作地之場所ニ革干場在之、右南地続江此度干場相願度、其段申出シ候処、在来干場所之願方願書控類夫々御尋在之、依而色々取調候へ共在来干場所ニ而何等之義も不相分、右ニ

付書類無御座上者いつ之比願出御免ニ相成候哉、惣代平兵衛手元都而不分明ニ御座候、右ニ付若哉当時干場地借之者共ニ手掛りニ茂可相成書類所持可有之哉与奉存候、夫々取調仕候得共是又何等之義も無御座ニ付、此段書付を以御断奉申上候、以上

出村惣代
平兵衛（印）

文久元年酉六月日

柳原庄
御村役人中様

2287—4　文久元年（一八六一）六月　新規革こなし差留につき口上書

（表紙）
「文久元酉年五月
（貼紙）
「出村ニ而新規革干
差留届書　」
元銭座村北組」

御届口上書

一柳原庄本郷領字中河原与申御支配地之内ニ而、私共出村東続作地之場所へ革干場を先年惣代亡平兵衛義願置候処、其後私共組下之者共義、右惣代亡平兵衛へ相対を以場所借受、則当銭座村ニ古来よりコナシ扱来革類干コナシ仕居候処、同組下之者近比新規ニ革コナシ方を相始候者有之候儀ニ御座候、此コナシ方同村近所之者共ニ甚タ差支ニ相成、私義人身渡世筋支配之手元へ、同村近所之者共其段歎キ出候付而夫々取調、古来ゟ仕来之コナシ方扱来候分ハ其儘、新規近比相始候分者、私組下支配之義ニ而、此度急度差留申候、然ル処右干場所之義者、当庄本郷江御支配地之内、右廉を以此段御届奉申上候、右ニ付者私組下職筋之者共義、御領内川筋へ右革積（ママ）ケ方奉願、近比多分積ケ出候、此儀も私ゟ差留申候ニ付、此段御断申上候、猶右在来之分者是迄之通干扱ひ候ニ付、場所之義宜敷奉願上候、以上

文久元酉年六月

元銭座村北組
支配人源左衛門（印）
組頭　理助（印）

柳原庄
御役人中様

2287—5　文久元年（一八六一）六月　革干場願につき御請書

（表紙）
「上
（貼紙）
「出村在来革干場
元願不分明ニ付
改而受書取之」　」

御請書

一当柳原庄本郷領之内、元私共江受持候字中河原其外共之内ニ而、私シ共建家地ニ仕度旨願出候処、段々御取扱被下、則御地頭様御聞済之上、猶双方ゟ御扱を以天保三辰年正月廿二日、御公儀様ゟ御見分之上、地坪弐千百七拾坪之処、御定杭御打渡しニ相成、依之裏書絵図面之通相違無御座候、然上者右御定杭外者不残永代空地ニ仕置、作地ニ而相続之場所ニ御座候儀者、元ゟ私共願之儀ニ相違無御座候処、右空地之場所へ先年革干場奉願、其後速ニ相続仕来難有仕合ニ奉存候、右者前書御定杭外者、都而永代空地作地

ニ而相続之場所江、私共ゟ革干場依願ニ当御村法之御差支者勿論、地隣作地之御差支、此廉々茂可有御座儀者兼而承知仕候、元来革干場之儀者前書御定杭内ニ而可仕本意之処、作地之地所江相願、依之其分御扱被下置候段全御厚恩憐、此段重々難有仕合ニ奉存候、右前書之通少茂相違無御座候、然ル処右場所ニ付今般御地頭様ゟ御改法被仰出候趣、此段奉畏候、依之左ニ改而御願申上候、右前書御恩憐之御扱を以、是迄相続仕来候付、猶自今相続可仕候様御取扱方奉願候処、其段御承知被成下厚難有仕合ニ奉存候、然上者改而自今右革干場所之儀ニ付、当御村方且隣地ニ御差支者勿論、若哉私共不法之義等御座候節者、当御村法を以如何様共御申聞可被下候、其段少シ茂違背不仕急度御請可申候、且革干場所之義者早速取払、前書之通空地ニ仕、作地ニ而相続可仕候、為後証之御請書差上置候、依而如件

文久元酉年六月

元銭座村元願人之内
当時出村惣代此度改而
願主　八幡屋平兵衛（印）
右此度改而願主親類
惣代利助倅
請人　大和屋谷蔵（印）
同所北組
支配人　源左衛門（印）
組頭　理助（印）

柳原庄本郷
御役人中様

2287―6　文久元年（一八六一）六月　革干場願につき口上書

乍恐御届口上書

一御領分当庄本郷之内元銭座跡ゟ出村東境地続空地之場所江、右出村願人八幡屋平兵衛義、先年革干場奉願、則裏書絵図面之表ニ記在之通り、右場所御免ニ相成、其後相続仕罷在候処、此度右場所ニ而御改法被仰出、則被仰出之趣当村方ゟ元願人江申付、前書之通受書取之候付、写を以此段御届奉申上候、以上

文久元酉年六月

御家領柳原庄本郷
庄屋忠右衛門印
年寄権右衛門印

御本所様
御役人中様

如此願ニ付調之上受書取之置候段、写を以御地頭所江御届書差上置候事

酉六月廿八日

〆

2287―2　文久元年（一八六一）七月　出村革干場借受願につき御届書

乍恐御届書

一右前書写之通、此度願出候間、書面之通取調候処、少茂相違無御

座候、依而其段奉伺候処、願之通御聞届ニ相成候間、願人共江申
聞慥成受書取之置候、依而此段写を以御届奉申上候、以上

文久元酉年七月十日

柳原庄本郷

庄屋忠右衛門印

見習源次郎印

年寄権右衛門印

御本所様

御役人中様

前書本紙之通願書差出し候間、夫々伺之上御聞済ニ相成、依之願面
之趣写を以如此書添をいたし、尤絵図面写相添御届書差上置候事、
如此御届書差上候処、願面之通御聞届被成候旨、御達被成候事
翌十一日出村源左衛門・惣代平兵衛共呼出し、此度干場願之義書面
之通承届申候旨申渡候事

2294—2　文久元年(一八六一)八月
御本所様御拝借金返納猶予につき願書（全文抹消）

(表紙)「上」

乍恐書取を以申上候

一昨申年十二月上納米之不足仕候ニ付、御本所様江奉歎願候上御拝
借仕、則金子御下ケニ相成申候処、当酉五月中ニ返納可仕之処、
彼是延引ニ相成奉恐入候、右ニ付去ル盆前ニ三ケ一を以御断申上
候、残る金先月晦日限り返納可仕筈之処、私共外方ニ而金子取引
も有之候処、無相違可差上之処、先方ニ而間違申候故奉恐入候得
共、当八月廿日迄ニ急度返納仕候間、何卒格別之御勘弁を以御猶
予御頼被下候得者、難有仕合ニ奉存候、当右先方之引合金ニ不拘、
当月廿日ニ者急度皆済可仕候間、此段宜敷御執計被下成候様偏ニ
可奉願上候、以上

文久元年酉八月六日

出村惣代

平兵衛（印）

柳原庄御支配所

御村役人中様

酉八月廿六日皆済候

2394—51　文久元年(一八六一)一〇月　牛角先切直段書上

牛角先切

一六十匁　大極上々物

一五拾匁　同極上物

一三十匁　中もの

一廿匁　並もの

(文久元年)酉十月十日頃直段聞

2394—52　文久元年(一八六一)一〇月　牛角先切代金受取覚

覚

一金三歩弐朱　牛角先切代

右之通り慥ニ受取申候

(文久元年)酉十月廿四日

出村

平兵衛

御村役人様

2296　酉年（文久元年ヵ）五月　地代金銀勘定覚

一表口　三間　此積拾六坪半也
　裏行　五間半
　　東ハ畑地際溝筋
　　西ハ道筋限り
　　北ハ大坂屋源蔵持
　　南ハ空地
　御年貢
　　弐斗壱升四合五勺
一地代銀四百四拾五匁五分　但シ両之相場
　　七拾弐匁被下也
半銀御上納之分
　銀弐百廿弐匁七分五厘
　此金三両壱朱ト銀七分弐り也
右之通りニ御座候、書附相添奉差出候
　　酉五月廿三日　出村
　　　　　　　　　平兵衛（印）
　柳原庄領御支配所
　　御役人中様
（後筆か）
「一金三両壱朱ト六拾匁
右当月廿三日書面通御預□□候所、今日慥ニ受取申候
　丑五月晦日」

2320　文久二年（一八六二）正月　六条・天部・川崎村人足料出入一件につき口上書

（端裏書）
「上」　（貼紙）
「戌正月廿八日
　出ス源左衛門ゟ」
（朱筆）
「三」
口上書

一元銭座出村一件ニ付、六条村・天部村・川崎村右三ケ村ゟ人足料与して年々出村惣代之徳分を以、右人足料差出候処、三ケ年程以前ゟ人足料不差出候付、三ケ村ゟ右惣代平兵衛方江及引合候処、同人申聞候ニ者毎日三文宛之役銭ヲ以人足料差出候得共、三ケ年以来ゟ私方江取集候付、人足料手支ニ相成候段申聞候得共、私方ニハ右役銭ニ不拘、出村徳分を以三ケ村江可差出筈ニ御座候、然ル処右三ケ村ゟ私方江及掛合候付、前文之趣申答候得共、此儀ニ而者落合相付不申候故、無余儀御公儀様江人足手支之儀出願可致旨申之ニ付、右体出願等いたし呉候而者奉恐入候次第ニ付、両三日相待可呉旨頼置候儀ニ而、右三ケ村之人足料徳分之訳柄、一昨年当御役人中様へ奉願置候処、于今何之御沙汰も無御座候、折柄右体出願可致旨申出甚以当惑至極罷在候儀ニ付、何卒平兵衛義三ケ村江人足料早々差出候様、内分ニも右体御出願等ニ相成候而者、実以奉恐入候儀ニ付、同人儀三ケ村江急速及示談、穏ニ事済相成候様、乍恐御理解被成下候ハヽ、如何計難有可奉存候、以上
　　　　　　　　　元銭座跡北組
　　　　　　　　　　支配人
　文久二戌年正月　　源左衛門（印）
　　柳原庄
　　　御役人中様

2394—7　文久二年（一八六二）二月　牛角払底につき書状

二月四日朝八平江申遣ス
春寒難退候処、いよ〳〵御無事珍重ニ存候、然者過日御頼申候牛角
最早払底之趣申越候間、残り之分御取寄被下度、此段頼候、余者拝
眉万々頓首
　三日
先達而参り者
　牛角壱貫匁之内
　　四百五拾匁受取
代六拾匁　外油代
　処へ三分弐朱渡し有之
（貼紙）「随分吟味上々之品頼存候
（朱筆）「二月九日朝八平ゟ持参、皆掛ケ八百四十匁有、直様木崎江
　出ス」
一角末　貫七百八十目
右かへ　代金弐分三朱
　二月十九日
右之通御座候
　　　大坂
　　　　大源
八幡屋
　平兵衛様」

2318　文久二年（一八六二）二月　出村家建沽券状取調につき御請書

御請書
一私シ共出村之儀ニ付、兼而御調方奉頼上置候、右ニ付此度出村家
建之内、沽券状無之分取調書出シ候様御申聞有之、此段奉畏候、
依之早々取調書明廿一日中可奉差出シ候、御請書依而如件
　文久弐戌年二月廿日
　　出村惣代
　　　平兵衛（印）
　　支配人
　　　源左衛門（印）
柳原庄
　御役人中様

2394—53　年未詳（文久二年ヵ）二月　牛角返却につき書状

（上書）「木崎杢様　北村宮内」
御状拝見如命春和相催候処、弥御勇剛珍重奉存候、然者兼而相願置
候牛角為御持忝奉存候、一々吟味仕候処、数本之内極上々之品壱本
より無之、多分筋われ有之候間、折角相願候得共、少々勘定相立か
たく、先此儘返却仕候間、乍憚先方へ御戻可被下候、尚得貴顔可申
上候、先者貴報迄早々以上
　二月廿日

2314　文久二年（一八六二）三月　天部・六条・川崎村役人足料公訴につき口上覚

（表紙）（朱筆）「四」
（貼紙）「文久弐戌年三月四日
出ス　源左衛門ゟ」

乍恐奉願口上覚

一当村字三条領与申畑地之内坪数弐千百七拾坪之内江家建仕度段、私亡父源左衛門・亡平兵衛外四人之者共ゟ天保三辰年奉願、御見分之上御許容被成下候ニ付、右家建出来候ニ付而者天部村・六条村・川崎村右三ケ村之人躰、当村江引越候道理を申立、役人足料差出可申旨申立、既御公訴ニ相成対談之上、人足料千人丈ケ当村ゟ差出可申旨相対仕事済仕候ニ付、御陰を以連綿罷在候処、右地面之内ニ私所持之地面弐反拾六歩在之、其砌亡父源左衛門多病ニ付、万事平兵衛江為相任置候処、右地面之内江平兵衛義家建仕借家ニ仕、貸渡居候義ニ御座候、右ニ付人足料も平兵衛取集候次第ニ御座候処、先年来右三ケ村ゟ申上候ニハ、三ケ年余も右人足料為相滞候ニ付、速ニ相立可申上旨、私方江厳敷申来り候ニ付、平兵衛ゟ早々訳立可仕旨為申聞候得共一向頓着不仕、元々承義者支配人之廉ニ付、三ケ村ゟ私江引合ニ罷越打捨置候ハヽ、御公訴可仕旨手強ク申来り、右者平兵衛ゟ訳立可仕筈之処不取敢乍置、私所持地面弐反拾六歩之場所江同人家建仕居、私ニ右之分人足料積立可申抔申立候ニ付、右人足料私方ゟ差出し候義ニ候ハヽ、右場所江平兵衛義借家取建居候事ニ付、右地面之御年貢并地面貸料私江速ニ積立可申旨段々及引合候得共、右出銀ハ不仕、人足料ハ私ゟ訳立可仕旨申立候ニ付、深心痛罷在候処、此節三ケ村ゟ厳敷掛合ニ参り、等閑ニ差置候ハヽ、一日も不相待御公訴可仕旨申来り、自然御公訴ニ相成候義在之候而ハ、奉対御本所様奉恐入候間、甚以当惑罷在候間、不得止事此段奉願上候、右ハ平兵衛自儘申立御年貢并地貸料共、私江積立不申候始末ゟ人足料不納仕候義御座候ニ付、段々平兵衛江及掛合候処、同人申立ニハ已前金五両私ゟ平兵衛江差遣し候事在之、是ハ右弐反拾六歩之家建地面奉願候砌、新開キ地面ニ而家建も無御座候故、人足料出方無御座、其砌私方ゟ金五両差出居候得共、追々家建出来候ニ付而者平兵衛ゟ差出可申筈之処、平兵衛ゟ頼ニ付御公用非常手当として、一日ニ三文銭集之内ゟ人足料之助精差出呉候様相頼候ニ付、其砌ゟ右三文集銭末十五日ハ平兵衛ニ取集させ差遣し居候義ニ御座候処、□□□弐反拾六歩之地面、去ル午年御見分之上、私江御引渡ニ相成、私持地ニ相成候上者、右三文集銭平兵衛江助精可仕筈ハ無之候ニ付、翌申年七月ゟ私江取集居候人足料ハ、右弐反拾六歩之家建地面ニ付而之入用、三文集銭ハ出村一体之御公用非常手当銭之義ニ付、是ハ私役前を以取集候事ニ付、平兵衛ゟ彼是可申立筋ハ無御座、右を人足料江縺を付候義心得違不埒ニ奉存候、右等之義を申人足料三ケ村江不相渡候而ハ、私支配人之廉難相立迷惑千万ニ奉存候、何卒平兵衛義御召寄被成下、右始末御糺之上平兵衛義心得違不仕、私持地面之内江家建仕候御年貢并地子料共速ニ積立、三文集銭之義者御公用非常手当、出村一体之入用ニ付、平兵衛可相抱義無之候間、右者全心得違ゟ之義ニ付、已来出村一体私敷地同様ニ被為仰付、平兵衛義彼是不申立候様御申渡被下度奉願上候、右之通訳柄ニ付暫時も難捨置候義ニ付、御本所様江急速御願被成下候様奉願上候、已上

文久弐戌年三月四日

元銭座跡
支配人
源左衛門(印)

組頭
利助(印)
同
三右衛門(印)

柳原庄
御役人中様

2365—22　文久二年(一八六二)三月　出村悪水抜につき口上覚

(表紙)「出村悪水抜之義ニ付口上覚
四月三日持参之事」

口上覚

一当出村建出しニ付天保弐卯年六月出村願人共、八人連印并奥書ニ両組支配人奥印ニ而一札東九条村御領町江差入、右一札江御当庄より御添一札、右同村江御差添被下候程之儀ニ而、元来右建出し之義地隣境九条村方ニ御不承知ニ付、御当庄江段々願人共ゟ願込、依之御取扱を以地隣九条村方ニ御承知ニ相成候付、右願人共連印を以一札差入、其上右御添一札等迄御差添被下候、此儀願人共ゟ御当庄江永代之御震働(マヽ)御心配を相懸ケ置候儀少茂相違無御座候、依之安政五年午十月其段御当庄ゟ御改在之、私共代替り継目ニ付右御受書差上置候、右ニ付前書一札面之趣意を以、其後年々三石宛可差出筈之処、乍勝手出村建家不建揃候ニ付、此儀私共ゟ歎キを以年々壱石五斗、又者近年弐石ツヽ元出村取建懸り之廉を以、上郷亡庄左衛門様并当時参次郎様御在勤中、安政四巳年迄年々差出し来候、其後同五午年ゟ昨酉年迄当本郷江差出し来、御当庄ゟ御取次を以九条村江年々御渡被下候儀、元ゟ之儀定ニ相違無御座候、然ル処私共出村之義ニ付、此度御当庄御手数之義共願出シ候ニ付、夫々御取扱ひ被下候中、右ニ付前書九条村江年々差出し方、三石ツヽ差出し来候旨申出シ居候趣ニ、御当庄江御聞取在之、右ニ付其段私共江御聞糺被成、右者安政五午年ゟ昨酉年分迄四ケ年之処、毎年十二月廿八九日頃私共ゟ御当庄江持参仕候節、御受取書御渡シ被下候、右御受取書取調持参可仕候様、此節御申聞在之奉畏候、此儀元来前書一札面之廉々茂御座候ハヽ、元ゟ三石宛差出し可申本意之処、未タ家建不建揃故、私共勝手之歎キを申立、御当庄江御震働御心配を相懸ケ来り、依之九条村方江其段御頼込被下候而、昨酉年迄漸弐石ツヽ差出し来候義ニ而、是迄三石ツヽ差出し候義者一ケ年茂無御座候、此儀少茂相違無御座候、全者此度前書之通り出村之義ニ付御手数之義共奉願、右ニ付夫々手を潜り申違ひ等ニ而茂可在御座哉与奉存候付、幾重ニ茂伏而此段書付を以御断申上候、右者前書之通私共ゟ申立候義ハ毛頭無御座候間、明白ニ御断申上候、書面之通少茂相違無御座候、以上

文久弐年戌三月

銭座出村
願人惣代
八幡屋平兵衛（印）
右平兵衛親類
惣代
大和屋谷蔵（印）

柳原庄本郷
御役人中様

2335—3　文久二年（一八六二）四月

地所入組出入一件につき御受書

御受書

一当出村之内元弐反拾六歩、私義受持場所之義ニ付、同村之内惣代平兵衛与趣意入組之一条、御当庄ニ而段々御扱被下候処、私義幷平兵衛与打合不申候付、其段兼而御利解之上、今三日御地頭様江御当庄ゟ御差出しニ相成候旨御達被下、此段奉承知候、右ニ付御地頭様ゟ御調左ニ、右三文銭半月文、未年ゟ是迄取立候分委敷相調、早々可差出旨被仰渡奉畏候、依之委敷相認御当庄江可奉差上候、右御受書依而如件

文久弐戌年四月三日　　元銭座跡北組
元支配人受持主
源左衛門（印）

柳原庄
御村役人中様

戌四月十八日

御領ニ而被仰渡方　　源左衛門義

三文銭半月分未年七月ゟ当戌三月中、三拾三ケ月分幷九条村へ悪水抜之割等不残勘定相立、源左衛門より平兵衛へ可相渡候、右三ケ年分勘定を以如此

平兵衛義

弐反拾六歩之内ニ居宅其外貸家共七ケ所御年貢滞、幷地代且五人之者共地代共、右三ケ年滞不残勘定を以、平兵衛ゟ源左衛門江可相渡候

都而出村ニ付源左衛門・平兵衛割方之義ニ付、地頭ニおゐて御頓着無之候間、両人申談実意談を以割法可相立候

右之通両人共江未年ゟ昨酉年迄三ケ年分勘定取渡候し方平等ニ被仰出候処、平兵衛義勝手を申立、右者五人之者共地代滞勘定方御受不申候ニ付、御地頭ゟ被仰出如此不相用、且者当時甚不取締段々之始末、尤当□名前人茂無之、全躰ニ近頃之処御地頭表ニおゐて御目ニ障り在之候故、今度御模様変被仰出候

御勘定方　　地方
木崎杢様　　中村左内様　　中番三次
御見習
青水正親様　　庄屋忠右衛門

右立会ニ而夫々被仰渡、左之御受書之始末ニ相成候事

四月十八日

2394—22　文久二年（一八六二）四月

六条・天部・川崎村人足料差滞訴訟につき御受書

御受書

一当出村ゟ六条・天部・川崎、右三ケ村江人足料年々渡し方差滞ニ付、右三ケ村ゟ可及御訴訟ニ段、当正月早々より掛会（ママ）在之、右ニ付源左衛門与私惣代与三文銭出入、且当出村開発ゟ入用銀借財方勘定書、右都而此度奉願上候書面之通り少茂相違無御座候、右ニ付今九日御地頭所様ゟ被仰渡方左ニ、右三文銭半月分源左衛門取集候分、幷九条村江悪水抜年貢割共私ゟ奉願候付、割法取極メ可

差出旨、源左衛門江被為仰付被下候、右弐反拾三歩之内ニ私居宅幷貸家共都合七ケ所御座候、此御年貢合弐石五斗四升六合三勺八才、昨酉年迄三ケ年分私義不納在之、幷七ケ所地代銀六貫三百拾三匁七分五ノ右御年貢不納地代銀(付箋)「其外勘定書表ニ認差上候、口々証拠もの取揃今」九日ゟ来ル十三日中五日之内無相違御上納可仕候様被仰渡奉畏候、依之右日限之内無相違可奉御上納候、右受書依而如此

文久弐戌年四月九日

出村惣代
八幡屋平兵衛印
親類惣代
山城屋吉右衛門印
同
大和屋谷蔵印

御本所様
御役人中様

2335—4　文久二年(一八六二)四月　役銭算用帳

(表紙)「文久弐年四月日
役銭算用帳
元銭座跡
北組
□□月五日持参取次出ス」

乍恐口上書

一出村役銭之儀安政六年未七月ゟ当三月迄、日々一家毎三文宛集銭仕候、算用書左ニ奉申上候、然ル処先年未年已来者家建茂無少御座候得共、其儀委敷取調候而者大ニ手数相掛り候、依之只今之建揃在之候表ニ而相調奉申上候、此段御賢察可被成下候、以上

元銭座村北組
源左衛門方へ取集仕候分

出村家持役銭之分
一四貫八百文　安政六年未七月ゟ六ケ月分、毎月一家ニ付百拾文宛五軒分
一拾貫四百文　申年閏在之十三ケ月分同断
一九貫六百文　酉年十弐ケ月分同断
一弐貫四百文　当戌年正月二月三月〆三ケ月分同断
〆弐拾七貫八百文

出村三文銭集分
一三拾弐貫九百六文　借家六拾弐軒毎日三文宛、一日分〆百八十六文宛、壱ケ月分五貫五百八十文
未年七月ゟ六ケ月分
但小の月三ヲ引
一七拾壱貫四百四拾八文　申年閏在之十三ケ月分
但小の月六ツ引
一六拾五貫八百三拾六文　酉年十弐ケ月分
但小の月六ツ引
一拾六貫五百六拾六文　戌年正月二月三月〆三ケ月分
但小の月壱ツ引
〆百八拾六貫七百五拾六文

家持之分
借家之分　高
合弐百拾三貫九百五拾六文
右弐ツ割
百六貫九百七拾八文
スヱ半月分
右之通勘定相違無御座候、以上
戌四月日
元銭座村北組
源左衛門（印）
柳原庄
御村役人中様

2394—34　文久二年（一八六二）五月　牛角代金受取覚

覚
牛角代
一金三歩弐朱
右酉十月廿四日御預り申置、右出入勘定之上、金弐歩過日返上仕候処、銭七拾文御差戻しニ相成慥ニ受取、此表出入相済申候、以上
（文久二年）
戌五月二日
出村
平兵衛（印）
木崎様ゟ御頼用
庄屋忠右衛門様
御取次

2394—62　文久二年（一八六二）八月　牛肉渡世扱いのもの八朔御礼相勤めの儀につき覚

六条村年寄共江申遣ス
過日御勘定所中番参次ゟ例之通、牛肉取扱方ゟ御祝儀相廻り可申様、此段及沙汰呉候様頼、依而年寄江左申遣ス
但此書面壱通同村会所江為持遣、受取書取之候事
牛肉渡世扱之ものゟ今ニ八朔御礼不相勤申哉ニ而、則御筋ゟ《其筋ゟ》左ニ御噂在之候、例之通早々御礼相勤可申様《旨》、此段当庄ゟ御及沙汰様《可申通旨》御沙汰在之候間《在之候間》、右取ひ《扱》之もの共江此段取計可被申様、則安政五午年十二月改判請書之廉を以可申通候《被受取扱旨》、以上可被申様申入候、以上
（文久二年）
八月十二日

2328　文久二年（一八六二）閏八月　三ヵ村人足料滞出入対談につき口上書

（端裏書）
「文久弐年戌閏八月十一日銭座北組ゟ差出候、出村人足料滞方事済届書」
乍恐奉申上口上書
一元銭座村北組出村惣代平兵衛、三ケ村江壱ケ年ニ千人約定之人足料相滞り候一件ニ付、昨年已来ゟ北組支配人方江元約定証文奥印之廉を以催促ニ罷越、大い困入心配仕、就夫平兵衛方江懸合申候得共、何分当時相続人才蔵幼年故、伯父亀吉呼出シ、右三ケ村江対談可致様申聞、度々引合参り候処埒明不申、矢張我等方江厳敷申来り段々相頼、当春迄猶予可被成候、然ル処当戌正月廿五日ゟ

又候三ケ村ゟ度々催促仕候故、組頭ヲ以数度懸合遣シ候内ニ、則従御本所様惣代平兵衛度々御召出シ被遊、厚御理解被為仰出候処、心得違ニ而御請不申上不埒之儀申立、御上之御趣意不相守候ニ付、惣代役被御召揚、則南組支配人江御預ケ相成、依之出村取締方両支配人源左衛門并与左衛門両人江支配被為仰付候処、夫ゟ猶々厳敷可及御出訴旨申来り、誠ニ迷惑心配仕、従是已来数度三ケ村江参り色々品替引合、先滞高三ケ村江壱ケ年ニ金壱両ツヽ、年賦相頼候処、天部村ゟ此方村方江為掛金拾両差入申様、是又大い困入、其後数度引合難渋申立頼入候得共中々聞入不申、依之長々心配仕延引ニ相成候、扨又其以来数度天部村江通イ、漸々当閏月九日天部村并川崎村両村対談済相成申候、此段早速御届ケ奉申上候、乍恐此段御安心被遊可被成下候、将亦六条村之儀者度々引合ニ参り候得共、村内役前方内取込御座候ニ付、暫相見合呉与申、猶又両村対談済候、任其意ニ如何様共対談可仕趣被申候間、此儀者乍恐御苦慮被為被成下間鋪ニ候、将亦二ケ村対談済方之儀者別紙ニ奉差上候、以上

文久弐戌年閏月十一日

元銭座村北組
支配人源左衛門（印）
組頭　理助（印）
同　　茂七（印）

柳原庄
御村役人中様

2335―7　文久二年（一八六二）九月　地代銀御用捨願につき口上書

乍恐奉申上口上書

一此度地代銀御上納之義被仰付候処、我等願人之内ニ御座候付、地代銀之義ハ御用捨ニ預り度、此段乍恐御願奉申上候、然ル処御年貢上納之義ハ御地頭様江相納り申丈ケ御上納仕候へ共、徳分之義者御用捨ニ預り度、此段乍恐御願奉申上候、右ニ付我等願人之廉ニ御座候故、何卒沽券状御割印ニ御下ケ被為成下候ハヽ、難有可奉存候、右願之通御用捨之程御願奉申上候、以上

文久弐戌年九月

願人笹屋五三郎印
花屋伝兵衛印

右之者共江利解申聞候得共、前文之通申上候而此段乍恐可奉申上候

支配人源左衛門印

右前書之通申出候而取調候処相違無御座候ニ付、此段取次奉申上候

戌九月廿七日

柳原庄本郷
庄屋忠右衛門

御本所様
御役人中様

九月晦日ニ御召出し御尋ニ相成候、早々返答書被仰下候

五三郎
伝兵衛
源左衛門

利介

忠右衛門立会

2390　文久二年（一八六二）九月　貸地料取集につき口上書

（表紙）「上

元銭座村北組

支配人源左衛門」

乍恐口上書

一出村家持沽券無之者共取調、此度貸地料壱坪ニ付銀壱匁五分宛、当年ゟ相改取集仕候分被為仰付候ニ付、左之者共御下知之趣申聞取集仕候処、御断奉申上候分左ニ奉申上候

北之通北側　伊勢屋

一銀高三拾壱匁五分　五拾壱坪　新四郎分

右之分先々親平兵衛存生中相対を以地代銀皆済在之候ニ付、御割印沽券状相渡可呉筈之処、右平兵衛手元不如意ニ付、当時之分仮地沽券ニ而暫用捨致呉候様相断候ニ付、無拠任其意罷在候処、平兵衛病死仕伜吉蔵へ懸合致候得共、埒明仕呉不申候故、乍恐御殿様御苦労ニ相成、尤源左衛門義も段々取曖致呉候申、伜吉蔵義も病死仕、依之不計延引相成、其後柳原庄屋忠右衛門殿へも委細申上置候義ニ御座候得者、何卒御殿様之御慈悲を以、御割印沽券状御下ケ相成候様、偏ニ御願奉申上候

右外ニ入込在之候訳柄之義者別帋願面巨細相認有之候ニ付、此段御断申上候

西之通東側　奈良屋

一銀高三拾壱匁五分　弐拾壱坪　儀兵衛分

右之分文政十一年八月出村願人伊賀屋吉兵衛へ金子拾両借渡有之候ニ付、右金拾両差引いたし、残金之儀者差出し御割印沽券状御下ケ相成候様奉願上候

北之通東端角　熊野屋

一銀高三拾六匁七分五厘　弐拾四坪半　助右衛門分△

右之分天保弐卯年五月出村願人六人江金四両貸渡、文政九年戌二月出村願人平兵衛・兵助両人江金拾両貸渡在之、都合金拾四両差引致、残金差出し御割印沽券状御下ケ相成候様御願奉申上候

北之通北側西角　高田屋

一銀高百壱匁六分七厘　弐拾壱坪五分三厘　半治郎分

北之通南側

四拾六坪弐分五厘

〆六拾七坪七分八厘

右之分文政八年酉九月願人平兵衛江金四拾両貸渡在之候ニ付、是迄地代銀迚差出し不申候義ニ御座候ニ付、此段御憐愍を以御用捨ニ預り度御願奉申上候

中之通東側　笹屋

一銀高弐拾四匁弐分三厘　拾六坪壱分五厘　五三郎分○

右之分元来五三郎と申者出村願人之義ニ御座候ニ付、亡平兵衛請持罷在候節ゟ地代銀迚差出し不申候義ニ御座候ニ付、何卒此義御聞済之上御用捨ニ預り度御願奉申上候

東之通西側　花屋

一銀高三拾三匁　弐拾弐坪　伝兵衛分○

右同様之義ニ御座候ニ付、御断奉申上候
北之通北側　河内屋
一銀高三拾壱匁五分　弐拾壱坪　才蔵分
右之分元来河内屋元治郎と申者家建仕候砌、平兵衛へ金五両貸渡
候後、右元治郎江才蔵譲り受候節、右金五両才蔵ゟ元治郎へ相渡
在之候ニ付、才蔵ゟ平兵衛へ貸渡候義同様ニ御座候ニ付、右金子
差引致残金差出し御割印沽券状御下ケ相成候様御願奉申上候
北之通北側　笹屋
一七拾八匁九分三厘　弐拾弐坪六分弐厘　吉兵衛分
同所
弐拾壱坪
北之通南側裏地中之通東側
九坪
〆五拾弐坪六分弐厘
右之分天保四巳年平兵衛へ金五両弐歩、同年十一月金六両、同年
六月金七両、〆拾八両弐歩貸渡在之候ニ付、右金差引残金差出し
御割印沽券状御下ケニ相成候様奉願上候
西之通東側　八幡屋
一銀高百三匁八分八厘　弐拾弐坪七分五厘　平兵衛分
中之通西側裏地
四拾六坪半
〆六拾九坪弐分五厘
西之通東側
一同百弐拾匁三分弐厘　四拾弐坪半　同人分
同断
拾壱坪弐分五厘
南之通南側長屋之内
拾七坪六分弐厘五毛
中之通西側
拾弐坪半
〆八拾弐坪八分七厘五毛
右之分亀吉申候義ハ当時甚難渋致候義ニ付、迚茂差出候事難相成
候ニ付、此段御断奉申上候
東之通西側　大和屋
一七拾九匁三分弐厘　当時空地　新七分
五拾弐坪八分八厘
右之分昨年四月頃金拾三両亀吉へ貸渡候ニ付、差引残金差出し御
割印沽券状御下ケ相成候様御願奉申上候
南之通北側裏地　伊賀屋
一銀高拾壱匁八分弐厘　七坪八分七厘五毛　長右衛門分
南之通北側　八幡屋
一同弐拾弐匁五分　拾五坪　弥太郎分
南之通北側　近江屋
一銀高弐拾六匁弐分五厘　拾七坪半　平兵衛分
中之通西側　山城屋
一同弐拾四匁七分五厘　拾六坪半　吉右衛門分
右之者共申候義者、亡平兵衛へ貸渡候金子返済致呉候節、上納可
仕候間懸合中延引之段御断奉申上候

一銀高五拾壱匁七分五厘　　中之通東側　　大和屋
　拾八坪　徳治郎分
　東之通西側
　拾六坪半
　〆三拾四坪半
右之分昨酉年八月金壱両亀吉江貸渡候義ニ候、地貸料先納ニ御座候ニ付、此段御用捨ニ預り度奉願上候
　東之通東側　河内屋
一銀高弐拾八匁五分　拾五坪　兵助分
右之分亡平兵衛へ金弐両貸渡在之候ニ付、差引残金差出し、此度御割印沽券状御下ケニ相成候様奉願上候
右之通申立候ニ付、段々理解申聞候得共、押而歎願仕候ニ付、乍恐此段御賢察被為成下御召寄之上、御理解被為仰聞被為下候ハヽ、難在仕合奉存候、以上
　文久弐戌年九月　元銭座村北組
　支配人源左衛門（印）
御本所様
御役人中様

2297　文久二年（一八六二）一〇月
出村地所御年貢金差出の訳柄につき八幡屋亀吉申口

一柳原庄領之内字三条領元銭座出村
　東之通西側角　八幡屋亀吉申口
　壱ケ所
　表口　四間
　裏行　五間半　花屋伝兵衛分
　此坪廿弐坪
　御年貢弐斗八升六合
一昨申年十二月、右伝兵衛方江御年貢及引合ニ候処、金子出入ニ付吉野屋庄八方江差入有之候故、庄八方江引合呉候様申ニ付、庄八へ引合候処、庄八方より為御年貢金弐朱ツヽ、一昨申年酉年二ケ年差出し申候訳柄ニ御座候、以上
右二ケ年共請取候ニ相違無御座候
　（文久二年）戌十月三日　八幡屋亀吉
上

2335―14　文久二年（一八六二）一〇月
出村元願人始末御尋につき口上書

御尋ニ付口上書
出村元願人始末就御尋
左ニ申上候
右元願人五人罷在候処、笹屋伊兵衛義凡三拾ケ年程以前ニ家出仕候、笹屋五三郎義三十三ケ年以前ニ相果申候、花屋伝兵衛義凡三十ケ年以前相果申候、伊賀屋吉兵衛凡三拾ケ年以前已（ママ）前ニ相果申候、右前書之通家出并相果申候後ハ、元願人之表引退キ、前書亡名前之者之倅共御座候へ共、出村之義ニ付而ハ何等之義ニ付而茂一切出不申、退身仕候ニ相違無御座候、右ニ付私亡父平兵衛義壱人ニ而出村用諸

事相勤来り、依之惣代役被仰付、其後先年迄惣代役相勤来り候義相違無御座候、就御尋此段奉申上候

文久弐年戌十月三日

八幡屋亡平兵衛
倅亀吉印

上

此本紙者御殿表江差上在之候事、写村方江残置候也

2335―9　文久二年(一八六二)一〇月　出村年貢御赦免願につき口上書

乍恐御尋ニ付奉申上候口上書

元銭座北組
支配人源左衛門手下
笹屋五三郎

一私義元銭座出村元願人之内ニ御座候ニ付、此度改而御願奉申上候義者、我等出村ニ付地割之義八畝八歩之地性(ママ)、願人共寄合之上地割仕、則我等持場ニ相違無御座候ニ付、此段乍恐奉申上候、然ル処右場所追々建家出来候得共、我等先々平兵衛存命中表口三間裏行六間、此坪合拾八坪、地性書付平兵衛方之依願、右坪数丈ケニ承知仕候、此儀ニ付是迄御年貢御上納惣代平兵衛徳分を以、御殿様江御上納仕候義ニ御座候ニ付、乍恐奉申上候、右ニ付乍恐我等地性拾八坪之処、御扱免被成下御用捨ニ預り度候付、何卒御聞済被為成下候而、沽券状御割印御下ケ被為成下候ハヽ、難有仕合可存候、以上

文久弐戌年十月四日　笹屋五三郎印

2335―11　文久二年(一八六二)一〇月　出村建家頂戴願につき口上書

乍恐御尋ニ付奉申上候口上書

元銭座北組
支配人源左衛門手下
花屋伝兵衛

一私義元銭座出村元願人之内ニ御座候ニ付、此度改而御願奉申上候儀者、我等出村ニ付地割之義九畝拾歩之地性(ママ)、願人寄合之上地割仕、我等持場ニ御座候ニ付、此段相違無御座候、然ル処右場所之内表口四間裏行五間半、此坪合廿弐坪地性書付惣代平兵衛ゟ受取候得共、売用ニ付質物ニ差入申候、然ル処右九畝拾歩当時建家出来候故、他之明キ地面ニ而茂不苦候間、何卒外々建家壱ケ所御頂戴仕度、此段奉御願申上候、且又先達而廿弐坪地性之写差上候様被仰付候ニ付、別帋ニ而書付差上候、乍恐右願之通御聞済被為成下候ハヽ、難有仕合ニ可奉存候、以上

文久弐年戌十月四日　願人花屋伝兵衛印

2335―13　文久二年(一八六二)一〇月　出村取締差支につき口上書

乍恐口上書

私手下
笹屋五三郎
花屋伝兵衛

一此度就御尋右両人ゟ御返答方書面之通申立候ニ付、依之私共ゟ

色々与利解申聞候得共聞入不申、両人共元願人抔自儘之義共申立候ニ付、右等始末ニ而ハ当時出村御預り中、都而取締方之甚以差支ニ相成、勿論此節出村取調中追々沽券状願方等之向江差闇（罔カ）、私共甚困入候ニ付、右両人共御召出し之上、彼是自儘之義共不申立様御呵之上、御年貢弁諸入用等右両人ゟ急度差出し、且平兵衛ゟ相渡置候一札之通、早々相願可申様御受書被為仰付可被下候様、此段奉願上候、以上

文久弐年戌十月四日　　元銭座村北組

支配人源左衛門印

組頭

惣代理助印

前書之通申出候付入念聞糺候処相違無御座候付、支配人奉願上候通、出村取締方之差支ニ不相成候様、急度被為仰付可被下候様奉願上候、以上

柳原庄本郷

庄屋忠右衛門印

御本所様

御役人中様

2335—15　文久二年（一八六二）一〇月

平兵衛より譲り受けの書面御割印頂戴一件心得違につき御受書

御受書

一此度写を以奉願上候書面之通、平兵衛ゟ譲り受置候処少茂相違無御座候、然ル処其後御割印不相願儘、此度不取留自儘之義共奉願、依今日御召出之上御利解被仰聞奉承伏候、右全私義心得違此段奉恐入候、然ル上ハ平兵衛ゟ譲受置候書面之通、早々御割印頂戴方可奉願上候、且御年貢者勿論、其外諸懸り物等出村御定之通、諸出銀方無相違急度差出可申候、若相違不埒之義共御座候ハヽ、如何様共可被為仰付候、少茂違背不仕候、為後証之御受書奉差上候、仍而如件

文久弐年戌十月五日　　元銭座出村

元願人　笹屋五三郎印

花屋伝兵衛印

支配人　源左衛門印

組頭　利助印

御本所様

御役人中様

今五日四ツ時右之者共御召出之上、右御尋之廉々夫々御利解被仰聞候処、伝兵衛義直様恐入、平兵衛より譲り受置候通り奉願度、其余之義御利解之趣承伏いたし候、五三郎義直押而元願人故、此度改而元願人之勤功相立申度旨奉願候処、其義不相叶彼是不都合之事共、押而申上候而者惣体地面御取上ケ可相成旨、御利解在之候処奉恐入候、依而其段承伏いたし受書差上候

右両人共則平兵衛ゟ書面之通勘弁を以譲り受置、乍承知此度不取留義共申立候段不埒ニ候ハヽ、依而此度申立之義共不相叶候、此上押而彼是不都合筋等申立ニ付而者、是迄ニ譲り受置候地面茂御取上ケニ可相成旨御利解之処、其義ニ而両人共承伏いたし候、依之御割印早々可相願様、且御年貢之義者御定之通上納方、勿論諸

懸り物等都而出村御定之通、是又出銀方被仰下候事
右之通御勘定所ニ而、今五日四ツ時ゟ夕方迄相掛り候、夕方ニ
漸々片付候事

2315　文久二年(一八六二)一〇月　受書一札綴(抄録)

御受書

弐反十三歩之内
一壱ケ所
東西四間半壱尺　此坪廿坪九分四厘三毛
南北四間半　御年貢壱斗弐升五合六勺者
出村畑地南組江御預ケ所之内、右坪数之通私江下作仕候処相違無御座候、御年貢之儀者壱坪ニ六合盛を以、毎年十二月十五日迄ニ御蔵直シ御相場を以、無相違急度支配人迄御上納可仕候、右畑地勝手ニ付下作相止メ候共、其年中者借受壱ケ年分御年貢皆済之上、御返地可申候、然上者右前書若相違不埒之儀御座候ハヽ、如何様共可被為仰付候、為後証之御受書依而如件
文久弐戌年十月　伊賀屋新八（印）

御受書

弐反十三歩之内
一壱ケ所
東西弐間半　此坪拾三坪七分五厘
南北五間反　御年貢八升弐合五勺
出村畑地南組江御預ケ所之内、右坪数之通私江下作仕候処相違無御座候、御年貢之儀者壱坪ニ六合盛を以、毎年十二月十五日迄ニ御蔵直シ御相場を以、無相違急度支配人迄御上納可仕候、右畑地勝手ニ付下作相止メ候共、其年中者借請壱ケ年分御年貢皆済之上、御返地可申候、然上者右前書若相違不埒之儀御座候ハヽ、如何様共可被為仰付候、為後証之御受書依而如件
文久弐戌年十月　奈良屋美代吉（印）

一札之事

一柳原庄領之内字三条領元銭座出村北組中之通東側角
壱ケ所　笹屋理助持
表口四間　南隣空地
裏行六間　北者道筋
此坪弐拾四坪　東者溝筋限
御年貢三斗壱升弐合
右出村居小屋地之義者代銀七百弐拾匁之処、此度先分借用之代銀半納ニ而譲り渡し申候処実正也、則右半納三百六拾匁何時ニ而茂上納被致候節、御割印沽券状御願申上候而、其元殿江御下ケニ相成可申候、為後日相渡し置候一札依而如件
天保四年巳五月
万延元年申十二月日　出村惣代
平兵衛印
親類
伝五郎印
同

為吉印

笹屋吉兵衛殿

御受書

一柳原庄領之内字三条領元銭座跡出村東之通東側
（朱筆）「四十九」壱ケ所
表口弐間
裏行五間
此坪拾坪
御年貢壱斗三升

右書面之通元惣代平兵衛ゟ譲り受置候処相違無御座候、右ニ付其節々御割印沽券状御願不申上等閑仕置、依此度御調ニ相成、此段奉恐入候、右御割印頂戴方之義、当戌十月ゟ来ル亥年三月迄右六ケ月之内、右頂戴方無相違可奉願上候、右ニ付御年貢者勿論、其外諸懸物等出村御定之通、諸出銀無相違急度差出可申候、尤沽券状相願候迄御冥加銀是又急度差出可申候、若書面之通相違仕候歟、不埒之義御座候ハヽ、如何様共可被為仰付候、為後証奉差上候御受書依而如件

文久弐戌年十月

大坂屋源蔵分
当時持主
願人
笹屋三右衛門

御受書

一柳原庄領之内字三条領元銭座跡出村東之通西側裏尻
（朱筆）「三十六」壱ケ所
表口弐間
裏行弐間
此坪四坪
御年貢五升弐合

右書面之通元銭座平兵衛ゟ譲り受置候処相違無御座候、右ニ付其節々御割印沽券状御願不申上等閑仕置、依此度御調ニ相成、此段奉恐入候、右御割印頂戴方之義、当戌十月ゟ来ル亥三月迄右六ケ月之内、右頂戴方無相違可奉願上候、右ニ付御年貢者勿論、其外諸懸物等出村御定之通、諸出銀無相違急度差出シ可申候、尤沽券状相願候迄御冥加銀是又急度差出可申候、若書面之通相違仕候歟、不埒之義御座候ハヽ、如何様共可被為仰付候、為後証奉差上候御受書依而如件

文久弐戌年十月

持主願人
大和屋喜蔵

御受書

一柳原庄領之内字三条領元銭座跡出村東之通西側
（朱筆）「三十四」壱ケ所
表口四間壱矩
裏行五間半
此坪弐拾三坪三分八厘

御年貢三斗三合九勺四才

右書面之通元惣代平兵衛ゟ譲り受置候処相違無御座候、右ニ付其節々御割印沽券状御願不申上等閑仕置、依此度御調ニ相成、此段奉恐入候、右御割印頂戴方之義、当戌十月ゟ来ル亥年三月迄右六ケ月之内、右頂戴方無相違可奉願上候、右ニ付御年貢者勿論、其外諸懸物等出村御定之通、諸出銀無相違急度差出可申候、尤沽券状相願候迄御冥加銀是又急度差出可申候、若書面之通相違仕候歟、不埒之義御座候ハヽ、如何様共可被為仰付候、為後証奉差上候御受書依而如件

文久弐戌年十月　持主願人

大和屋喜蔵

2330——1　文久二年（一八六二）一〇月　柳原庄領之内元銭座跡より出村御預ケ所北組分御割印頂戴済御受書

「（表紙）
文久弐戌年十月
柳原庄領之内元銭座跡ゟ
出村御預ケ所北組分御割印頂戴済
御受書」

（朱筆）「北」（貼紙）「三百九坪壱分」　元銭座跡北組」

御受書

弐

一柳原庄領之内字三条領元銭座出村北組北之通北側

壱ケ所

表口　五間半壱尺

裏行　七間

大和屋喜蔵受持

此坪三拾九坪半七厘

御年貢五斗壱升四合四勺壱才

右書面之通私受持所持沽券状之通相違無御座候、然ル処出村之内元惣代預り分御年貢、其外都而取締方等元惣代平兵衛事取扱罷在候処、此度北組支配人江御預ケ被仰出候、依之毎年御年貢者勿論、其外諸懸り物等都而出村御定之通、諸出銀方無相違急度支配人方江差出可申候、若相違不埒之義共御座候ハヽ、如何様共可被為仰付候、為後証之御受書依而如件

文久弐戌年十月　受持主

大和屋喜蔵（印）

三

御受書

一柳原庄領之内字三条領元銭座出村北組北之通北側

壱ケ所

表口　三間

裏行　七間

花屋宗七受持

此坪弐拾壱坪

御年貢弐斗七升三合

右書面之通私受持所持沽券状之通相違無御座候、然ル処出村之内元惣代預り分御年貢、其外都而取締方等元惣代平兵衛事取扱ニ罷在候処、此度北組支配人江御預ケ被仰出候、依之毎年御年貢者勿論、其外諸懸り物等都而出村御定之通、諸出銀方無相違急度支配人方江差出可申上候、若相違不埒之儀共御座候ハヽ、如何様共可被為仰付候、為後証之御受書仍而如件

文久弐戌年十月

受持主
花屋宗七（印）

八

御受書

一柳原庄領之内字三条領元銭座出村北組北之通北側

壱ケ所

表口　三間弐尺七寸　　大和屋利助受持

裏口　七間

此坪弐拾三坪九分

御年貢三斗壱升七勺

右書面之通私受持所持沽券状之通相違無御座候、然ル処出村之内
元惣代預り分御年貢、其外都而取締方等元惣代平兵衛事取扱ニ罷
在候処、此度北組支配人江御預ケ被仰出候、依之毎年御年貢者勿
論、其外諸懸り物等都而出村御定之通、諸出銀方無相違急度支配
人方江差出可申上候、若相違不埒之義者御座候ハヽ、如何様共可
被為仰付候、為後証之御受書仍而如件

文久弐戌年十月

受持主
大和屋利助（印）

十

御受書

一柳原庄領之内字三条領元銭座出村北組北之通南側

壱ケ所

表口　三間　　笹屋吉兵衛受持

裏行　五間

此坪拾五坪

御年貢壱斗九升五合

右書面之通私受持所持沽券状之通相違無御座候、然ル処出村之内
元惣代預り分御年貢、其外都而取締方等元惣代平兵衛事取扱ニ罷
在候処、此度北組支配人江御預ケ被仰出候、依之毎年御年貢者勿
論、其外諸懸り物等都而出村御定之通、諸出銀方無相違急度支配
人方江差出可申上候、若相違不埒之義共御座候ハヽ、如何様共可
被為仰付候、為後証之御受書仍而如件

文久弐戌年十月

受持主
笹屋吉兵衛（印）

十二

御受書

一柳原庄領之内字三条領元銭座出村北組北之通南側

壱ケ所

表口　三間　　住吉屋佐右衛門受持

裏口　七間半

此坪弐拾弐坪半

御年貢弐斗九升弐合五勺

右書面之通私受持所持沽券状之通相違無御座候、然ル処出村之内
元惣代預り分御年貢、其外都而取締方等元惣代平兵衛事取扱ニ罷
在候処、此度北組支配人江御預ケ被仰出候、依之毎年御年貢者勿
論、其外諸懸り物等都而出村御定之通、諸出銀方無相違急度支配
人方江差出可申上候、若相違不埒之義共御座候ハヽ、如何様共可
被為仰付候、為後証之御受書依而如件

文久弐戌年十月

受持主

住吉屋佐右衛門（印）

十五　御受書

一柳原庄領之内字三条領元銭座出村北組中之通東側

壱ヶ所

表口　三間半　奈良屋儀兵衛受持

裏行　六間

此坪弐拾壱坪

御年貢弐斗七升三合

右書面之通私受持所持沽券状之通相違無御座候、然ル処出村之内元惣代預り分御年貢、其外都而取締方等元惣代平兵衛事取扱ニ罷在候処、此度北組支配人江御預ヶ被仰出候、依之毎年御年貢者勿論、其外諸懸り物等都而出村御定之通、諸出銀方無相違急度支配人方江差出可申候、若相違不埒之義共御座候ハヽ、如何様共可被為仰付候、為後証之御受書依而如件

文久弐戌年十月

受持主

奈良屋儀兵衛（印）

十九　御受書

一柳原庄領之内字三条領元銭座出村北組中之通東側

壱ヶ所

表口　九間　大和屋新七受持

裏行　六間

此坪五拾四坪

御年貢七斗弐升

右書面之通私受持所持沽券状之通相違無御座候、然ル処出村之内元惣代預り分御年貢、其外都而取締方等元惣代平兵衛事取扱ニ罷在候処、此度北組支配人江御預ヶ被仰出候、依之毎年御年貢者勿論、其外諸懸り物等都而出村御定之通、諸出銀方無相違急度支配人方江差出可申候、若相違不埒之義共御座候ハヽ、如何様共可被為仰付候、為後証之御受書依而如件

文久弐戌年十月

受持主

大和屋新七（印）

廿　御受書

一柳原庄領之内字三条領元銭座出村北組中之通東側

壱ヶ所

表口　四間壱矩　笹屋円三郎受持

裏行　七間半

此坪三拾壱坪八分八厘

御年貢四斗壱升四合四勺四才

右書面之通私受持所持沽券状之通相違無御座候、然ル処出村之内元惣代預り分御年貢、其外都而取締方等元惣代平兵衛事取扱ニ罷在候処、此度北組支配人江御預ヶ被仰出候、依之毎年御年貢者勿論、其外諸懸り物等都而出村御定之通、諸出銀方無相違急度支配人方江差出可申候、若相違不埒之義共御座候ハヽ、如何様共可被為仰付候、為後証之御受書仍而如件

文久弐戌年十月

受持主
笹屋円三郎（印）

三十二　御受書
一柳原庄領之内字三条領元銭座出村北組東之通西側
壱ヶ所
表口　三間
裏行　五間半
丹波屋繁七受持
此坪拾六坪半
御年貢弐斗壱升四合五勺
右書面之通私受持所持沽券状之通相違無御座候、然ル処出村之内元惣代預り分御年貢、其外都而取締方等元惣代平兵衛事取扱ニ罷在候処、此度北組支配人江御預ケ被仰出候、依之毎年御年貢者勿論、其外諸懸り物等都而出村御定之通、諸出銀方無相違急度支配人方江差出可申候、若相違不埒之義共御座候ハヽ、如何様共可被為仰付候、為後証之御受書仍而如件
文久弐戌年十月

受持主
丹波屋繁七（印）

三十五　御受書
一柳原庄領之内字三条領元銭座出村北組東之通西側
壱ヶ所
表口　弐間半
裏行　三間半
大和屋喜蔵受持
此坪八坪七分五厘
御年貢壱斗壱升三合七勺五才
右書面之通私受持所持沽券状之通相違無御座候、然ル処出村之内元惣代預り分御年貢、其外都而取締方等元惣代平兵衛事取扱ニ罷在候処、此度北組支配人江御預ケ被仰出候、依之毎年御年貢者勿論、其外諸懸り物等都而出村御定之通、諸出銀方無相違急度支配人方江差出可申候、若相違不埒之義共御座候ハヽ、如何様共可被為仰付候、為後証之御受書仍而如件
文久弐戌年十月

受持主
大和屋喜蔵（印）

四十三　御受書
一柳原庄領之内字三条領元銭座出村北組東之通東側
壱ヶ所
表口　三間
裏行　五間
丹波屋庄八受持
此坪拾五坪
御年貢壱斗九升五合
右書面之通私受持所持沽券状之通相違無御座候、然ル処出村之内元惣代預り分御年貢、其外都而取締方等元惣代平兵衛事取扱罷在候処、此度北組支配人江御預ケ被仰出候、依之毎年御年貢者勿論、其外諸懸り物等都而出村御定之通、諸出銀方無相違急度支配人方江差出可申候、若相違不埒之義共御座候ハヽ、如何様共可被為仰付候、為後証之御受書仍而如件

文久弐戌年十月
受持主
丹波屋庄八（印）

四十四　御受書
一柳原庄領之内字三条領元銭座出村北組東之通東側
壱ヶ所
表口　五間
裏行　五間
大和屋喜蔵受持
此坪弐拾五坪
御年貢三斗弐升五合
右書面之通私受持所持沽券状之通相違無御座候、然ル処出村之内元惣代預り分御年貢、其外都而取締方等元惣代平兵衛事取扱罷在候処、此度北組支配人江御預ケ被仰出候、依之毎年御年貢者勿論、其外諸懸り物等都而出村御定之通、諸出銀方無相違急度支配人方江差出可申候、若相違不埒之義共御座候ハヽ、如何様共可被為仰付候、為後証之御受書仍而如件
文久弐戌年十月
受持主
大和屋喜蔵（印）

四十八　御受書
一柳原庄領之内字三条領元銭座出村北組東之通東側
壱ヶ所
表口　三間
裏行　五間
大坂屋源蔵受持
此坪拾五坪
御年貢壱斗九升五合
右書面之通私受持所持沽券状之通相違無御座候、然ル処出村之内元惣代預り分御年貢、其外都而取締方等元惣代平兵衛事取扱罷在候処、此度北組支配人江御預ケ被仰出候、依之毎年御年貢者勿論、其外諸懸り物等都而出村御定之通、諸出銀方無相違急度支配人方江差出可申候、若相違不埒之義共御座候ハヽ、如何様共可被為仰付候、為後証之御受書仍而如件
文久弐戌年十月
受持主
大坂屋源蔵（印）

柳原庄本郷領之内字三条領、其外共元本帳反別合七反六畝八歩、役高拾五石壱斗壱升壱合三勺、同庄上郷領字作右衛門島元本帳之内合六畝拾八歩、右場所々江元銭座跡出村北組分、今般従御地頭様御預ケ被仰出、依之沽券状江御割印頂戴方御調相成候ニ付、組下取調候処、右名前之者共御割印頂戴方難有相済候、然ル上者御年貢米毎年十二月十五日迄ニ御定之通、郷方御相場を以取集メ銀納ニ相仕立急度皆済可奉御上納候、其外当出村地所元反別役高江相掛り候諸夫役幷諸出銀方等無相違取集メ、其勘定相仕立急度差出し可申候、若相違之儀御座候歟、又者不埒之儀共御座候ハヽ、如何様共被為仰付可被下候、為後証之御受書奉差上候間、此段御取次願上候、以上
文久弐戌年十月
支配人源左衛門（印）
組頭　理助（印）
組惣代茂七（印）

柳原庄御村役人衆中

今般御預ケ之上御調ニ付書之通御請書差出し申候、依之入念取調候処相違無御座候付、此段奉差上候、以上

戌十月　　柳原庄本郷
庄屋忠右衛門（印）
年寄勘兵衛（印）

御本所様
御役人中様

2330―2　文久二年（一八六二）一〇月　柳原庄領之内元銭座跡より出村御預ケ所南組分御割印頂戴済御受書

（表紙）「　文久弐戌年十月
柳原庄領之内元銭座跡ゟ
出村御預ケ所南組御割印頂戴済
御受書
（朱筆）「南」　（貼紙）「八拾坪七分五り」　元銭座跡南組」

御受書

一柳原庄領之内字三条領元銭座出村南組東之通東側
（朱筆）「五十壱之内」
壱ケ所
表口　九間　　山城屋吉右衛門受持
裏行　弐間半
此坪弐拾弐坪半
御年貢弐斗九升弐合五勺

右書面之通私受持所持沽券状之通相違無御座候、然ル処出村之内元惣代預り分御年貢、其外都而取締方等元惣代平兵衛事取扱罷在候処、此度南組支配人江御預ケ被仰出候、依之毎年御年貢者勿論、其外諸懸り物等都而出村御定之通、諸出銀方無相違急度支配人方江差出シ可申候、若相違不埒之義共御座候ハヽ、如何様共可被為仰付候、為後証之御受書依而如件

文久弐戌年十月廿二日　　受持主
山城屋吉右衛門（印）

御受書

一柳原庄領之内字三条領元銭座出村南組中之通東側
（朱筆）「廿三」
壱ケ所
表口　三間　　伊賀屋しん受持
裏行　五間
此坪拾五坪
御年貢壱斗九升五合

右書面之通私受持所持沽券状之通相違無御座候、然ル処出村之内元惣代預り分御年貢、其外都而取締方等元惣代平兵衛事取扱罷在候処、此度南組支配人江御預ケ被仰出候、依之毎年御年貢者勿論、其外諸懸り物等都而出村御定之通、諸出銀方無相違急度支配人方江差出シ可申候、若相違不埒之義共御座候ハヽ、如何様共可被為仰付候、為後証之御受書依而如件

文久弐戌年十月廿二日　　受持主

右拾五坪之内九坪御割印頂戴済、残り六坪来亥年三月御割印頂戴方
急度可奉願上候、右者弘化三年五月頂戴済
伊賀屋しん(印)

御受書

(朱筆)「廿四」
一柳原庄領之内字三条領元銭座出村南組南之通北側

壱ケ所

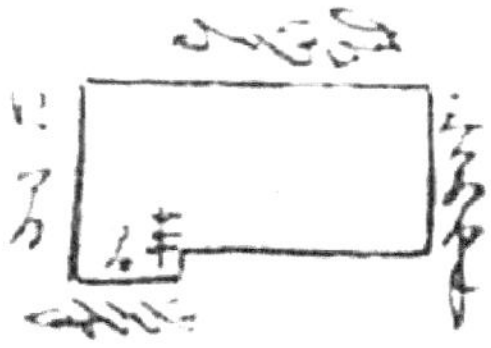

表口　拾二間　　八幡屋平兵衛持
裏行　東ニ而三間半
　　　西ニ而四間
此坪四拾三坪弐分五厘
御年貢五斗六升弐合弐勺五才

右書面之通私受持所持沽券状之通相違無御座候、然ル処出村元惣代取締方相勤メ来候而、御年貢其外都而取扱来候処、今般御預ケ被仰出候ニ付、依之毎年御年貢者勿論、其外諸懸り物都而出村御定之通、諸出銀方無相違急度支配人方江差出シ可申候、若相違不埒之義共御座候ハヽ、如何様共可被為仰付候、為後証之御受書依而如件

文久弐戌年十月廿三日　持主　八幡屋平兵衛
願人
名跡人　才蔵（印）

柳原庄本郷領之内字三条領、其外共元本帳反別合七反六畝拾八歩、役高拾五石壱斗壱升壱合三勺、右場所江元銭座跡出村南組分、今般従御地頭様御預ケ被仰出、依之沽券状江御割印頂戴方御調ニ相成候ニ付、組下取調候処、右名前之者共御割印頂戴方難有相済候、然ル上者御年貢米毎年十二月十五日迄ニ御定之通、郷方御相場を以取集メ銀納ニ相仕立急度皆済可奉御上納候、其外当出村地所元反別役高江相懸り候諸夫銀幷諸出銀方等無相違取集メ、其勘定相仕立急度差出シ可申候、若相違之儀御座候歟、又者不埒之儀共御座候ハヽ、如何様共被為仰付可被下候、為後証之御受書奉差上候間、此段御取次願上候、以上

文久弐戌年十月　元銭座跡南組
支配人与左衛門（印）
惣代
組頭　長右衛門（印）

2339　——I・2　文久二年(一八六二)一〇月　柳原庄領之内元銭座跡より出村弐反拾三歩之内御割印頂戴済御受書

「（表紙）文久弐戌年十月
柳原庄領之内元銭座跡ゟ
出村弐反拾三歩之内御割印頂戴済
御受書
（朱筆）「北」　（貼紙）「弐百六拾九坪九分八り五」　元銭座跡北組」

三　御受書

一柳原庄領之内字三条領元銭座出村北組西之通東側
壱ケ所
表口　弐間半　熊野屋助右衛門受持
裏行　三間半
此坪八坪七分五厘
御年貢壱斗壱升三合七勺五才

右書面之通源左衛門受持弐反拾六歩之内、猶又受持所持沽券状之通相違無御座候、然ル処此場所先年ゟ御改被仰出、依之御年貢ハ勿論、其外諸懸り物等都而出村御定之通、諸出銀方無相違急度差出シ可申候、若相違不埒之義共御座候ハヽ、如何様共可被為仰付候、為後証之御受書仍而如件

文久弐戌年十月　受持主
熊野屋助右衛門（印）

御受書

一柳原庄領之内字三条領元銭座出村南組西之通東側
（朱筆）「五」　壱ケ所
表口　拾弐間半　八幡屋平兵衛受持
裏行　三間半
此坪四拾三坪七分五厘
御年貢五斗六升八合七勺五才

右書面之通源左衛門受持弐反拾六歩之内、猶又受持所持沽券状之通相違無御座候、然ル処此場所先年ゟ御改被仰出、依之御年貢者勿論、其外諸懸り物等都而出村御定之通、諸出銀方無相違急度差出シ可申候、若相違不埒之義共御座候ハヽ、如何様共可被為仰付候、為後証之御受書依而如件

文久弐戌年十月　受持主　八幡屋平兵衛
名跡人　才蔵（印）

十一　御受書

一柳原庄領之内字三条領元銭座出村南組南之通北側
壱ケ所
表口　三間半　伊賀屋長右衛門受持
裏行　五間
此坪拾七坪半
御年貢弐斗弐升七合五勺

右書面之通源左衛門受持弐反拾六歩之内、猶又受持所持沽券状之通相違無御座候、然ル処此場所先年ゟ御改被仰出、依之御年貢者勿論、其外諸懸り物等都而出村御定之通、諸出銀方無相違急度差出可申候、若相違不埒之義共御座候ハヽ、如何様共可被為仰付候、

為後証之御受書依而如件

文久弐戌年十月

受持主

伊賀屋長右衛門（印）

十二　　御受書

一柳原庄領之内字三条領元銭座出村南組南之通南側

壱ヶ所

表口　四間半壱矩

裏行　三間半　　　　伊賀屋新八受持

此坪拾六坪六分弐厘五毛

御年貢弐斗壱升六合壱勺弐才五

右書面之通源左衛門受持弐反拾六歩之内、猶又受持所持沽券状之通相違無御座候、然ル処此場所先年ゟ御改被仰出、依之御年貢者勿論、其外諸懸り物等都而出村御定之通、諸出銀方無相違急度差出可申候、若相違不埒之義共御座候ハヽ、如何様共可被為仰付候、為後証之御受書仍而如件

文久弐戌年十月

受持主

伊賀屋新八（印）

十九　　御受書

一柳原庄領之内字三条領元銭座出村北組中之通西側

壱ヶ所

表口　三間半壱矩

裏行　壱間半　　　　大和屋新七受持

此坪五坪六分弐厘弐毛

御年貢七升三合壱勺弐才五

右書面之通源左衛門受持弐反拾六歩之内、猶又受持所持沽券状之通相違無御座候、然ル処此場所先年ゟ御改被仰出、依之御年貢者勿論、其外諸懸り物等都而出村御定之通、諸出銀方無相違急度差出可申候、若相違不埒之義共御座候ハヽ、如何様共可被為仰付候、為後証之御受書仍而如件

文久弐戌年十月

受持主

大和屋新七（印）

廿　　御受書

一柳原庄領之内字三条領元銭座出村北組南之通南側

壱ヶ所

表口　弐間半

裏行　三間半壱矩　　　　大和屋徳松受持

此坪九坪三分七厘五毛

御年貢壱斗弐升壱合八勺七才五

右書面之通源左衛門受持弐反拾六歩之内、猶又受持所持沽券状之通相違無御座候、然ル処此場所先年ゟ御改被仰出、依之御年貢者勿論、其外諸懸り物等都而出村御定之通、諸出銀方無相違急度差出可申候、若相違不埒之義共御座候ハヽ、如何様共可被為仰付候、為後証之御受書仍而如件

文久弐戌年十月

受持主

大和屋徳松（印）

廿二　　御受書

一柳原庄領之内字三条領元銭座出村北組中之通西側

　壱ケ所

　表口　拾三間五尺　　　　　　　　笹屋三右衛門受持

　裏行　三間半

　　此坪四拾八坪弐分

　　御年貢六斗弐升六合六勺

右書面之通源左衛門受持弐反拾六歩之内、猶又受持所持沽券状之通相違無御座候、然ル処此場所先年ゟ御改被仰出、依之御年貢者勿論、其外諸懸り物等都而出村御定之通、諸出銀方無相違急度差出可申候、若相違不埒之義共御座候ハ丶、如何様共可被為仰付候、為後証之御受書仍而如件

　　　文久弐戌年十月　　　　　　　　受持主

　　　　　　　　　　　　　　　　　笹屋三右衛門（印）

廿三　　御受書

一柳原庄領之内字三条領元銭座出村北組中之通西側

　壱ケ所

　表口　五間、但裏尻ニ而三間弐尺五寸

　裏行　六間半南ニ而三間半　奈良屋儀兵衛受持

　　此坪弐拾七坪六分六厘

　御年貢三斗五升九合六勺

右書面之通源左衛門受持弐反拾六歩之内、猶又受持所持沽券状之通相違無御座候、然ル処此場所先年ゟ御改被仰出、依之御年貢者勿論、其外諸懸り物等都而出村御定之通、諸出銀方無相違急度差出可申候、若相違不埒之義共御座候ハ丶、如何様共可被為仰付候、為後証御受書依而如件

　　　文久弐戌年十月　　　　　　　　受持主

　　　　　　　　　　　　　　　　　奈良屋儀兵衛（印）

廿四　　御受書

一柳原庄領之内字三条領元銭座出村北組中之通西側

　壱ケ所

　表口　拾壱間　　　　　　　　奈良屋儀兵衛受持

　裏行　六間半

　　此坪七拾壱坪半

　　御年貢九斗弐升九合五勺

右書面之通源左衛門受持弐反拾六分之内、猶又受持所持沽券状之通相違無御座候、然ル処此場所先年ゟ御改被仰出、依之御年貢者勿論、其外諸懸り物等都而出村御定之通、諸出銀方無相違急度差出可申候、若相違不埒之義共御座候ハ丶、如何様共可被為仰付候、為後証御受書依而如件

　　　文久弐戌年十月　　　　　　　　受持主

　　　　　　　　　　　　　　　　　奈良屋儀兵衛（印）

廿五　　御受書

一柳原庄領之内字三条領元銭座出村北組北之通南側

　壱ケ所

表口　七間　　　奈良屋儀兵衛受持
裏行　三間
此坪弐拾壱坪
御年貢弐斗七升三合
右書面之通源左衛門受持弐反拾六分之内、猶又受持所持沽券状之通相違無御座候、然ル処此場所先年ゟ御改被仰出、依之御年貢者勿論、其外諸懸り物等都而出村御定之通、諸出銀方無相違急度差出可申候、若相違不埒之義共御座候ハヽ、如何様共可被為仰付候、為後証御受書依而如件

文久弐戌年十月　　受持主
奈良屋儀兵衛（印）

柳原庄本郷之内字三条領元本帳弐反拾三歩、此役高三石五斗五升四合三勺、右場所江元銭座跡ゟ出村沽券状江御割印頂戴方御調ニ相成候ニ付、組下取調候処、右名前之者共御割印頂戴方難有相済候、然ル上者御年貢米毎年十二月十五日迄ニ御定之通、郷方御相場を以取集メ銀納ニ相仕立急度皆済可奉御上納候、其外当出村地所元反別役高江相懸り候、諸夫役幷諸出銀方等無相違取集メ、其勘定ニ相仕立急度差出シ可申候、若相違之儀御座候歟、又者不埒之儀共御座候ハヽ、如何様共被為仰付可被下候、為後証之御受書奉差上候間、此段御取次願上候、以上

文久弐戌年十月　　元銭座跡
支配人源左衛門（印）
組頭　理助（印）
組惣代茂七（印）

柳原庄御村役人衆中

今般御調ニ付書面之通御受書差出申候付、依之入念取調候処相違無御座候、依而此段奉差上候、以上

戌十月　　柳原庄本郷
庄屋忠右衛門（印）
年寄勘兵衛（印）

御本所様
御役人中様

（表紙）「文久弐戌年十月廿二日
柳原庄領之内元銭座跡ゟ
出村弐反拾三歩之内御割印頂戴済
御受書

（朱筆）「南」（貼紙）「三拾三坪七分九ノ」元銭座跡南組」

御受書

一柳原庄領之内字三条領元銭座出村南組南之通北側
壱ケ所
（朱筆）「十一」表口　三間半　　伊賀屋長右衛門受持
裏行　五間
此坪拾七坪半
御年貢弐斗弐升七合五勺
右書面之通源左衛門受持弐反拾六分之内、猶又受持所持沽券状之通相違無御座候、然ル処此場所先年ゟ御改被仰出、依之御年貢者

勿論、其外諸懸り物等都而出村御定之通、諸出銀方無相違急度差出可申候、若相違不埒之義共御座候ハヽ、如何様共可被為仰付候、為後証御受書依而如件

文久弐戌年十月廿二日　受持主

伊賀屋長右衛門（印）

御受書

一柳原庄領之内字三条領元銭座出村南組南之通南側

壱ケ所

（朱筆）「十二」表口　四間半壱尺　伊賀屋新八受持

裏行　三間半

此坪拾六坪弐分九厘

御年貢弐斗壱升壱合七勺七才

右書面之通源左衛門受持弐反拾六分之内、猶又受持所持沽券状之通相違無御座候、然ル処此場所先年ゟ御改被仰出、依之御年貢者勿論、其外諸懸り物等都而出村御定之通、諸出銀方無相違急度差出可申候、若相違不埒之義共御座候ハヽ、如何様共可被為仰付候、為後証御受書依而如件

文久弐戌年十月廿二日　受持主

伊賀屋新八（印）

柳原庄本郷之内字三条領元本帳弐反拾三歩、此役高三石五斗五升四合三勺、右場所江元銭座跡ゟ出村南組御預り所分沽券状江御割印頂戴方御調ニ相成候ニ付、組下取調候処、右名前之者共御割印頂戴方難有相済候、然ル上者御年貢米毎年十二月十五日迄ニ御定之通、郷方御相場を以取集メ銀納ニ相仕立急度皆済可奉御上納候、其外当出村地所元反別役高江相懸り候、諸夫役幷諸出銀方等無相違取集メ、其勘定ニ相仕立急度差出シ可申候、若相違之義御座候歟、又者不埒之義共御座候ハヽ、如何様共被為仰付可被下候、為後証之御受書奉差上候、此段御取次願上候、以上

戌十月廿二日　元銭座跡南組

支配人与左衛門（印）

組頭惣代長左衛門（印）

2391――1　文久二年（一八六二）一〇月　柳原庄領之内元銭座跡より出村弐反拾三歩之内御割印頂戴方御猶予御受書

（表紙）「文久弐戌年十月

柳原庄領之内元銭座跡ゟ

出村弐反拾三歩之内御割印頂戴方

御猶予　御受書

（朱筆）「北」（貼紙）「百八拾八坪壱分弐り五」　元銭座跡北組」

御受書

一柳原庄領之内字三条領元銭座跡出村北之通南側西詰角

（朱筆）「壱番」　壱ケ所

表口三間

裏行六間

此坪拾八坪　（朱筆）「地代半減、三百六拾匁」

御年貢弐斗三升四合

右書面之通元惣代平兵衛ゟ譲り受置候処相違無御座候、右ニ付其節々御割印沽券状御願不申上等閑仕置、依此度御調ニ相成、此段奉恐入候、右御割印頂戴方之儀、当戌十月ゟ来ル亥年三月迄右六ヶ月之内、右頂戴方無相違可奉願上候、右ニ付御年貢者勿論、其外諸懸り物等出村御定之通、諸出銀無相違急度差出可申候、尤沽券状相願候迄御冥加銀是又急度差出可申候、若書面之通相違仕候歟、不埒之儀共御座候ハヽ、如何様共可被為仰付候、為後証奉差上候御受書依而如件

文久弐戌年十月八日　　持主願人

三文字屋新八（印）

御受書

一柳原庄領之内字三条領元銭座跡出村西之通東側

（朱筆）「六」　壱ヶ所

表口三間

裏行六間

此坪拾八坪　（朱筆）「地代半減、三百六拾匁」

御年貢弐斗三升四合

右書面之通元惣代平兵衛ゟ譲り受置候処相違無御座候、右ニ付其節々御割印沽券状御願不申上等閑仕置、依此度御調ニ相成、此段奉恐入候、右御割印頂戴方之義、当戌十月ゟ来ル亥年三月迄右六ヶ月之内、右頂戴方無相違可奉願上候、右ニ付御年貢者勿論、其外諸懸物等出村御定之通、諸出銀無相違急度差出可申候、尤沽券状相願候迄御冥加銀是又急度差出可申候、若書面之通相違仕候歟、不埒之義共御座候ハヽ、如何様共可被為仰付候、為後証奉差上候御受書依而如件

文久弐戌年十月八日　　久世屋長右衛門分

当時持主

願人

笹屋吉兵衛（印）

御受書　　八幡屋平兵衛分

一柳原庄領之内字三条領元銭座出村

四　壱ヶ所　　北組西之通東側

表口六間半

裏口三間半

此坪弐拾弐坪七分五厘　（朱筆）「右同断、四百五拾五匁」

御年貢弐斗九升五合七勺五才

弐反十三歩之内

一七　壱ヶ所　　北組西之通東側

表口四間裏尻ニ而四間半

裏行拾間

此坪四拾弐坪半　（朱筆）「右同断、八百五拾匁」

御年貢五斗五升弐合五勺

弐反十三歩之内

一八　壱ヶ所　　北組西之通東側

表口弐間壱矩

裏行五間

此坪拾壱坪弐分五厘　(朱筆)「右同断、弐百廿五匁」
御年貢壱斗四升六合弐勺五才
一十三壱ヶ所　南組南之通南側
表口四間壱矩
裏行三間半
此坪拾六坪六分弐厘五毛　(朱筆)「右同断、三百三拾匁四分」
御年貢弐斗壱升六合壱勺弐才五
弐反十三歩之内
一十七壱ヶ所　南組中之通西側
表口弐間半
裏行五間
此坪拾弐坪半　(朱筆)「右同断、弐百五拾匁」
御年貢壱斗六升弐合五勺
一廿一壱ヶ所　北組中之通西側裏地
表口拾五間
裏行三間
此坪四拾六坪半　(朱筆)「右同断、九百三拾匁」
御年貢六斗四合五勺

右書面之通地姓(ママ)所持仕置候処相違無御座候、右ニ付其節々御割印沽券状御願不申上等閑仕置、依此度御調ニ相成、此段奉恐入候、右御割印頂戴方之義当時我等御預ケ中ニ御座候故、御赦免之上御割印頂戴方願出可奉申上候、右ニ付御年貢者勿論、其外諸懸り物等出村御定之通、諸出銀無相違急度差出可申候、尤沽券状相願候迄御冥加銀是亦急度差出可申候、若書面之通相違仕候歟、不埒之義共御座候ハ、、如何様共可被為仰付候、為後証之奉差上候御受書依而如件

文久弐戌年十月　八幡屋平兵衛
名跡人
才蔵（印）

柳原庄本郷之内字三条領元本帳弐反拾三歩、此役高三石五斗五升四合三勺、右場所江元銭座跡ゟ出村沽券状江御割印頂戴方御調ニ相成候ニ付、組下取調候処、右名前之者共御割印頂戴方不相願等閑ニ付、早々可奉願上筈之処、右之者共当時願兼候ニ付、当戌十月ゟ来ル亥年三月迄六ヶ月之内無相違可奉願上候、然ル処御年貢米毎年十二月十五日迄ニ御定之通、郷方御相場を以取集メ銀納ニ相仕立急度皆済可奉御上納候、其外当出村地所元反別役高江相懸り候、諸夫役幷諸出銀方等無相違取集メ、其勘定ニ相仕立急度差出シ可申候、若相違之儀御座候歟、又者不埒之義共御座候ハ、、如何様共被為仰付可被下候、為後証之御受書奉差上候間、此段御取次願上候、以上

文久弐戌年十月　元銭座跡
支配人源左衛門（印）
組頭　理助（印）
組惣代茂七（印）

柳原庄御村役人衆中

今般御調ニ付書面之通御受書差出し申候付、依之入念取調候処相違無御座候、依而此段奉差上候、以上

戌十月　柳原庄本郷
庄屋忠右衛門（印）

御本所様
御役人中様
年寄勘兵衛（印）

2391—2　文久二年（一八六二）一〇月　柳原庄領之内元銭座跡より出村弐反拾三歩之内御割印頂戴方御猶予御受書

（表紙）「文久弐戌年十月
柳原庄領之内元銭座跡ゟ
出村弐反拾三歩之内御割印頂戴方
御受書
御猶予
（朱筆）「南」（貼紙）「九拾坪七分四り五」　元銭座跡南組」
御受書

一柳原庄領之内字三条領元銭座出村南組西之通東側
弐反拾三歩之内
（朱筆）「十」　壱ケ所
表口弐間壱矩　伊賀屋長右衛門受持
裏行三間半　（朱筆）「地代半減、百五拾七匁四分」
此坪七坪八分七厘五毛
御年貢壱斗弐合三勺八才

右書面之通元惣代平兵衛ゟ譲受置候処相違無御座候、右ニ付其節々御割印沽券状御願不申上等閑ニ仕置、依此度御調ニ相成、此段奉恐入候、右御割印頂戴方之義、当戌十月ゟ来ル亥年三月迄右六ケ月之内、右頂戴方無相違可奉願上候、右ニ付御年貢者勿論、其外諸懸り物等出村御定之通、諸出銀方無相違急度差出シ可申候、若書面之通相違仕候歟、不埒之義共御座候ハヽ、如何様共可被為仰付候、為後証之奉差上候御受書依而如件

文久弐戌年十月廿二日　伊賀屋長右衛門（印）

御受書

一柳原庄領之内字三条領元銭座出村南組西之通東側
弐反拾三歩之内
（朱筆）「八」　壱ケ所
表口弐間壱矩　八幡屋平兵衛
裏口五間
此坪拾壱坪弐分五厘　（朱筆）「地代半減、弐百廿五匁」
御年貢壱斗四升六合二勺五才

一同所西之通東側
（朱筆）「七」　壱ケ所
表口四間裏尻ニ而四間半　右同人
裏口拾間
此坪四拾弐坪半　（朱筆）「地代半減、八百五拾匁」
御年貢五斗五升弐合五勺

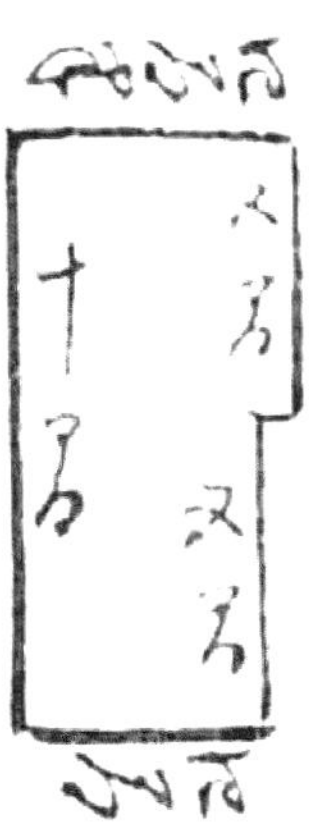

（貼紙）「弐反拾三歩之内
（朱筆）「十三」　壱ケ所　右同人

表口四間半壱矩
裏行三間半　(朱筆)「右同断、三百三拾弐匁四分」
此坪拾六坪六分弐厘
御年貢弐斗壱升六合壱勺弐才　」
一同所中之通西側
(朱筆)「十七」壱ケ所
表口弐間半　右同人
裏口五間
此坪拾弐坪半　(朱筆)「右同断、弐百五拾匁」
御年貢壱斗三升弐合五勺

右書面之通私シ所持仕相違無御座候、然ル処元惣代取締方私シ相勤来り候候処、今般南組支配人江御預ケ被仰出候ニ付、此度御調ニ相成、此段奉恐入候、右御割印頂戴方之義、当戌十月ゟ来ル亥年三月迄右六ケ月之内、右頂戴方無相違可奉願上候、右ニ付御年貢者勿論、其外諸懸り物等出村御定之通、諸出銀方無相違急度差出シ可申候、若書面之通相違仕候歟、不埒之義共御座候ハヽ、如何様共可被為仰付候、為後証之奉差上候御受書仍而如件

文久弐戌年廿三月
八幡屋平兵衛（印）
願人
名跡人
才蔵（印）

柳原庄本郷之内字三条領元本帳弐反拾三歩、此役高三石五斗五升四合三勺、右場所江元銭座跡より出村南組御預ケ所分沽券状江御割印頂戴方御調ニ相成候ニ付、組下取調候処、右名前之者共御割印頂戴方不相願等閑ニ付、早可奉願上筈之処、右之者共当時願兼候ニ付、当戌十月ゟ来ル亥年三月迄右六ケ月之内、頂戴方無相違可奉願上候、然ル処御年貢米毎年十二月十五日迄ニ御定之通、郷方御相場を以取集メ銀納ニ相仕立急度皆済可奉御上納候、其外当出村地所元反別役高江相懸り候、諸夫役幷諸出銀方等無相違取集メ、其勘定ニ相仕立急度差出シ可申候、若相違之儀御座候歟、又者不埒之儀共御座候ハヽ、如何様共被為仰付可被下候、為後証之御受書奉差上候間、此段御取次願上候、以上

戌十月
元銭座跡南組
支配人与左衛門（印）
組頭惣代長左衛門（印）
柳原庄御村役人衆中

2391―3　文久二年（一八六二）一〇月　柳原庄領之内元銭座跡より出村御預ケ所北組分御割印頂戴方御猶予御受書

(表紙)「文久弐戌年十月
柳原庄領之内元銭座跡ゟ
出村御預ケ所北組分御割印頂戴方
御猶予　御受書
(朱筆)「北」　(付箋)「弐百坪四分」　元銭座跡北組」

御受書
一柳原庄領之内字三条領元銭座跡出村北之通北側
(朱筆)「五番」　壱ケ所

表口三間　　河内屋才蔵受持
裏行七間
此坪弐拾壱坪　（朱筆）「地代半減、四百廿匁」
御年貢弐斗七升三合
右書面之通元惣代平兵衛ゟ譲り受置候処相違無御座候、右ニ付其節々御割印沽券状御願不申上等閑仕置、依此度御調ニ相成、此段奉恐入候、右御割印頂戴方之儀、当戌十月ゟ来ル亥年三月迄右六ケ月之内、右頂戴方無相違可奉願上候、右ニ付御年貢者勿論、其外諸懸り物等出村御定之通、諸出銀無相違急度差出可申候、尤沽券状相願候迄御冥加銀是又急度差出可申候、若書面之通相違仕候歟、不埒之儀共御座候ハヽ、如何様共可被為仰付候、為後証奉差上候御受書依而如件
文久弐戌年十月八日　持主願人
河内屋才蔵（印）

御受書
一柳原庄領之内字三条領元銭座跡出村北之通南側裏地
（朱筆）「十三」　壱ケ所
表口三間　住吉屋佐右衛門受持
裏行三間
此坪九坪　（朱筆）「地代半減、百八拾匁」
御年貢壱斗壱升七合
右書面之通元惣代平兵衛ゟ譲り受置候処相違無御座候、右ニ付其節々御割印沽券状御願不申上等閑仕置、依此度御調ニ相成、此段奉恐入候、右御割印頂戴方之儀、当戌十月ゟ来ル亥年三月迄右六ケ月之内、右頂戴方無相違可奉願上候、右ニ付御年貢者勿論、其外諸懸り物等出村御定之通、諸出銀無相違急度差出可申候、尤沽券状相願候迄御冥加銀是又急度差出可申候、若書面之通相違仕候歟、不埒之儀共御座候ハヽ、如何様共可被為仰付候、為後証奉差上候御受書依而如件
文久弐戌年十月八日　持主願人
住吉屋佐右衛門（印）

御受書
一柳原庄領之内字三条領元銭座跡出村中之通東側
（朱筆）「十四」　壱ケ所
表口弐間半　花屋宗七受持
裏行三間
此坪七坪半　（朱筆）「地代半減、百五拾匁」
御年貢九升七合五勺
右書面之通元惣代平兵衛ゟ譲り受置候処相違無御座候、右ニ付其節々御割印沽券状御願不申上等閑仕置、依此度御調ニ相成、此段奉恐入候、右御割印頂戴方之儀、当戌十月ゟ来ル亥年三月迄右六ケ月之内、右頂戴方無相違可奉願上候、右ニ付御年貢者勿論、其外諸懸り物等出村御定之通、諸出銀無相違急度差出可申候、尤沽券状相願候迄御冥加銀是又急度差出可申候、若書面之通相違仕候歟、不埒之儀共御座候ハヽ、如何様共可被為仰付候、為後証奉差上候御受書依而如件

文久弐戌年十月八日　　竹田屋みさ分
当時持主
持主願人花屋宗七（印）

御受書

一柳原庄領之内字三条領元銭座跡出村中之通東側
（朱筆）「十六」　壱ケ所
表口四間　　笹屋利助受持
裏行六間
此坪弐拾四坪　　（朱筆）「地代半減、四百八拾匁」
御年貢三斗壱升弐合

右書面之通元惣代平兵衛ゟ譲り受置候処相違無御座候、右ニ付其節々御割印沽券状御願不申上等閑仕置、依此度御調ニ相成、此段奉恐入候、右御割印頂戴方之儀、当戌十月ゟ来ル亥年三月迄右六ケ月之内、右頂戴方無相違可奉願上候、右ニ付御年貢者勿論、其外諸懸り物等出村御定之通、諸出銀無相違急度差出可申候、尤沽券状相願候迄御冥加銀是又急度差出可申候、若書面之通相違仕候歟、不埒之儀共御座候ハヽ、如何様共可被為仰付候、為後証奉差上候御受書依而如件

文久弐戌年十月八日　　持主願人
笹屋理助（印）

（朱筆）「十七」　御受書

一柳原庄領之内字三条領元銭座出村北組中之通東側
壱ケ所
表口弐間四勺五寸　　笹屋又三郎受持
裏行六間
此坪拾六坪壱分五厘　　（朱筆）「地代半減、三百廿三匁」
御年貢弐斗九合九勺五才

右書面之通元惣代平兵衛ゟ譲り受置候処相違無御座候、右ニ付其節々御割印沽券状御願不申上等閑仕置、依而御調ニ相成奉恐入候、右御割印頂戴方之儀者、当戌十月五日御受書奉差上置候処、右頂戴方早々御願申上候義出来兼候ニ付、何卒当十月ゟ来ル亥年三月迄六ケ月之内、無相違急度御願可奉申上候、此上者決而等閑ニ者仕間敷候、書面之通少茂相違不申上候、右ニ付御年貢者勿論、其外諸懸り物等都而出村御定之通、無相違急度差出シ可申候、尤沽券状相願候迄者御冥加銀是又急度差出シ可申候、若書面之通相違仕候歟、不埒之義等御座候ハヽ、如何様共可被為仰付候、為後証奉差上置候御受書仍而如件

文久弐戌年十月　　笹屋又三郎（印）

御受書

一柳原庄領之内字三条領元銭座跡出村中之通東側
（朱筆）「十八」　壱ケ所
表口三間　　大和屋徳次郎受持
裏行六間
此坪拾八坪　　（朱筆）「地代半減、三百六拾匁」
御年貢弐斗三升四合

右書面之通元惣代平兵衛ゟ譲り受置候処相違無御座候、右ニ付其節々御割印沽券状御願不申上等閑仕置、依此度御調ニ相成、此段奉恐入候、右御割印頂戴方之義、当戌十月ゟ来ル亥年三月迄右六ケ月之内、右頂戴方無相違可奉願上候、右ニ付御年貢者勿論、其外諸懸物等出村御定之通、諸出銀無相違急度差出可申候、尤沽券状相願候迄御冥加銀是又急度差出可申候、若書面之通相違仕候歟、不埒之儀共御座候ハヽ、如何様共可被為仰付候、為後証奉差上候御受書依而如件

文久弐戌年十月八日　持主願人

大和屋徳次郎（印）

御受書

一柳原庄領之内字三条領元銭座跡出村南之通南側

（朱筆）「三十一」壱ケ所

表口三間半壱矩　笹屋三右衛門受持

裏行五間

此坪拾八坪七分五厘　（朱筆）「地代半減、三百七拾五匁」

御年貢弐斗四升三合七勺五才

右書面之通元惣代平兵衛ゟ譲り受置候処相違無御座候、右ニ付其節々御割印沽券状御願不申上等閑仕置、依此度御調ニ相成、此段奉恐入候、右御割印頂戴方之義、当戌十月ゟ来ル亥年三月迄右六ケ月之内、右頂戴方無相違可奉願上候、右ニ付御年貢者勿論、其外諸懸物等出村御定之通、諸出銀無相違急度差出可申候、尤沽券状相願候迄御冥加銀是又急度差出可申候、若書面之通相違仕候歟、不埒之義御座候ハヽ、如何様共可被為仰付候、為後証奉差上候御受書依而如件

文久弐戌年十月八日　持主願人

笹屋三右衛門（印）

御受書

一柳原庄領之内字三条領元銭座跡出村東之通西側

（朱筆）「三十二」壱ケ所

表口三間　大和屋徳次郎受持

裏行五間半

此坪拾六坪半　（朱筆）「地代半減、三百三拾匁」

御年貢弐斗壱升四合五勺

右書面之通元惣代平兵衛ゟ譲り受置候処相違無御座候、右ニ付其節々御割印沽券状御願不申上等閑仕置、依此度御調ニ相成、此段奉恐入候、右御割印頂戴方之儀、当戌十月ゟ来ル亥年三月迄右六ケ月之内、右頂戴方無相違可奉願上候、右ニ付御年貢者勿論、其外諸懸り物等出村御定之通、諸出銀無相違急度差出可申候、尤沽券状相願候迄御冥加銀是又急度差出可申候、若書面之通相違仕候歟、不埒之儀共御座候ハヽ、如何様共可被為仰付候、為後証奉差上候御受書依而如件

文久弐戌年十月八日　持主願人

大和屋徳次郎（印）

（朱筆）「三十三」御受書

一柳原庄領之内字三条領元銭座出村北組東之通西側
壱ヶ所
表口四間　　花屋伝兵衛受持
裏行五間半
此坪弐拾弐坪　（朱筆）「地代半減、四百四拾匁」
御年貢弐斗八升六合

右書面之通元惣代平兵衛ゟ譲り受置候処相違無御座候、右ニ付其節々御割印沽券状御願不申上等閑ニ仕置、依而御調ニ相成奉恐入候、右御割印頂戴方之儀者、当戌十月五日御受書奉差上置候処、右頂戴方早々御願申上候義出来兼候ニ付、何卒当十月ゟ来ル亥年三月迄六ヶ月之内、無相違急度御願可奉申上候、此上者決而等閑ニ者仕間敷候、書面之通少茂相違不申上候、右ニ付御年貢者勿論、其外諸懸り物等都而出村御定之通、無相違急度差出シ可申候、尤沽券状相願候迄者御冥加銀是又急度差出シ可申候、若書面之通相違仕候歟、不埒之義等御座候ハヽ、如何様共可被為仰付候、為後証奉差上置候御受書依而如件

文久弐戌年十月　　花屋伝兵衛（印）

御受書

一柳原庄領之内字三条領元銭座跡出村北之通南側東角
（朱筆）「三十八」壱ヶ所
表口三間　　河内屋兵助受持
裏行五間
此坪拾五坪　（朱筆）「地代半減、三百匁」
御年貢壱斗九升五合

右書面之通元惣代平兵衛ゟ譲り受置候処相違無御座候、右ニ付其節々御割印沽券状御願不申上等閑仕置、依此度御調ニ相成、此段奉恐入候、右御割印頂戴方之義、当戌十月ゟ来ル亥年三月迄右六ヶ月之内、右頂戴方無相違可奉願上候、右ニ付御年貢者勿論、其外諸懸物等出村御定之通、諸出銀無相違急度差出可申候、尤沽券状相願候迄御冥加銀是又急度差出可申候、若書面之通相違仕候歟、不埒之義御座候ハヽ、如何様共可被為仰付候、為後証奉差上候御受書依而如件

文久弐戌年十月九日　　持主願人
河内屋兵助（印）

御受書

一柳原庄領之内字三条領元銭座跡出村東之通東側
（朱筆）「四十番」壱ヶ所
表口三間半　　吉野屋八三郎受持
裏行五間
此坪拾七坪半　（朱筆）「地代半減、三百五拾匁」
御年貢弐斗弐升七合五勺

右書面之通元惣代平兵衛ゟ譲り受置候処相違無御座候、右ニ付其節々御割印沽券状御願不申上等閑仕置、依此度御調ニ相成、此段奉恐入候、右御割印頂戴方之儀、当戌十月ゟ来ル亥年三月迄右六ヶ月之内、右頂戴方無相違可奉願上候、右ニ付御年貢者勿論、其外諸懸り物等出村御定之通、諸出銀相違なく急度差出可申候、尤

沽券状相願候迄御冥加銀是又急度差出シ可申候、若書面之通相違仕候歟、不埒之儀共御座候ハヽ、如何様共可被為仰付候、為後証御受書依而如件

文久弐戌年十月八日　持主願人

吉野屋八三郎（印）

御受書

一柳原庄領之内字三条領元銭座跡出村東之通東側

（朱筆）「四十六」壱ケ所

表口三間　吉野屋八三郎受持

裏行五間

此坪拾五坪　（朱筆）「地代半減、三百匁」

御年貢壱斗九升五合

右書面之通元惣代平兵衛ゟ譲り受置候処相違無御座候、右ニ付其節々御割印沽券状御願不申上等閑仕置、依此度御調ニ相成、此段奉恐入候、右御割印頂戴方之儀、当戌十月ゟ来ル亥年三月迄右六ケ月之内、右頂戴方無相違可奉願上候、右ニ付御年貢者勿論、其外諸懸り物等出村御定之通、諸出銀無相違急度差出可申候、尤沽券状相願候迄御冥加銀是又急度差出可申候、若書面之通相違仕候歟、不埒之儀共御座候ハヽ、如何様共可被為仰付候、為後証奉差上候御受書依而如件

文久弐戌年十月八日　河内屋庄兵衛分

当時持主願人

吉野屋八三郎（印）

柳原庄本郷之領内字三条領、其外共元本帳反別合七反六畝拾八歩、役高拾五石壱斗壱升壱合三勺、同庄上郷領字作右衛門島元本帳之内合六畝拾八歩、右場所々江元銭座跡出村北組分、今般従御地頭様御預ケ被仰出、依之沽券状江御割印頂戴方御調被成候ニ付、組下取調候処、右名前之者共御割印頂戴方不相願等閑ニ付、早々可奉願上筈之処、右之者共当時願兼候ニ付、当戌十月ゟ来ル亥年三月迄六ケ月之内無相違可奉願上候、然ル処御年貢米毎年十二月十五日迄ニ御定之通、郷方御相場を以取集メ銀納ニ相仕立急度皆済可奉御上納候、其外当出村地所元反別役高江相懸り候諸夫役并諸出銀方等無相違取集メ、其勘定ニ相仕立急度差出シ可申候、若相違之儀御座候歟、又者不埒之儀共御座候ハヽ、如何様共被為仰付可被下候、為後証之御受書奉差上候、此段御取次願上候、以上

文久弐戌年十月　元銭座跡

支配人源左衛門（印）

組頭　理助（印）

組惣代茂七（印）

柳原庄御村役人衆中

今般御預ケ之上御調ニ付書面之通御請書差出し申候、依之入念取調候処相違無御座候付、此段奉差上候、以上

戌十月　柳原庄本郷

庄屋忠右衛門（印）

年寄勘兵衛（印）

御本所様

御役人中様

2391—4　文久二年（一八六二）一〇月　柳原庄領之内元銭座跡より出村御預ケ所南組分御割印頂戴方御猶予御受書

（表紙）「文久弐戌年十月廿二日
柳原庄領之内元銭座跡ゟ
出村御預ケ所南組分御割印頂戴方
御猶予　　御受書
（朱筆）「南」（貼紙）「百五拾九坪八分七り五」　元銭座跡南組」

御受書
一柳原庄領之内字三条領元銭座出村南組中之通東側
壱ケ所
（朱筆）「廿一」　表口六間　　丸屋とき受持
裏行五間
此坪三拾坪　（朱筆）「地代半減、六百匁」
御年貢三斗九升

右書面之通元惣代平兵衛ゟ譲り受置候処相違無御座候、右ニ付其節々御割印沽券状御願不申上等閑ニ仕置、依而此度御調ニ相成、此段奉恐入候、右御割印頂戴方之義、当戌十月ゟ来ル亥年三月迄右六ケ月之内、右頂戴方無相違可奉願上候、右ニ付御年貢者勿論、其外諸懸り物等出村御定之通、諸出銀方無相違急度差出可申候、若書面之通相違仕候歟、不埒之義共御座候ハヽ、如何様共可被為仰付候、為後証之奉差上候御受書依而如件
文久弐戌年十月廿二日　　丸屋とき（印）

御受書
一柳原庄領之内字三条領元銭座出村南組中之通東側
壱ケ所
（朱筆）「廿二」　表口三間　　大和屋清兵衛受持
裏行五間
此坪拾五坪　（朱筆）「地代半減、三百匁」
御年貢壱斗九升五合

右書面之通元惣代平兵衛ゟ譲り受置候処相違無御座候、右ニ付其節々御割印沽券状御願不申上等閑ニ仕置、依而此度御調ニ相成、此段奉恐入候、右御割印頂戴方之義、当戌十月ゟ来ル亥年三月迄右六ケ月之内、右頂戴方無相違可奉願上候、右ニ付御年貢者勿論、其外諸懸り物等出村御定之通、諸出銀方無相違急度差出可申候、若書面之通相違仕候歟、不埒之義共御座候ハヽ、如何様共可被為仰付候、為後証之奉差上候御受書依而如件
文久弐戌年十月廿二日　大和屋清兵衛（印）

御受書
一柳原庄領之内字三条領元銭座出村南組南之通南側
壱ケ所
（朱筆）「廿五」　表口拾五間壱矩　　八幡屋平兵衛持
裏行三間半　（朱筆）「前同断、壱貫六拾七匁四分」
此坪五拾三坪三分七厘五毛
御年貢六斗九升五合八勺八才

右書面之通私シ所持仕相違無御座候、然ル処元惣代取締方私相勤

来り候処、今般南組支配人江御預ケ被仰出候ニ付、此度御調ニ相成、此段奉恐入候、右御割印頂戴方之義、当戌十月ゟ来ル亥年三月迄右六ケ月之内、右頂戴方無相違可奉願上候、右ニ付御年貢者勿論、其外諸懸り物等出村御定メ之通、諸出銀方無相違急度差出シ可申候、若書面之通相違仕候歟、不埒之義共御座候ハヽ、如何様共可被為仰付候、為後証之奉差上候御受書依而如件

文久弐戌年十月廿二日　八幡屋平兵衛
願人　名跡人
才蔵（印）

御受書

一柳原庄領之内字三条領元銭座出村南組東之通西側
壱ケ所
（朱筆）「廿七」　表口三間　山城屋岩吉受持
裏行三間半
此坪拾坪半　（朱筆）「前同断、弐百拾匁」
御年貢壱斗三升六合五勺

右書面之通元惣代平兵衛ゟ譲り受置候処相違無御座候、右ニ付其節々御割印沽券状御願不申上等閑ニ仕置、依而此度御調ニ相成、此段奉恐入候、右御割印頂戴方之義、当戌十月ゟ来ル亥年三月迄右六ケ月之内、右頂戴方無相違可奉願上候、右ニ付御年貢者勿論、其外諸懸り物等出村御定之通、諸出銀方無相違急度差出シ可申候、若書面之通相違仕候歟、不埒之義共御座候ハヽ、如何様共可被為仰付候、為後証之奉差上候御受書依而如件

文久弐戌年十月廿二日　山城屋岩吉（印）

御受書

一柳原庄領之内字三条領元銭座出村南組東之通西側
壱ケ所
（朱筆）「廿八」　表口三間　近江屋平兵衛受持
裏行三間半
此坪拾坪半　（朱筆）「前同断、弐百拾匁」
御年貢壱斗三升六合五勺

右書面之通元惣代平兵衛ゟ譲り受置候処相違無御座候、右ニ付其節々御割印沽券状御願不申上等閑ニ仕置、依而此度御調ニ相成、此段奉恐入候、右御割印頂戴方之義、当戌十月ゟ来ル亥年三月迄右六ケ月之内、右頂戴方無相違可奉願上候、右ニ付御年貢者勿論、其外諸懸り物等出村御定之通、諸出銀方無相違急度差出シ可申候、若書面之通相違仕候歟、不埒之義共御座候ハヽ、如何様共可被為仰付候、為後証之奉差上候御受書依而如件

文久弐戌年十月廿二日　近江屋平兵衛（印）

御受書

一柳原庄領之内字三条領元銭座出村南組東之通西側
壱ケ所
（朱筆）「三拾」　表口三間　奈良屋勝治郎受持
裏行六間半
此坪拾九坪半　（朱筆）「前同断、三百九拾匁」

御年貢弐斗五升三合五勺
右書面之通元惣代平兵衛ゟ譲り受置候処相違無御座候、右ニ付其
節々御割印沽券状御願不申上等閑ニ仕置、依而此度御調ニ相成、
此段奉恐入候、右御割印頂戴方之義、当戌十月ゟ来ル亥年三月迄
右六ケ月之内、右頂戴方無相違可奉願上候、右ニ付御年貢者勿論、
其外諸懸り物等出村御定之通、諸出銀方無相違急度差出可申候、
若書面之通相違仕候歟、不埒之義共御座候ハヽ、如何様共可被為
仰付候、為後証之奉差上候御受書依而如件

文久弐戌年十月廿二日　奈良屋勝治郎（印）

御受書

一柳原庄領之内字三条領元銭座出村南組南之通南側
壱ケ所　岸部屋勝治郎受持
(朱筆)「五十弐」　表口弐間
裏行三間半
此坪七坪　(朱筆)「前同断、百四拾匁」
御年貢九升壱合
右書面之通元惣代平兵衛ゟ譲り受置候処相違無御座候、右ニ付其
節々御割印沽券状御願不申上等閑ニ仕置、依而此度御調ニ相成、
此段奉恐入候、右御割印頂戴方之義、当戌十月ゟ来ル亥年三月迄
右六ケ月之内、右頂戴方無相違可奉願上候、右ニ付御年貢者勿論、
其外諸懸り物等出村御定之通、諸出銀方無相違急度差出可申候、
若書面之通相違仕候歟、不埒之義共御座候ハヽ、如何様共可被為
仰付候、為後証之奉差上候御受書依而如件

文久弐戌年十月廿二日　岸部屋勝治郎（印）

御受書

一柳原庄領之内字三条領元銭座出村南組南之通南側
壱ケ所　小野屋新右衛門受持
(朱筆)「五十三」　表口四間
裏行三間半
此坪拾四坪　(朱筆)「前同断、弐百八拾匁」
御年貢壱斗八升弐合
右書面之通元惣代平兵衛ゟ譲り受置候処相違無御座候、右ニ付其
節々御割印沽券状御願不申上等閑ニ仕置、依而此度御調ニ相成、
此段奉恐入候、右御割印頂戴方之儀、当戌十月ゟ来ル亥年三月迄
右六ケ月之内、右頂戴方無相違可奉願上候、右ニ付御年貢者勿論、
其外諸懸り物等出村御定之通、諸出銀方無相違急度差出シ可申候、
若書面之通相違仕候歟、不埒之義共御座候ハヽ、如何様共可被為
仰付候、為後証之奉差上候御受書依而如件

文久弐戌年十月廿二日　小野屋新右衛門（印）

柳原庄本郷之領内字三条領其外共元本帳反別合七反六畝拾八歩、役
高拾五石壱斗壱升壱合三勺、右場所江元銭座跡出村南組分、今般従
御地頭様御預ケ被仰出、依之沽券状江御割印頂戴方御調被成下候ニ
付取調候処、右名前之者共御割印頂戴方不相願等閑ニ付、早々可奉
願上筈之処、右之者共当時願兼候ニ付、当戌十月ゟ来亥年三月迄右
六ケ月之内無相違可奉願上候、然ル処御年貢米毎年十二月十五日迄

ニ御定之通、郷方御相場を以取集メ銀納ニ相仕立急度皆済可奉御上納候、其外当出村地所元反別役高江相懸り候、諸夫役幷諸出銀方等無相違取集メ、其勘定ニ相仕立急度差出シ可申候、若相違之儀御座候歟、又者不埒之義共御座候ハヽ、如何様共被為仰付可被下候、為後証之御受書奉差上候、此段御取次願上候、以上

文久弐戌年十月

元銭座跡南組
支配人与左衛門（印）
組頭惣代長左衛門（印）

2335—23　文久二年（一八六二）一〇月
出村家建の由来御尋につき返答書

（表紙）「文久弐戌年十月
上
御尋ニ付返答書
高田屋半治郎」

一此度出村ニ我等家建之儀御尋ニ付奉申上候、去ル天保三辰年已来北之通北側壱ケ所普請仕候、外ニ壱ケ所北之通南側天保四巳年已来是又普請仕候、右弐ケ所共惣代平兵衛得心之上相対を以、弐ケ所共出来仕候間、此段御尋ニ付右之通相違無御座候、以上

文久弐戌年十月
高田屋半治郎（印）

御本所様
御役人中様

2335—25　文久二年（一八六二）一〇月
出村建家の由来御尋につき返答書

（表紙）「文久弐戌年十月
上
御尋ニ付返答書
大和屋喜蔵」

一此度於出村我等建家之儀御尋ニ相成候処、去ル嘉永三戌年已来大和屋善太郎申者ゟ譲請申候得共、元建家所持仕候者我等若年ニ御座候故存不申候ニ付、此段乍恐御返答可奉申上候、以上

文久弐戌年十月
大和屋喜蔵（印）

御本所様
御役人中様

2335—24　文久二年（一八六二）一〇月
出村伊勢屋新四郎居宅普請願につき申上書

乍恐御尋ニ付奉申上候

伊勢屋
新四郎居宅

一出村北之通北側
壱ケ所　表口三間
　裏行七間
此坪廿壱坪

右者普請仕候砌御座候

弘化二年

元願人惣代平兵衛江

巳十二月　対事之上相頼申候而
御願奉申上候、以上
文久二年　伊勢屋
戌十月　理助（印）

2372 文久二年（一八六二）一二月　出村取締方につき御仮受

（包紙上書）
「御仮受
戌十二月銭座出村分用」

御預ケ所当出村都而取締方之儀ニ付、此度従御地頭様御書下ケ之趣難有奉拝見候、右御受之儀者早速御答可奉申上候、則御書面壱通慥ニ奉御預り候、依如件

文久弐年戌十二月三日
元銭座跡
北組支配人
源左衛門（印）
同所
南組支配人
与左衛門（印）
御取次
柳原庄
御村役人衆中

2335―27 文久二年（一八六二）　元惣代平兵衛建家・空地・田地・干場坪掛高勘定覚

文久元酉年十二月　元惣代平兵衛方ゟ納口
建家坪数
（九百六拾四坪弐分四ノ五毛　六合盛
（納五石七斗八升五合四勺七才
空地坪数
（弐百六拾八坪四分九ノ　三合盛
（納八斗五合四勺七才
田地坪数
（四百八拾五坪半　同断
（納壱石四斗五升六合五勺
干場数
百六拾四坪半余　三合盛
納四斗九升三合五勺
〆
右之通昨酉年迄納来候由、則御殿勘定書写此帳面返上いたス

2394―55 年未詳（文久二年カ）一一月　牛角の儀につき書状

兎角欝々敷天気候得共、愈御無事珍重候、然者先達而来牛角之儀御面倒ニ相成候、則過日御越被下、先方江早速遣し候処、宜敷申入呉候様申越候、付而者極上々之品ニ而者、此間者少キ方交り有之、殊ニ割も有之少々困り居候趣申越候、扨々御気之毒ニ候得共、残り之分者兼而先方ゟ申越候直談書、極上々之品相廻し呉候様、御序ニ御達し被下度、勿論少々値段者張候而も不苦由申参り候間、此段乍此上御世話被下度、差急候義ニ而者無之候、先者御頼迄、早々已上

十一月十九日

（上書）「今村忠右衛門殿　木嵜

さし置　」

2394―54　年未詳（文久二年ヵ）

牛角御引合の儀頼み入りにつき書状

向寒之砌愈御安泰珍重ニ候、扨昨日農業云々為持越被下慥ニ致落手候、暫借用致置度存候、且見事之頭芋沢山被下、是又忝奉存候、扨牛角之儀御尋向被下候、則先方へ申遣し候処、別帋之通頼越候間、乍御面倒序之節御引合被下度、差急候義而者無之候間、可然頼入候、勿論切口江ひん附油塗附候様御申聞、右者兎角割出し□之故之義ニ候、勿論油代も此三分弐朱之内ニ而引去候様頼遣され度、彼是事多し折柄気之毒ニ存候得共無余儀次第故、御面倒ニ相懸り、余者拝面□□可申入候、先者御頼迄、艸々已上

十七日

（上書）「今村忠右衛門　木嵜

金三分弐朱添　」

2397―2　文久三年（一八六三）一二月

新規諸懸りもの御断りにつき出村北・南組歎願書写留

亥十二月十五日

元銭座村北組源左衛門

持参書□写

乍恐奉歎願口上書

上

一御本所様ゟ此度莫太之新規諸懸り等之義被仰付候得共、則出村之者共一統相談仕候処、近年ゟ段々当時ニ至り時節柄ニ而諸色甚タ以高直ニ付、村方之者共実ニ困窮仕居申候、夫故右被仰付候諸懸り等之義、乍恐御断奉申上候、猶又是迄仕来之通被成下候ハヽ、出村家持之者共被仰付候沽券状之義者、銘々頂戴仕度候間、何卒前文之通御聞済被為成下候ハヽ、難有仕合ニ可奉存候、以上

文久三亥年十二月

元銭座出村北組

家持中

御本所様

御役人中様

右本文之通出村家持之者共ゟ、則柳原庄懸りもの幷出村新規人足料掛りもの之義相断り申立、沽券状奥印之義者先例之通御受申度候得共、何分及月迫ニ候事故、来春迄之処乍恐御猶予被為成下度候様御願申出候ニ相違無御座候、然ル処私義是迄手数尽シ候得共、一向聞入不申候ニ付、此上者乍恐御本所様之厚御慈悲を以、出村家持之者共御召出之上、御利解被為仰付候ハ者難有仕合ニ可奉存候、以上

文久三亥年十二月

元銭座村北組

支配人源左衛門印

組頭　利助印

同　三右衛門印

同　和蔵印

亥十二月十五日

乍恐奉歎願口上書

元銭座村南組ゟ持参写

一元銭座跡南組、此度莫太之諸懸り等新規之義被仰付候得共、則南組出村之者共一統示談仕候処、近年ゟ段々当時ニ至時節柄ニ而諸革甚以高直ニ付、村方之者共諸職実ニ困窮仕居候故、右被為仰付候新規諸懸り等之義者、乍恐御断奉申上度候、尚又是迄仕来之通ニ被成下候ハヽ、出村家持之者共被仰付沽券状之儀者、銘々頂戴仕度候間、此旨連印を以御願奉申上候、且前文之趣意何卒御役人中様之御憐愍を以、此段御聞済被為成下候ハヽ、広大之御慈悲如何計歟難有仕合ニ可奉存候、以上

文久三年亥十二月

元銭座出村南組
願人　小野屋新右衛門印
同　山城屋佶右衛門印
同　大和屋伝五郎印
同　伊賀屋新八印
同　伊賀屋長右衛門印
同　近江屋平兵衛印
同　八幡屋弥太郎印
同　大和屋清兵衛印
同　山形屋岩吉印
同　丸屋とき印
同　伊賀屋しん印

右諸懸り之儀被為仰付候ニ付、前書願出候名前之者共江諸懸り之趣、度々利解申付候得共相用ひ不申候ニ付、無拠乍恐奥印仕奉差上候、以上

文久三年亥十二月

元銭座村南組
支配人与左衛門印
組頭　喜右衛門印

御本所様
御役人中様

2397―3　文久四年（一八六四）二月
出村諸出銭方仕法書につき口上書

（表紙）「（貼紙）「子二月出村仕法方
願書并仕法書其外
出村願人共印証之写」

乍恐奉願口上書
（貼紙）「子二月十五日　柳原庄
御殿江奉願出候事」　両郷控　」

一御家領柳原庄両郷御高之内、元銭座跡ゟ出村居小屋地之場所者、元来当庄立毛相続之場所ニ而、両郷共本帳此反別合壱町三畝九歩、此役高弐拾弐石七斗八升四合六勺、但此内分ケ別紙仕法書ニ御座候、然ル処此場所先年願人共新規勝手之願ニ付、当時之出村与相成候、然ルニ其後ゟ当時ニ至而右居小屋地之場所、願人共甚以不取締ニ付、是迄御地頭様江不容易御手数奉掛ケ、続而当庄義茂数々迷惑筋者勿論差支之事共在之、甚以困り入申候ニ付、是迄兼而奉願上候、右ニ付去々戌年十二月右出村分惣躰之処、厚キ御趣

意ニ而御書下ケを以取締方被為仰付置候処、其後今以何等之取締極り方茂出来不申等閑ニ相成候、右ニ付当庄義兼而奉御歎願居候通之儀ニ御座候付、当庄村方相続之差支甚以必至与及迷惑罷在候故、先当庄両郷共ニ惣シ而役高村入用高掛り之義者、別紙仕法書之通元反別之坪割平均之極りを以、自今永代之定法ニ仕度、且当庄受判を以両組共人足料出銭方ニ、御地頭様ゟ拝借仕居候、此返納方之儀茂未タ仕法茂無之、幷当庄御抱堤普請入用銀之高掛り出銀無之滞り之儘等閑ニ而少茂済方無之候付、此儀乍恐別紙仕法書ニ奉申上候通、右等済方之義者去々戌年十月取調之上、地借主々ゟ受書之坪数都合六百三拾八坪余御座候、然ル処右貸地坪数之分者、元惣代亡平兵衛義存生中壱坪ニ付、定メを以貸地料取来居候趣者、兼而承知仕罷在候付、此分借地主々ゟ御割印頂戴方願出候迄、右地貸料坪定を以支配人手元江取集、其分を以右拝借金幷当庄高掛り滞り分共皆済可仕候様、右ニ付当庄村法証文表ニ右場所願人共義急度受判御座候、幷其外九条村江悪水抜借地料、亦三ケ村江人足料出銭方、且高瀬川縁江新加道分等、右口々不残願人者勿論、支配人組頭迄印証御座候付、此口々右印証之筋之通り仕法相立候様、急々願人共支配人江被為仰付可被成下様、乍恐書付を以奉願上候、則仕法書幷口々之印証之写相添奉入御高覧候、右之趣御聞届ケ被成下候ハヽ、難有仕合ニ可奉存候、以上

文久四年子二月十五日

柳原庄本郷
庄屋　忠右衛門（印）
見習　源次郎（印）
年寄　勘兵衛（印）
頭百姓
惣代　平兵衛（印）
同庄上郷
庄屋　忠右衛門（印）
見習　三次郎（印）
年寄　庄右衛門（印）

御本所様
御役人中様

（貼紙）
「御高弐百拾四石九斗四升当領分
此内ニ在之候出村分役高弐拾弐石七斗八升四合六勺、此場所本文ニ奉申上候通甚以不締ニ付、当庄ゟ茂是迄色々与取扱遣シ候得共、其廉々相立不申候候ニ付、此姿ニ而者当庄義、右惣御高守護相続之差支候付、乍恐御勘考奉願上候、右当庄義守護相続之差支ニ不相成候様、御法幷村法急度相立候様、乍恐此段奉願上候」

2373　慶応元年（一八六五）一二月　出村北組御預り所仕法立につき口上書

（表紙）
「慶應元丑年十二月
元銭座村北組」
乍恐奉御願申上口上書
上

一出村北組御預り所願人平兵衛幷倅吉蔵両人之者相果候後、私江右

出村北組当時御預ケ被仰付候段難有仕合奉存候、右場所ニ付先願人平兵衛義、多分之借財等有之、柳原庄諸事懸り物并三ケ村人足料出方無之、仕法之儀私シ色々心配仕候得共、聢与仕法茂相立不申候、然ル処御本所様幷柳原庄庄屋忠右衛門殿茂、是迄度々厳敷仕法之義蒙御沙汰を、于今被猶(ママ)相成候段重々奉恐入候、乍併出村家持之者建家沽券状無之候方へ、新沽券状奉願上候様度々利解申聞候得共、勝手計申張実々私共困入申処、然ル処出村家持之者共一統申合せ沽券状御願奉申上候ハヽ、式地建家沽券状通柳原庄庄屋年寄奥印之儀者相除、当村支配人幷組頭之奥印を以、沽券状御下ケ可被成下様御願呉候ハヽ、新沽券状可奉御願申上様申立候ニ付、色々理解之上出村地所ニ付、柳原庄役印之儀乍不及古来之訳柄茂為申聞候得共、支配人之理解茂不聞入勝手計申、誠ニ以支配人茂当惑仕、夫故何事茂延引ニ相成候得共、今日迄茂昼夜心配仕居申候、此上乍恐御上様之御慈悲を以御堅(ママ)慮奉御願上候、右柳原庄奥印之儀家持之者共聞分ケ呉候ハヽ、沽券状戴頭(ママ)之儀奉御願上申上候、乍併先年願人平兵衛義、出村借財金御本所様幷柳原庄加茂川筋懸り物出銀借財之儀者、右沽券状奉願上呉候ハヽ、右借財之仕法ニ茂相成候与私共相心得居申候、家持之者へ理解申聞候得共、何分聞入不申候事ニ御座候、先年ゟ於于今出村夫代銀御上納無之、此義七ケ年已前ゟ於式地ニ毎年夫代銀御上納仕候、何分出村御場所ニ而者多分之借財出銀等茂有之候得共、夫代銀之儀者御免ニ相成候而者歎ケ敷奉存候、此上者夫代銀御上納之儀被為仰付候、右夫代銀取集メニ相成候得者、人足料ニ付先年御本所様ニ而金子拾両拝借仕返済之儀、私シ心配仕居申候、猶又返金茂候得者平兵衛死去後ゟ人足料ニ付、私共多分之借財無納方年々相積り誠ニ難渋仕候間、右夫代銀奉恐入候得共、御本所様之御憐愍ヲ以夫代銀御上納ニ相成候上、御上様之借用金拾両支配人ゟ借財金返弁ニ相成候上、猶其上柳原庄毎年諸事懸り物両郷へ出銀等茂御座候間、夫代銀之儀者出村借財之養料ニ御下ケ被下候ハヽ、永久御上様江御心配相懸申間敷候、此儀仕法ニ茂相成候等存候、乍併出村千人之人足料三ケ村出銀手当幷出村ニ而茂借財有之候ニ付出方無之、誠ニ私シ七月極月両用ニ三ケ村ゟ引合ニ罷越候ニ付当惑仕、実々困入候間、此度仕法相考候儀者先年御本所様江山垣人足毎年被仰付差出シ来り候処、山垣人足之儀者御免し被成、革羽織献上之節、私シ村方借家人江壱軒前ニ銭弐百文宛取集候所、七ケ年已前夫代銀御上納被仰付候後ゟ、今ニ借家人江弐百文ツヽ、用捨いたし候、外ニ御本所様ゟ借家人江臨時御用無之候間、人足料為手当与毎年七月極月両度ニ壱軒前弐百文ツヽ、取集メ、凡式地出村借家人弐百七拾軒計り有之、其内女名前者半減ニ致候得者、凡銭廿五貫文計御座候得者、右人足料之手当ニ仕法可相成様も相見へ、小前之者難渋可致様之事ニ茂無御座候間、此段乍恐御願奉申上候、然上者御上様之憐愍ヲ以仕法之儀御勘弁被成下候ハヽ、永久之仕法ニ相成候様奉存候、此段乍恐御内談仕可奉申上候、私義当四月以来ゟ于今御預り被仰付、何歟仕法等閑ニ相成候段実々奉恐入候、乍併南組支配人当村組頭之者ニ至迄御願申上候段、御上様之御慈悲を以余人之者へ右仕法御咄シ合御無用ニ被成下候様、内々御願奉申上候、何卒右願之通仕法御堅聞之上御聞済被為成下候ハヽ、難有仕合ニ奉存候

慶応元丑年十二月　元銭座村北組
支配人源左衛門（印）

御本所様
御役人中様

乍恐御願奉申上口上書

一出村御預り所御年貢奉御上納候、然ル処昨年冬分御預り所ニ付、御下ケ物御藏（マヽ）頭仕候而三ケ村人足料相納候得共、当四月以来ゟ私義御預り中ニ而仕法も等閑ニ相成候処、亦々三ケ村ゟ人足料催促ニ罷越候間、当年御預り所御年貢御上納可仕候上、御下ケ物之儀御藏頭ニ奉預り度、此段乍恐御慈悲を以御下ケ被成下候者難有仕合奉存候、以上

慶応元丑年十二月　元銭座村北組
支配人源左衛門（印）

御本所様
御役人中様

2387—4　慶応元年（一八六五）一二月　革薫（燻）渡世願出御尋につき返答書

御尋ニ付奉申上候

一出村北組御預り所之内少々畑地有之候処、是迄同村南組小野屋新右衛門下作仕候、右場所此度私手下大住屋小太郎義段々願出候得者、右場所ニ而革薫渡世仕度旨申出候ニ付、新右衛門・小太郎両人相対之上、双方ゟ私方へ届出候ニ付、右畑地場所高之内東西五間ニ南北三間、此坪拾五坪、右小太郎方江借遣申候ニ付、当年御年貢御上納之節、家建相場を以相納申候、御本所様江右之分御上納奉申上候、乍併新右衛門下作之内相除差引残り勘定之分、新右衛門ゟ直々御上納可仕様、私江申参り候ニ付、右新右衛門手元之分ハ差控御上納奉申上候、此段乍憚御尋ニ付御返答可奉申上候、以上

慶応元丑年
十二月　支配人源左衛門（印）

柳原庄
御村役人中様

2369—2　慶応三年（一八六七）三月　出村入用取集一条につき仕法書

□□□□□□三月十一日預り

乍恐御願奉申上仕法書
元銭座村北組
出村一条ニ付

一百拾九貫文也　壱ケ年ニ付　但人足千人也
右之儀、天部村・六条村・川崎村両三ケ村江年々相納候
右之内
八拾九貫弐百六拾文也　北組七分五厘出方
弐拾壱貫八百七拾四文也　南組弐分五厘出方
右之銭高毎年六月十二月両度ニ南組ゟ三ケ村江相納可申候

一三石也　九条村江悪水抜料　　出方北組七分五厘
　　　　　　　　　　　　　　同　南組弐分五厘
柳原庄本郷下之郷江
右両郷諸懸り物年々多少ニ御座候故相難分候付、此段乍恐御断奉
申上候
一　人足料幷悪水抜料柳原庄両郷懸ノ物
右三口諸懸り物多分入用相懸り申候付、右仕法此度乍恐御願奉申
上ニ義者、出村建家地
八百廿九坪令弐厘、但北組分
　又三拾八坪犬走り坪数
合八百六拾七坪令弐厘
　此内七拾壱坪弐分五厘空地分引
残而七百九拾五坪七分七厘　　但壱坪ニ付壱升二合盛
　　御年貢
　　　拾石令三斗四升五合令壱才也

右ニ付此度仕法相立候儀者、式地出村両地ニ而
　凡借家之分
　　弐百六拾軒余御座候処、内五拾軒余者女名前ニ而出
　　銭之儀者半減ニ御座候
一　銭四拾弐貫文　　借家弐百拾軒
一　同　拾貫文　　此分半減ニ而五拾軒
右借家之者共江壱ケ年ニ付、銭弐百文宛取集メ致度候義者、元来借
家江家持ゟ山掻人足被為仰付候間御勤申候処、其後御免ニ相成、
亦々革羽織御用被為仰付、此義も御免ニ相成、然ル処八年已来式地
家持之者江夫代銀被為仰付候付御勤可申候得共、借家之者共幷出村
家持借家ニ至迄、御用御勤之儀者無御座候ニ付、此度両地借家之者
共銭弐百文ツヽ、壱ケ年こと〆差出可申候様申付度候
　　慶応三卯年三月　　元銭座村北組
　　　　　　　　　　　　支配人源左衛門
　上
右前書写之通書付差出候、尤下書ニ候、然ルニ前書出方之もの者、
出村惣躰之ものニ付、源左衛門分弐百十三歩江茂可相算筋ニ付、
北組ニ而者惣坪江割方可相成候間、改而割付いたし可申旨差図いたし
置候、其段源左衛門承知、然ルニ右同人手元ニ而延引相成、漸ニ此
節相懸り罷在候事、然ルニ此下書、則当卯三月十一日預り置ニ四月
廿五日願、右同人より入用ニ而取ニ来ル、依相渡候
〆

2369―1　慶応三年(一八六七)四月　出村一条仕法立につき願書

(表紙)「上
　　　(貼紙)「卯四月廿六日預り」
　　　　乍恐奉願上
一私シ村方出村一条仕法立之義、先年ゟ私シ江被仰付奉畏り居候処、
私義是迄段々不仕合之義相続キ不計等閑ニ相成候段実ニ奉恐入候、
然ル処此度右之仕法ニ取懸り急度仕法相立可申候、夫故此度坪割
仕法書等奉差上候、就夫御願ひ申上度趣者、去ル丑年之柳原庄之
御勘定之残り、就而者南組新右衛門分、寅年之畑地之御勘定之残

り等、未タ御下ケニ相成不申候故、私手元ニ於てハ三ケ村人足料ニ付、借財ニ相成有之候、其銀方ゟ日夜催促を請、実ニ困り入候故、何卒右前ニ願上候御勘定之残銀御下ケニ相成候ハヽ、有難仕合ニ奉存候、右申上候出村一条ニ付此度者急度仕法相立、柳原庄江此上者御心配相懸不申様う（ママ）、且又九条分江之悪水等ニ至迄急度私シ手元ニ心配仕、柳原庄御役中様江御心配筋相懸申間敷候間、何卒右御勘定之両方之残銀御下ケニ相成候様う幾重ニも奉願上候、若又此上右出村仕法立一条捨置抔致し候様う之取計ひ仕候ハヽ、無用捨当卯年極月御年貢之節御引取被下候ても、其節一言之申分無御座候間、右御願上候趣御聞済被成下候ハヽ、何共有難仕合奉存候、右乍恐以書附奉願上候、以上

慶応三卯年

四月　　元銭座北組

支配人源左衛門（印）

柳原庄

御役人中様

2369—3　慶応三年（一八六七）四月

元銭座北・南組御預り所入用取集につき仕法書

此仕法割付書北組ゟ卯四月廿五日ニ預り

乍恐仕法書奉差上候

元銭座村北組南組

御預り所幷弐反拾三歩坪数

惣坪数

凡千七百六拾六坪九分壱厘之内

但、右坪数之内ニ而千人人足料割高

御預り所之内

八百六拾七坪令弐厘　北組分

三百四拾四坪四分令五厘　南組分

人足料割

四百九拾人　北組分

百九十五人　南組分

弐反拾三歩坪数

凡五百五拾五坪四分八厘五毛

（追筆）「此千人之人足料百拾九貫文、此割付方銭座江相尋候処、坪割ニ而壱坪ニ付六拾四文六分六厘程ニ相成申候旨」

右坪ニ而人足高割　三百拾五人也

弐反拾三歩之内北組分

三百六拾弐坪壱分壱厘

此坪ニ而人足高割　弐百五人

同　南組分

百九拾三坪三分七厘五毛

此坪ニ而同断　百拾人

御預り所当時建家有之候坪数

八百四拾四坪五分弐厘　北組分

弐反十三歩

三百五拾壱坪令八厘五毛　同断

合千百九拾五坪五分五厘五毛也

但夫代銀弐分懸ケニ而

凡弐百三拾九匁壱分壱厘

御預り所幷犬走り貸地　北組之分
同百八拾坪
同　金懸り之分
八拾八坪五分五厘
弐反十三歩貸地　北組之分
百七拾四坪四分五厘
三口七百四拾三坪余
右壱坪ニ付壱匁五分之地料
代銀凡壱貫百拾四匁五分也
御預り所坪数之内江九条村分悪水抜料
三石之高割　但、昨年寅年御相場、五百九十七匁立ニシテ
八百六拾七坪令弐厘　北組分
代八百七拾九匁壱分六厘
三百四拾四坪四分令五毛　南組分
代三百四拾九匁弐分三毛
弐反十三歩坪数之内江九条分悪水抜料
三百六拾弐坪壱分壱厘　北組分
代銀三百六拾七匁壱分八厘
(追筆)「此九条村悪水抜三石分出村惣坪千七百六十六坪九分壱厘ニ割付、
壱坪ニ付壱合六勺九才八毛ニ相成申候」
百九拾三坪七分五厘　南組分
代銀百九拾六匁四分六厘
一柳原庄両郷諸懸り物幷九条村悪水抜料・人足料、右三口多分入用ニ御座候時、此度仕法相立候義者、弐地幷出村南組之内ニ而借家家数之分
凡弐百六拾軒余御座候得共、内五拾軒余者女名前ニ而出銭之儀者半減ニ御座候
一銭四拾弐貫文　借家弐百拾軒
一同　五貫文　半減分　同　五拾軒
右借家之者共壱ケ年ニ付銭弐百文宛取集致度候儀者、元来御本所様ゟ村方一統江山掻人足被為仰付候ニ付御勤申候処、其後御免ニ相成候、猶又革羽織御用被為仰付、此儀も御免ニ相成候、然ル処八ケ年以前ゟ弐地家持之者共江、夫代銀被為仰付候ニ付御勤可申候ヘ共、弐地借家之者共幷出村家持借家ニ至迄、御用之筋相勤候儀も無御座候ニ付、此度両地借家之者共江、壱ケ年ニ付銭弐百文ツ、年々差出呉候ハヽ、永々人足料之手伝ニ茂相成候故、村方借家之者共江申付度、此段乍恐仕法相立申候付、何卒御本所様之厚キ御憐愍を以御聞済被為成下候ハヽ、難有仕合ニ可奉存候、以上

慶應三丑年四月　元銭座北組
支配人源左衛門印

御本所様
御役人中様

2366―1　慶応三年(一八六七)九月　出村取締につき御受書

乍恐御受書

一御預ケ所出村之儀ニ付、今廿四日御召出之上被仰出之趣、私共奉恐入御尤ニ奉畏候、右元来外事ニ而者無之、全村方之儀ニ付早々両組申合取締可仕筈之処、心得違ニ而是迄段々延引相成候段深奉

恐入候、此段幾重ニ茂御詫奉申上候、依之早々両組打寄り談合を以否哉申上度奉存度ニ付、来月五日迄御猶予奉願上候処、是迄数度之義ニ付御猶予茂難相叶処、格別之訳を以御聞届被成下難有奉存候、然上者急度打懸り右日限中両組ゟ取究方可奉申上候、為後日之御受書奉差上候、以上

慶応三卯年九月廿四日

北組支配人　源左衛門印
組頭　善次郎印
南組支配人　与左衛門
病気ニ付代　助右衛門印
組頭　吉右衛門印

御本所様
御役人中様

2366—2　慶応三年（一八六七）　出村不締一件諸事覚帳

一近来出村不締ニ付御調之上、文久弐戌年両組江御預ケニ相成、支配人手元ニ而取締能仕法相立可申旨被仰出、其後当卯年（慶応三年）ニ至り五ケ年余之処、右支配人何等之取締茂無之候付、右御預ケ之廉を以此度御地頭様ゟ御仕法被仰出方、左ニ

一当卯年ゟ来ル（ママ）丸何ケ年之間、右年限中出村惣人身支配之常式・臨時共、此入用方敷地ゟ弁ニ相成候様之思召之事、依之思召を以御助成を被下候事、尤両組共同断

一人足料百拾九貫文者、出村中常式之役銭を取集候、此役銭を以三ケ村江其年限ニ皆済之事

一右人足料亡平兵衛時分ニ滞り方、先年支配人より相対有之候、此滞り方、且両組江御預ケ後、当卯年七月迄ニ滞り方、此分支配人ゟ何程取申居候哉御調之事

一御殿様ゟ拝借方、且柳原庄滞り方御取調之事、右出村ニ付滞り〆高

一先年御受書差上ニ相成候、沽券状御割印貸地之分、則亡平兵衛存命中取集居候、壱坪ニ付年ニ壱匁五分宛、此分取集之積り

一右取集ニ付金懸り之者共不除之、仕法年中者取立之事

一沽券状願済御割印頂戴済之分江者夫代被仰付之事

一年々御下ケニ相成候督米之内、定例之引ケ残り米有之候

右等を以是迄差滞り分江済方之積り

一両組江御預ケ被仰出候付、督米之内ゟ支配人江御預ケ中御給米被為下度ト奉存候

如此卯年九月忠右衛門ゟ及内談奉伺置、其後段々ニ御談ニ相成、九月廿四日出村支配人共御召出ニ被成候

北組支配人　源左衛門
組頭　善次郎
南組支配人

御勘定方
木崎紀伊介様
藤田弾正様
御地方

与左衛門
病気ニ付代人
助右衛門
組頭
吉右衛門
外ニ小頭
万次郎

中村御両人様
外ニ忠右衛門立会

右出村先年御預ケニ相成、其節ゟ取締方兼而被仰付置候処、其後是迄等閑ニ相捨置、当前何等之取締茂無之不埒ニ付、支配人心得方承糺被成候、依而今日者御留置被成候間、仕法方両組申談之上否哉可申上旨被仰渡候事

然ルニ忠右衛門江右之通被仰出候間、其旨取扱可申様被仰付候、然ル上両支配人共ゟ申立方、今日之仰被出方一々御尤ニ奉存候、依而此段奉恐入候、右ニ付而者組下之もの江茂其段申聞、両組共打懸（ママ）り法方仕度候付、暫時御猶予願度旨如此候、忠右衛門江承り其段取次を以相伺ひ候処、入念其段申聞候様被仰付候、依之両組江被申聞候処、左ニ

此度者急度打合両組申談可仕旨、慥ニ答方いたし候付其段相伺候処、受書被仰付候事

右両組連判を以受書出候、則取次奉差上候事、仕法方来月五日迄ニ急度相究否哉可申出事之答候也

第三節　大西組（小稲荷）

1716　嘉永四年（一八五一）九月

元銭座跡居小屋建添地字鯉形譲り請けにつき一札

（端裏書）
「嘉永四年亥九月字鯉形　金屋為七譲り受村法一札也」

一札

一柳原庄領之内元銭座跡居小屋建添地
字鯉形壱ケ所御高
表口九間壱尺　表者大住屋善右衛門
裏尻ニ而拾壱間壱尺弐寸　大住屋なお
裏行　東ニ而四間六尺　東隣笹屋三右衛門
西ニ而五間弐尺八寸　北隣伊勢屋利助
此坪五拾弐坪壱分四厘
御年貢弐斗四升三合九勺弐才　外村役米弐升九合七勺九才

右建添居小屋地同村大住屋善七殿所持罷在候処、此度代銀三貫目ニ而我等方江譲り請申候、右ニ付定例御村法之趣急度相守可申候、御年貢之儀者毎年極月廿四日限御相場を以皆済可仕候、其外当御村方諸役并懸り物出銀急度相勤可申候、為後日之御村法一札依而如件

嘉永四年亥九月十二日
元銭跡北組
譲り請主　金屋為七（印）

九月十二日
此度譲り受申候、御鑓印沽券状壱通、

御渡被下慥ニ奉受取候、以上

柳原庄本郷
御役人中様

1714 嘉永五年（一八五二）正月

柳原庄字こいなり元銭座跡建添地居小屋分譲り請けにつき一札

（端裏書）
「嘉永五年子正月字鯉形　大和屋政江譲り受ニ付村法一札」

一札

一御領分柳原庄領之内
字こいなり元銭座跡建添地居小屋分
壱ヶ所　表口五間九寸　東者溝限
裏行六間　北隣大和屋喜右衛門
西隣大住屋善右衛門
此坪数三拾坪八歩三厘
御年貢壱斗四升四合三勺弐才　外ニ村役米壱升四合四勺四才
右建添居小屋地私倅小太郎所持罷在候処相果候ニ付、此度親類一家之者とも立会之上、私江譲請所持ニ相成候付、右居小屋地ニ而者当御村方御定式之通急度相守可申候、御年貢之儀者毎年極月廿日迄郷方御相場を以上納方皆済可仕候、其外御地頭様御用弁ニ御村方用諸役高懸り等出銀、御村方一同ニ不相洩急度差出可申候、為後日之一札依而如件

嘉永五年子正月十五日
元銭座跡北組
持主　大和屋まさ（印）
請人　大和屋善太郎（印）

此度譲請申候御鑓印沽券状壱通、今日御渡被下
慥ニ奉受取候、以上

柳原庄本郷
御役人中様

115 嘉永七年（一八五四）正月　村方諸記録（抄録）

（後補表紙）
「記録
柳原庄本郷」

（表紙）
「嘉永七寅年正月
村方諸記録寅年分
柳原庄本郷」

（前略）

十九日（三月）
一当庄領之内字鯉形銭座居小屋地表口五間九寸裏行六間、此分壱ヶ所此坪数三拾坪八分三厘、御年貢壱斗四升四合三勺弐才、外村役米壱升四合四勺四才、合壱斗五升八合七勺六才、此居小屋地大和屋まさ所持之処、此度代銀弐貫九百四拾目ニ而笹屋三右衛門江譲り請申候ニ付、則御鑓印相願候処、今十九日御鑓印下ル、即日銭座江相渡し申候事
但し笹屋三右衛門ゟ村法一札取之置候
以上

廿日　記録覚
一当庄領之内字鯉形八条坊門通ゟ南江銭座鯉（ママ）建添地北之入口迄、高瀬川端綱ひき道是迄有来道巾ニ而者、銭座ゟ出入之節船ひき登り

之節、往来ニ混雑いたし甚困り罷在候付、地主江相対を以、則出村惣代八幡屋平兵衛願人ニ而、新加道差加へニ相成候、右道催相対者去丑年春其段相対済ニ相成、則去丑年冬ゟ百姓方ゟ納方之内ニ而引呉候様、夫々ゟ願ニ付双方相糺候処相違無之ニ付、其段取計申置候事

但し貸地道年貢壱坪ニ付、壱升弐合盛之積を以相対済、尤壱升弐合之内、弐合分者年々為村役与差出し可申候間、右願人ゟ御取立之上、坪ニ付壱升分地主江御渡し被下候旨を以、地主中より申立願在之付及其取計ニ置候、右一札口上書左之通取置

口上書　写置

一当庄領之内高瀬綱曳道際ニ而八条坊門通ゟ南江銭座建物境迄字鯉形、我等所持田地之内を銭座跡八幡屋平兵衛願人ニ而、左ニ申し候

高瀬通船之節、綱曳道是迄有来り道幅ニ而者往来行違等も相成兼、始終困罷在候ニ付、此度是迄有来り道幅江少々新加道を仕度、尤地所壱坪ニ付、壱升弐合盛之積りを以借用仕度旨願出候ニ付、地主談之上左之通り貸渡し申候

右地坪左之通

道際南北十六間ニ而
一拾坪　壱斗弐升　平兵衛分
同断
一同断　壱斗弐升　徳兵衛分
同十弐間ニ而
一七坪　八升四合　権三郎分
同四間ニ而
一弐坪　弐升四合　利助分
南北四拾八間
〆　此坪合弐拾九坪
但し壱坪ニ付壱升弐合盛之積り
此貸地道年貢
〆三斗四升八合也

右之通相違無御座候、尤右貸地年貢之儀者毎年御蔵直相場を以、右銭座願人ゟ御村方江相納可申相対ニ御座候間、乍御面倒御取立被下度、此段願上候、右坪数貸地地代年貢等、地主願人直相対を以得与取極置候上者、聊相違無御座候、尤外ニ故障筋申分少し茂無御座候、依而此段御取計被下度願上候、以上

嘉永七寅年三月廿日　地主　平兵衛
同　徳兵衛
同　権三郎
同　利助

右前書之通私共ゟ地主江願出候儀少し茂相違無御座候、尤借地年貢之義者、右定之通毎年私共ゟ十二月廿日限り、御村方へ急度皆済可仕候、尤右道筋有来り之外新加道之内ニ而故障等在之候節者、私共江引請都而御村方ゟ之御下知ニ随ひ違背申間敷候、為後日之

連印依而如件

嘉永七寅年三月廿日

元銭座跡
願人八幡屋平兵衛印
北組支配人　源左衛門印
南組支配人与三右衛門印

御村役人中様

口上覚　写置

一此度我等所持田地之内字鯉形、則高瀬綱曳道際ニ而右持主坪数定之通、銭座跡願人江貸渡申候、右貸地道年貢之儀者、願人ゟ御村方江年々直納之相対を以及談候儀ニ御座候故、乍御面倒年々御取立被下度、別紙本文之通此度願上候、右為村役米与壱坪ニ付壱升弐合之内、弐合者右役米与相定置候ニ付、道年貢御取立之上、壱坪ニ付壱升宛之積りを以地主夫々江御渡し可被下候、右之趣地主中談之上取極置候上者、及後年ニ聊申分無御座候、為後日之口上書依而如件

嘉永七寅年三月廿日

地主
平兵衛
同
徳兵衛
同
権三郎
同
利助

御村役人中

2392　嘉永七年（一八五四）～文久二年（一八六二）
当庄本郷之内銭座鯉形建添地分沽券状写幷村法一札

（表紙）
「当庄本郷之内
銭座鯉形建添地分
沽券状写幷村法一札」

一札

一柳原領之内字鯉形元銭座跡居小屋建添地
壱箇所　表口五間九寸　東者溝限
裏行六間　北隣大和屋喜右衛門
西隣大住屋彦左衛門
此坪三拾坪八分三厘
御年貢壱斗四升四合三勺弐才　外ニ村役米壱升四合四勺四才
合壱斗五升八合七勺六才

右之居小屋建添地同村大和屋まさ所持之処、此度代銀弐貫九百四拾目ニ而譲り請申候付、御本所様御年貢者毎年十二月廿日限、郷御相場を以村役米とも急度皆済可仕候、勿論懸り物出銀等是迄之通承知仕候、御入用次第何時ニ不寄差出し可申候、都而此地所ニ付、当御村法之趣急度相守可申候、為後日之一札依而如件
御纉印沽券状御渡被下、慥ニ奉戴（ママ）頭候、以上

嘉永七寅年三月十九日
元銭座跡北組下
笹屋三右衛門（印）

御村役人中様

御受書

一柳原庄本郷之内字鯉形居小屋建添地
壱ヶ所
坪数弐拾六坪五分　　元なを分
御年貢壱斗弐升四合三才　　三右衛門所持
此村役米壱升五合壱勺三才
合壱斗三升九合壱勺六才
此役高壱斗七升四勺
右建添地、此度代銀壱貫八百三拾三匁三分三厘ニ而譲り受、私所持ニ相違無御座候

一右同所
壱ヶ所
坪数三拾坪七分三厘　　元善右衛門分
御年貢壱斗四升三合七勺七才　　三右衛門所持
此村役米壱升七合五勺六才
合壱斗六升壱合三勺三才
此役高壱斗九升七合六勺
右建添地、此度代銀弐貫八拾三匁三分三厘ニ而譲り受、私所持ニ相違無御座候

右ニ付御年貢之義者、毎年十二月廿日限郷方御相場を以、御定メ之通無相違皆済可仕候、勿論其外当庄御村役米幷役高江相掛り候諸夫役諸出銀共、聊無相違不寄何時急度差出し可申候、若哉差滞候義等茂御座候ハヽ、当庄御村法を以如何様共御申聞可被下候ハヽ、其時少茂違背不申候、為後日之御受書仍而如件

文久弐年戌五月十一日
右割印沽券状弐通（印）　居小屋地弐ヶ所
御取次を以御渡被下、慥ニ奉受取候、以上
　　所持主
　　笹屋三右衛門（印）
　　支配人　源左衛門（印）
柳原庄本郷
　御村役人中様

文久弐戌年五月鯉形建添地善右衛門なをゟ三右衛門へ買得ニ相成候也
坪数三拾坪七分三厘
御年貢壱斗四升三合七勺七才
此村役米壱升七合五勺六才
合壱斗六升壱合三勺三才
此役高壱斗九升七合六勺
〆
壱ヶ処
坪数廿六坪五分
御年貢壱斗弐升四合三才
此村役米壱升五合壱勺三才
合壱斗三升九合壱勺六才
此役高壱斗七升四勺
〆
但此役高壱坪ニ付六合四勺三才盛

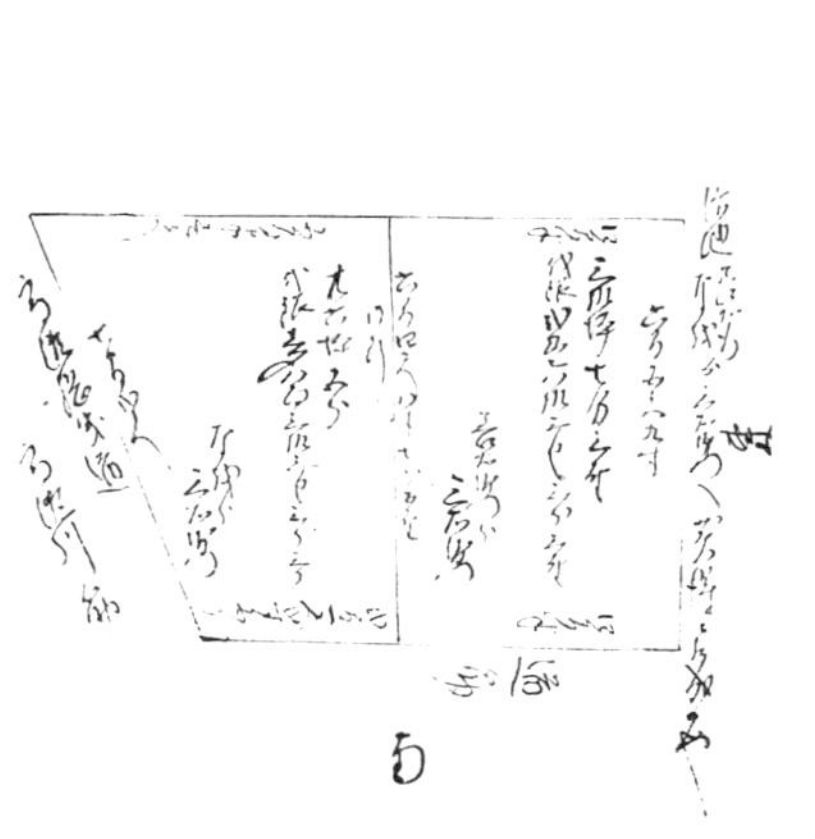

買券状之事

一柳原庄領之内字鯉形元銭座村居小屋建添地
　壱ケ所
　　表口弐間壱尺弐寸五分　　東隣笹屋三右衛門
　　裏尻ニ而五間半竿壱尺　西者高瀬川綱道限
　裏　東ニ而六間四尺八寸七分五厘
　行　西ニ而七間弐尺
　此坪弐拾六坪五分
　御年貢壱斗弐升四合三才

年寄権右衛門印

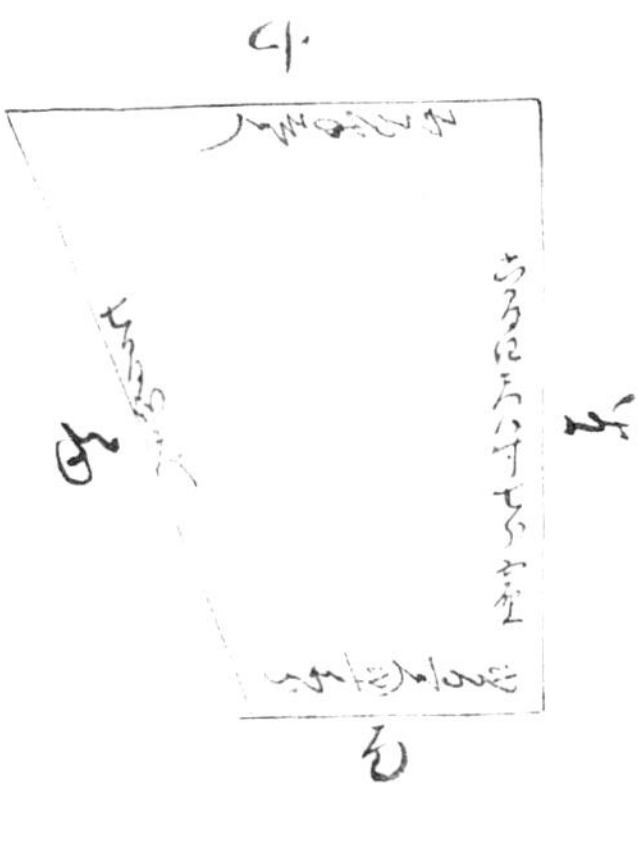

買券状之事

一柳原庄領之内字鯉形元銭座村居小屋建添地
　壱ケ所
　　表口四間半　　東隣笹屋三右衛門
　　　　　　　　　西隣右同人
　裏行　東ニ而六間五尺九寸
　　　　西ニ而六間四尺八寸五厘
　此坪三拾七分三厘
　御年貢壱斗四升三合七勺七才

右居小屋我等所持ニ御座候処、此度親類一家之者共立会候て、一代限弐貫八拾三匁三分三厘ニ相定銀子不残受取、沽券状相添売渡申処実正也、尤此居小屋ニ付、親類縁者其外従他所出入差構毛頭無御座候、御年貢上納之義者郷方御相場を以、柳原庄本郷迄十二月廿日限ニ皆済可仕候、為後日之売券状依而如件

文久弐戌五月

売主　大住屋　善右衛門印
一家惣代　大和屋　伊兵衛印
買得主　笹屋　三右衛門印
人別支配人　源左衛門印
組頭惣代　理助印

右之通相違無御座候、御割印之義宜御取次奉願上候、以上

右本文之趣相調候処相違無御座候付、御割印奉願上候、以上

柳原庄
庄屋忠右衛門印
年寄権右衛門印

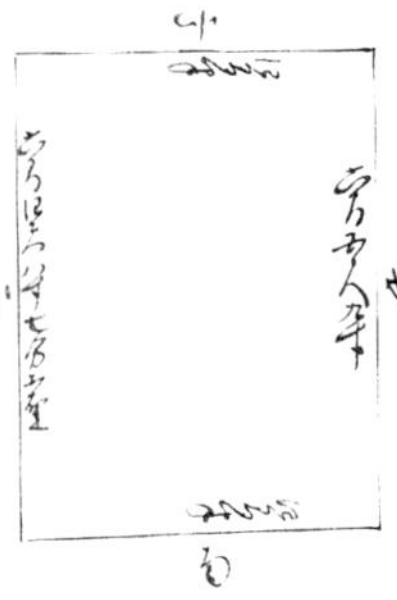

乍恐普請御願

一柳原庄領之内字鯉形建添地

元銭座村北組

西之通北側

笹屋三右衛門

東隣　笹屋三右衛門

西隣　高瀬筋綱道限り

此処絵図認メ在之略之

右墨引絵図之通建来候処及大破ニ候付、此度朱引絵図之通中二階建瓦葺ニ造作仕度奉願上候、尤右之外御禁制之作事不仕、隣家合壁・水吐境目等何之障り茂無御座候、万一相違之儀御座候ハヽ、如何様共可被為仰付候、何卒御慈悲を以右願之通御願赦免被成下候ハヽ、難有可奉存候、以上

文久弐戌年二月九日

願人　笹屋三右衛門印

東隣右同人

西者高瀬川筋綱道限り

人別

支配人　源左衛門印

組頭当番

理助印

前書之通願出ニ付取調候処相違無御座候間、願之通御聞済可被成下候様奉願上候、以上

柳原庄本郷

庄屋　忠右衛門印

年寄　権右衛門印

御本所様

御役人中様

御受書

一当庄領之内字鯉形居小屋建添地之内、私所持沽券状表之通相違無御座候、然ル処此度願書絵図面之通、居小屋造作仕度、依其段奉願上候処、右願之通御聞済ニ相成候趣、御取次を以御達被成下難有奉存候、然ル上者願書絵図面之通少茂相違不仕候様、猶出来仕候ハヽ、早速其段御届出可申上候、為証之御受書依而如件

文久弐年戌六月九日

元銭座跡北組

願主　笹屋三右衛門（印）

人別支配人

源左衛門（印）

柳原庄本郷

御村役人中様

1964

年未詳　田地踏み荒らし一件につき口上書

乍恐奉願口上

一年来御田地支配仕以御影渡世相続仕難有仕合奉存候、然ル処近年元銭座跡居小屋地犬多相成、御田地作物ヲ度々踏荒申候ニ付、毎々居小屋地者共江掛合申候得共段々増長仕、当時ニ而者聊之場所ニ凡百匹計も罷在、追々踏荒度々ニ相成、別而当年者大荒仕候ニ付、居小屋地年寄源左衛門ヲ相招、荒場ヲ為見及段々懸ケ合申候処承知之趣ニ而、少々ハ相減シ申候得共、不残取払切不申、段々懸合申候処、捨候物も有之、其上用心等ニも相成、犬飼置不申候而ハ不勝手之趣申立候、其上荒所之損ニ付相弁可申様懸ケ合申候得共、是又不得心被申候、然ル上ハ乍恐御年貢不残皆納難仕、此段奉恐入候間、何卒以御慈悲御収納不足ヲ相弁可申様被為仰付、其上犬其儘差置候而ハ、此後作物出不申候間、不残取払可申様被為仰付被下候ハヽ、作物無滞立毛相続仕百性（ママ）一統難有仕合奉存候間、何卒以御憐愍御聞届ケニ被成下候ハヽ、広太之御慈悲如何計難有可奉存候、以上

柳原百性中

乍恐奉願口上

一以別紙願書百性（ママ）一統ゟ御願奉申上候、御田地作物居小屋地犬踏荒候節、私共支配地字こいなり与申、則居小屋地近ク御座候御田地ニ下作人源兵衛与申者、かふら作置申候処、大ニ踏荒シ申候ニ付、則年寄源左衛門相招、右かふら地荒所ヲ為見届申候処、尤ニ承知仕罷在候故、踏荒シ候かふら迚も売物ニ不相成申、此方ニ而取片付可申候得共、何分御年貢ニ相抱候段懸ケ合置申候処得心仕候ニ付、最早御収納之御時節ニも相成申候ニ付、当月十一日下作人源兵衛私同伴仕、居小屋地年寄源左衛門方江掛ケ合申候処、御上納も得弁不申、其上捨り物も有之用心等ニも相成候間、犬飼置不申候而ハ不勝手之趣ニ候而不法而已被申候、右源兵衛義作物立毛之宛相違仕、御上納相立不申難儀之段相歎申候、何分外々之荒与者格別之大荒ニ而候得ハ、外ニ可仕様無御座候而難儀迷惑仕候間、右源兵衛ゟ御上納之所、何卒乍恐居小屋地之者共ゟ相弁可申様被為仰付被下候ハヽ、無滞御収納相立可申様乍恐奉存候間何分候間、不得止事御願奉申上候間、御聞届ケ被成下候ハヽ、難有仕合可奉存候、已上

川西
百性久兵衛

第四節　七条裏等非人関係

1922　安政六年（一八五九）一〇月

字七条裏小屋頭相続につき口上書

（端裏書）
「安政六年未十月六日　小屋頭六助倅才次郎」

口上書

一当庄御領之内字七条裏ト申所、御除地并拝借地ニ天保三辰年ゟ私父六助義、小屋頭相続仕来候処、当五月相果候付、私義名跡相続仕度、右ニ付御地頭様江御取成被成下、都合能相済難有奉存候、然ル上者当庄御領内ニ相続仕候附、御村用等是迄之通急度相勤可申候、以上

安政六年未十月六日　小屋頭亡六助倅
相続人才次郎（印）

柳原庄本郷
御村役人中様

1923　文久元年（一八六一）一一月

字七条裏小屋頭相続につき御請書

（朱筆端裏書）
「文久元酉年十一月七条裏小屋頭才次郎弟平三郎相続受書」

御請書

一御当庄領本郷之内字七条裏ト申所、御除地并借地ニ小屋頭相続方之儀、安政六未年八月私兄才次郎儀、其段御届ケ申上、其後相続仕来候処、右才次郎義相果申候、依之私儀跡方相続仕度、右ニ付御地頭様江御取次、且御村内御扱方奉願上候処、右願之通御取計被成下難有仕合ニ奉存候、然ル上者御領内ニ右小屋頭相続仕候付、御村用都而無御差支候様、急度相勤可申候、御請書依而如件

文久元
酉年十一月朔日　小屋頭亡才次郎弟
平三郎（印）

柳原庄本郷
御村役人中様
御村方中様

1919　元治二年（一八六五）三月

字七条裏御除地・御借地居小屋・貸小屋取建につき願書

（朱筆端裏書）
「三通壱括り
元治弐年丑三月十八日当庄本郷へ差出候、小屋普請願七条裏小屋頭平三郎より出候」

乍恐御願書

一御当庄領本郷之内字七条裏ト申処、御除地并御借地ニ私共居小屋・貸小屋、別紙麁画図墨引之通相建御座候処、去ル子年七月大火之節焼失仕甚難渋罷在、然ル処此度有来り之通取建仕度、尤是迄小屋屋根藁葺之儀ニ候得共、臨時之節不用心ニ付瓦葺ニ仕度、且裏町地境空地江間口六間、奥行壱間半、小屋取建申度奉存候ニ付、何卒御憐愍ヲ以御聞届被成下度、此段奉御願申上候、以上

元治二
丑年三月　小屋頭
平三郎（印）

柳原庄本郷

御村役人中様
御村方中様

1921　元治二年（一八六五）三月　裏町境にて小屋建方につき御請書

（朱筆端裏書）
「三通之内
元治弐年丑三月廿四日小屋普請願之節、受書小屋頭平三郎ゟ出候」

御請書

一別紙本文之通御当庄江願出候処、御村方ニ其段御承知被成下候上、則願之趣御取次を以御地頭様江御願被成下候処、書面之趣御聞糺之上、右願之通御聞済ニ相成、其段御取次を以御達シ被下難有仕合ニ奉存候、然ル処裏町境ニ而小屋建方之儀、在来高塀並ニ而敷地ゟ上壱間通りを限りニ相建可申候、其外都而在来之通聊相違無之様可仕候、若外ニ相違之儀茂御座候ハヽ、如何様共御申聞被下度、其段急度相改可申候、為後念之差上置候御受書依而如件

元治二　　高瀬小屋頭
丑三月廿四日　　平三郎（印）

柳原庄本郷
御村役人中様
御村方中様

2262　年未詳　当時松明殿裏ニ有ル小屋地ノ事

当時松明殿裏ニ在ル小屋ノ事
正徳三癸巳年七月七日ニ
○雑色松村与左衛門地ニ在之候非人小屋此所江引
百五拾坪　　非人頭六兵衛
間口七間半
北ニ在り船番所地
○裏行五間
天部領用水幅三尺　薪置場
間口八間半、南ニテ裏行九間
南ニ在り船除場
北ニテ裏行拾間半
八間半、但西ニテ南北
○此船番所ト船除場トノ間ニ五尺ノ道在り
○松明殿稲荷社地、此地坪卅六坪ト在り
○七条通り
○正面通ヲ中ノ口ト記シ在り
○北七条ト雑色領ト境ヲ上ノ口ト記シ在り
○北七条分北ノ境ゟ北者金光寺領ト相成候事

第４章・CDトレース図担当
左右田昌幸（さうだ・まさゆき）
1953年生。龍谷大学大学院文学研究科博士後期課程修了。種智院大学教育職員。
「近世真宗差別問題史料（特別編）――「起居筆記」――」（『同和教育論究』2011・特別号、同和教育振興会、2012年）「近世真宗差別問題史料（番外編の一）」（『密教学』51号、2015年）

CDトレース図担当
泉 亭　理（いずみてい・おさむ）
1947年生。日本写真専門学校測量学部測量学科卒業。測量士。鴨県主研究会員。
『下鴨神社及び周縁の古絵図類の翻刻』（自費出版）

執筆者紹介

監修
川嶋将生（かわしま・まさお）
1942年生。立命館大学文学部卒業。立命館大学名誉教授。
『中世京都文化の周縁』（思文閣出版、1992年）『室町文化論考――文化史のなかの公武――』（法政大学出版局、2008年）『祇園祭――祝祭の京都――』（吉川弘文館、2010年）

全体編集、総説第2節・第2章第1～2節・第3章担当
木下光生（きのした・みつお）
1973年生。大阪大学大学院文学研究科博士後期課程修了。奈良大学文学部准教授。
『近世三昧聖と葬送文化』（塙書房、2010年）『日本史学のフロンティア』1・2（共編著、法政大学出版局、2015年）「「貧しさ」への接近――19世紀初頭、大和国田原村の家計から――」（平川新編『通説を見直す――16～19世紀の日本――』清文堂出版、2015年）

総説第1節担当
重光　豊（しげみつ・ゆたか）
1948年生。京都教育大学教育学部卒業。京都市教育委員会指導部総合育成支援課参与。
『柳原銀行とその時代』（共著、崇仁地区の文化遺産を守る会、1991年）『柳原銀行史』（京都市柳原銀行記念資料館、2000年）

第1章担当
河内将芳（かわうち・まさよし）
1963年生。京都大学大学院人間・環境学研究科博士課程修了。奈良大学文学部教授。
『中世京都の民衆と社会』（思文閣出版、2000年）『中世京都の都市と宗教』（思文閣出版、2006年）『祇園祭の中世――室町・戦国期を中心に――』（思文閣出版、2012年）

第2章第3節担当
大場　修（おおば・おさむ）
1955年生。九州芸術工科大学大学院芸術工学研究科博士前期課程修了。京都府立大学大学院生命環境科学研究科教授。
『物語・ものの建築史　風呂のはなし』（鹿島出版会、1986年）『近世近代町家建築史論』（中央公論美術出版、2004年）『京・まちづくり史』（共著、昭和堂、2003年）

第2章第4節担当
秋元せき（あきもと・せき）
1970年生。神戸大学大学院文化学研究科博士後期課程修了。京都市歴史資料館研究員。
「明治地方自治制形成期における大都市参事会制の位置――京都市の事例を中心に――」（『日本史研究』第427号、2001年）「1920年代京都における都市計画展覧会の歴史的意義――都市計画にみる歴史意識――」（『人文学報』第98号、京都大学人文科学研究所、2009年）「幕末・明治期京都の「豪商」と公務――唐小間物商・福島屋藤兵衛を中心に――」（『日本史研究』第603号、2012年）

第3章担当
小林ひろみ（こばやし・ひろみ）
1961年生。同志社大学大学院文学研究科文化史学専攻博士課程前期修了。瀬田高等学校・瀬田工業高等学校（定時制）臨時講師。

今村家文書史料集《いまむらけもんじょしりようしゆう》　上巻《じようかん》　中世《ちゆうせい》～近世編《きんせいへん》

2015(平成27)年12月20日発行

編　者
今村家文書研究会

発行者
田中　大

発行所
株式会社　思文閣出版
〒605-0089　京都市東山区元町355　電話 075(751)1781(代)

定価：本体8,800円(税別)

印刷・製本／図書印刷同朋舎

ISBN978-4-7842-1830-1　C3021

◎既刊図書案内◎

京都冷泉町文書〔全6巻・別巻1〕　京都冷泉町文書研究会編

16世紀後半～明治期まで切れ目なく残存している個別町の稀有な史料集。その全内容を編年によって収める。近世における都市史・社会構造史研究の基本史料。

▶ A5判・平均450頁／1～5巻(各)本体13,000円、6・別巻(各)本体14,000円

近世京都近郊の村と百姓　佛教大学研究叢書22　尾脇秀和著

京都近郊に位置し、公家・寺院領を中心とする相給村落であった山城国乙訓郡石見上里村（現・京都市西京区大原野石見、上里）と、同村百姓にして公家家来でもあり、庄屋・医師・手習師匠としても活動した大島家を研究対象にとりあげる。

建前と実態という「表裏」の運用により、社会の「穏便」を実現しようとする意識や調整に着目して、近世百姓の変容と実態を多面的に明らかにする。

▶ A5判・294頁／本体4,800円　ISBN978-4-7842-1731-1

畿内の豪農経営と地域社会　渡辺尚志編

近世の大阪府藤井寺市一帯は、背後に巨大都市大坂を控えた先進地帯であった。18世紀末以降、河内国丹南郡岡村（現藤井寺市）の庄屋を世襲した豪農・地方名望家が岡田家であり、近世・近代において同家が作成・授受した「岡田家文書」は、１万数千点にもおよぶ。近年整理が進められている岡田家文書を多角的に分析し、畿内における村落と豪農の特質を経済・社会構造の観点から解明する。

▶ A5判・508頁／本体7,800円　ISBN978-4-7842-1385-6

一九世紀の豪農・名望家と地域社会　福澤徹三著

19世紀の豪農・名望家と地域社会の関係を、上位権力（領主など）と都市と取り結ぶ関係にも留意しながら総合的に検討することにより、近世・近代移行期の特質を解明するための地域社会論の提起を目指す。

中核的豪農と一般豪農の経営レベルの比較、金融活動の分析を中心に、畿内・信濃の地域間比較の視点も加え、その生業・営為を近世・近代を通じて明らかにする。

▶ A5判・330頁／本体6,000円　ISBN978-4-7842-1642-0

京都の歴史災害　吉越昭久・片平博文編

歴史災害を復原することは、過去の人々の災害への対応や考え方を知ることと共に、減災の知恵を学ぶことでもある。歴史上、京都を襲ったさまざまな災害をとりあげ、地理情報システム(ＧＩＳ）などによる災害範囲や規模の復原、特徴や被害発生の社会的背景の分析、また人々の取り組みなどを論じる。

▶ A5判・322頁／本体2,300円　ISBN978-4-7842-1643-7

京都　高瀬川――角倉了以・素庵の遺産――　石田孝喜著

京都の高瀬川は江戸時代初期、角倉了以・素庵父子によって開削され、京都の中心部と伏見港を結んだ10.5キロメートルの運河。伏見からは淀川を通じて大坂に通じ、さらに西国航路と結ぶ大動脈であった。多くの日常貨物の上下や人々の移動のために、高瀬川の流域の開発はめざましく、近世京都の帝都としての町づくりと、経済的発展に大いに寄与した。

運河開削の歴史をたどり、舟入や橋の変遷など、多方面から歴史と文化のすがたを描く。

▶ A5判・250頁／本体2,200円　ISBN4-7842-1253-1

表示価格は税別